JN232877

フランス料理のソースのすべて

ソース

Tout sur les sauces de la cuisine française

はじめに

Introduction

　フランス料理の代名詞であるソースは、この30年で大きく変わりました。「皿の主役」から「素材を引き立てるもの」へ。作り方だけでなくあり方自体が変わったのです。私がこの世界に入った頃は、ルゥを使ったベシャメルやドゥミ・グラスの全盛期。それが、素材を生かし重さを排除する"ヌーヴェル・キュイジーヌ"の時代になると、フォンやジュをベースにしたソースが主流になり、今はもっと軽くてシンプルなものが求められています。
　こうした変遷を見続けてきて思うのは、これらは偶然起きたものではないということ。素材の質が向上すればそれを生かそうとするのは当然。「ソースは時代を反映する」ということを理解しておく必要があります。
　現在、料理はすごいスピードで多様化し、若い世代にとっては何が基礎で何が新しいのかもわからない状況です。そもそもソースに「こうあらねば」はなく、実際フランスのシェフたちは日本の素材も取り入れています。これも食材のグローバル化という時代背景を考えれば必然のことですが、一方でこうしたアレンジは基礎を踏まえてこそ意味があることも忘れてはなりません。本書では、前菜からデザートまでベーシックなソースを幅広く取り上げました。料理人として知っておきたいクラシックなソースもしっかり収録しています。混沌とした時代に、本書が一助になれば幸いです。

　　　　　　　　　　　　　　料理人　上柿元 勝

発刊にあたって

À la publication de ce livre

初めてフランスを訪れた時、見るもの、触るものすべてが日本と違い、驚きの連続でした。そんななか、なんとか本物のフランス料理を体得したいともがく私を支えてくれたのが、お世話になった恩師、そして同僚の存在です。クラシックからヌーヴェル・キュイジーヌへと料理が変化していた時代に、フランス料理のソースとは何たるかを教えてくれた恩師、一緒に学んだ友人がいたからこそ今の私があると確信しています。

上写真：故アラン・シャペル氏と（1986年）。
右写真：「ピック」の厨房にて。写真中央は故ジャック・ピック氏（1980年）

カミカキモト・マサルのことはずいぶん昔から知っています。
上質なワインとおいしいものに対する情熱で、会うたびに私に大きな喜びをもたらしてくれる料理人です。私たちはかつて2年間、世界に知られるミヨネーのレストラン「アラン・シャペル」でともに働きました。二人とも、この美食の殿堂でキャリアを積みたいと願う若い料理人でした。この時に、職人として腕を鍛えただけでなく、その後30年にも及ぶ友情を築いたのです。
突出した料理人というだけでなく、さまざまなスタイルの料理の知識を備えるカミカキモト。しかし私が敬意を抱き、友人として誇りを持っているのは、彼が紳士であるからです。
敬愛を込めて。

―ル・ガヴロシュ　ミシェル・ルー
Le gavroche　Michel Roux

日本とフランスという国境を越え、我が家との友情を結んだ、父とあなたとの歳月に思いを馳せて。
日本とフランス、二つの文化は「常に完璧をめざし、そのために必要な尊ぶべき知恵と技術を持つ」という点で、お互いに憧憬を抱いてきたと感じています。

——ラ・メゾン・ピック　アンヌ＝ソフィ・ピック
LA MAISON PIC　Anne-Sophie Pic

私にとってカミカキモトは、一人のシェフ以上の存在です。
親交を深める中で、ぜひ身近にいてほしい真の友となりました。カミはまず伝統を重んじ、そして革新の心と立派な仕事を愛する人です。私にとってカミは、日本のフランス料理を象徴する存在なのです。なぜならカミは、人間としての向上、そして料理の向上と完璧であることを、休むことなく求め続けているからです。
カミはスタッフが最高の力を発揮するために必要な、「ひと吹き」を与えることを知っています。ホテル業、そしてレストランという仕事は、優しさとほほえみ、サービス、もてなしといったグローバルな経験をお客に対して与えることです。もちろん、「美食の体験」を忘れてはなりませんが、同時に雰囲気やその場の空気などのすべてを、自信に満ちたスタッフが一丸となって提供しなければなりません。その心をお客に、そして若いスタッフに伝えるカミカキモトに、心から感謝の念を捧げます。

——ラ・ピラミッド　パトリック・アンリルー
La Pyramide　Patrick Henriroux

カミカキモト、新しい本の発刊おめでとう！
あなたは、日本の料理にフランス料理のsavoir-faire（ノウハウ）を結び合わせる術を知っている人です。私たちが4本の腕で作り上げたホテルヨーロッパでの賞味会"ガストロノミーな1週間"は、すばらしい思い出として私の中に刻まれています。
友情を込めて。

——レストラン ジル　ジル・トゥルナードル
Restaurant Gill　Gilles Tournadre

神戸の「アラン・シャペル」で1年半、一緒に仕事をした時を思い出すにつけ、今回のソースとジュの本――私たちの料理のベースであるソースとジュ――は、カミカキモトが故アラン・シャペルから学んだすべての技術と知識を読者に授けるものだと確信しています。

　　　　　　　　　　　　　　　　　　　　　　　　―アラン・シャペル　フィリップ・ジュス
　　　　　　　　　　　　　　　　　　　　　　　　　ALAIN CHAPEL　Philippe Jousse

親愛なるカミカキモト、
すばらしいソースの本に賞賛を送ります。この本は若い料理人を導き、すでに経験のある世代をほっと安心させる一冊になるでしょう。
私の心からの友情を込めて、美食の地アルザスから

　　　　　　　　　　　　　　　　　　　　　　　　―ル・セール　ミシェル・ユセール
　　　　　　　　　　　　　　　　　　　　　　　　　Le Cerf　Michel Husser

カミへ
偉大なアルチザン（職人）、ソーシエ、大切な友人。
君とは2年間をともにした「アラン・シャペル」で、おおいに楽しい時間を分かち合いました。それは今でも続いています。あなたは常に最高を求める料理人です。
若いシェフたちに大きなインスピレーションを与えるであろう君の新しい本に、賞賛の「ブラボー」を贈ります。
親愛を込めて。

　　　　　　　　　　　　　　　　　　　　　　　　―デ・カミリート　ゲット・ヴァン・ヘック
　　　　　　　　　　　　　　　　　　　　　　　　　De Karmeliet　Geet Van Hecke

私の友であり兄弟であるマサルへ
今回のソースの本の発刊を、心からお祝いいたします。
ソースとは、皿を作り上げていくうえで「お菓子の上のサクランボ（すべてを変えるほど大切なディテール）」だと思わないかい？
日本のフランス料理界における最優秀職人に敬意を表します。

　　　　　　　　　　　　　　　　　　　　　　　　―レストラン・アンドレ・バーセ　アンドレ・バーセ
　　　　　　　　　　　　　　　　　　　　　　　　　RESTAURANT ANDRÉ BARCET　Andre Barcet

親愛なるカミへ

僕たちの出会いは1980年、二人してアラン・シャペルのもとで働いていた時にさかのぼります。この出会いは後に友情へと進化し、君はモナコ、ニースのネグレスコ、そしてメランダまで、欠かさず僕を訪ねてくれました。そのことをとても誇りに思っています。

君がフランス料理のソースに捧げたこのすばらしい本が、大きな成功をもたらすことを心よりお祈りします。

親愛を込めて。

——ラ・メランダ　ドミニク・ル・スタン
La Mérenda　Dominique Le Stanc

「アラン・シャペル」で一緒に過ごした数年間を経て、私は君のその人柄、機敏な料理人としての知性を敬愛しています。そして、君がこのようなルセットを発表することを心から誇りに思っています。

——ル・ヴィヴァレ　ロベール・デュフォー
Le Vivarais　Robert Duffaud

まずはソースの本の上梓に際し、心からのお祝いを述べます。

君と何年にもわたり、クラシックな料理技法と革新的な技法に対する情熱を分かち合えてきたことは、このうえない喜びであります。その結果、この本ではおいしいソースを作るという点で、ソースを見事なまでに主役へと昇華させています。どんなプロでも、ソースを作るということは芸術であると同時に、自分に真の料理の才能が備わっているかを試すことだと知っています。

私が賞賛と尊敬の念を抱いてやまないシェフによるこの本を、プロの料理人に限らず、一般の方々にも広くお勧めしたいと思っています。

——レストラン・ダニエル　ジャン・フランソワ・ブリュエル
Restaurant Daniel　Jean François Bruel

目次
table des matières

003	Introduction		はじめに
004	À la publication de ce livre		発刊にあたって

フォンとジュ

016	Connaissances basiques des fonds et des jus	フォンとジュの基礎知識
024	fond de veau	【基本のフォンとジュ】フォン・ド・ヴォー
028	fond de volaille	フォン・ド・ヴォライユ
029	glace de viande	グラス・ド・ヴィヤンド
	glace de volaille	グラス・ド・ヴォライユ
030	fond de canard	フォン・ド・カナール
031	fond de pintade	フォン・ド・パンタード
032	fond de dindon	フォン・ド・ダンドン
033	fond de pigeon	フォン・ド・ピジョン
034	fond blanc de veau	フォン・ブラン・ド・ヴォー
035	fond blanc de volaille	フォン・ブラン・ド・ヴォライユ
036	consommé de veau	コンソメ・ド・ヴォー
037	consommé de volaille	コンソメ・ド・ヴォライユ
038	fond de gibier	【基本のフォンとジュ】フォン・ド・ジビエ
041	fond de chevreuil	フォン・ド・シュヴルイユ
042	fond de faisan	フォン・ド・フザン
044	fond de lièvre	フォン・ド・リエーヴル
045	fond de marcassin	フォン・ド・マルカッサン
046	fond de homard	【基本のフォンとジュ】フォン・ド・オマール
049	fond de langoustine	フォン・ド・ラングスティーヌ
050	fond de champignons	【基本のフォンとジュ】フォン・ド・シャンピニョン
052	fond de légumes	フォン・ド・レギューム
053	court-bouillon	クール・ブイヨン
054	fumet de poisson	【基本のフォンとジュ】フュメ・ド・ポワソン（スュエあり）
055	glace de poisson	グラス・ド・ポワソン
056	fumet de poisson ordinaire	フュメ・ド・ポワソン（スュエなし）
057	fumet de clam	【基本のフォンとジュ】フュメ・ド・クラム
060	fumet de clam pour bouillabaisse	フュメ・ド・クラム・プール・ブイヤベース
061	fumet de coquille St-Jacques	フュメ・ド・コキーユ・サンジャック
062	jus d'agneau	【基本のフォンとジュ】ジュ・ダニョー
065	jus de veau	ジュ・ド・ヴォー
066	jus de bœuf	ジュ・ド・ブフ
067	jus de volaille	ジュ・ド・ヴォライユ
068	jus de pintade	ジュ・ド・パンタード
069	jus de canard	ジュ・ド・カナール
070	jus de pigeon	ジュ・ド・ピジョン
072	jus de caille	ジュ・ド・カイユ
073	jus de lapin	ジュ・ド・ラパン
074	jus de pigeon ramier	ジュ・ド・ピジョン・ラミエ
076	jus de homard	ジュ・ド・オマール
077	jus de champignons	ジュ・ド・シャンピニョン

ソース

080	Connaissances basiques des sauces	ソースの基礎知識

■ヴィネグレット系のソース

094	sauce vinaigrette ordinaire	【基本のソース】ソース・ヴィネグレット
095	vinaigrette au vinaigre balsamique	ヴィネグレット・オ・ヴィネーグル・バルサミック
096	vinaigrette au xérès	ヴィネグレット・オ・ゼレス
097	vinaigrette de framboise au miel	ヴィネグレット・ド・フランボワーズ・オ・ミエル
098	sauce vinaigrette aux truffes	ソース・ヴィネグレット・オ・トリュフ
099	vinaigrette française	ヴィネグレット・フランセーズ
100	sauce vinaigrette au curry	ソース・ヴィネグレット・オ・キュリー
101	vinaigrette italienne	ヴィネグレット・イタリエンヌ
102	vinaigrette japonaise	ヴィネグレット・ジャポネーズA
103	vinaigrette japonaise	ヴィネグレット・ジャポネーズB
104	vinaigrette aux carottes	ヴィネグレット・オ・カロット
105	sauce ravigote	ソース・ラヴィゴット
106	sauce au vinaigre balsamique	ソース・オ・ヴィネーグル・バルサミック
107	sauce verjutée "Marie-Anne"	ソース・ヴェルジュテ・マリー・アンヌ
108	sauce au vinaigre	ソース・オ・ヴィネーグル
109	sauce homard au vinaigre	ソース・オマール・オ・ヴィネーグル
110	vinaigrette de homard aux agrumes	ヴィネグレット・ド・オマール・オ・ザグリューム
111	sauce vinaigrette au jus de canard	ソース・ヴィネグレット・オ・ジュ・ド・カナール
112	sauce foie de volaille au vinaigre	ソース・フォワ・ド・ヴォライユ・オ・ヴィネーグル

■卵黄ベースのソース

116	sauce mayonnaise	【基本のソース】ソース・マヨネーズ
117	sauce verte	ソース・ヴェルト
118	sauce Génoise	ソース・ジェノワーズ
119	sauce aurore	ソース・オーロール
120	sauce au curry	ソース・オ・キュリー
121	sauce tartare	ソース・タルタル
122	sauce tartare "Le Duc"	ソース・タルタル・ル・デュック
123	sauce rémoulade	ソース・レムラード
124	thousand island dressing	サウザン・アイランド・ドレッシング
125	sauce gribiche	ソース・グリビッシュ
126	sauce Hollandaise	【基本のソース】ソース・オランデーズ
127	sauce mousseline	ソース・ムースリーヌ
128	sauce sabayon	ソース・サバイヨン
129	sauce béarnaise	【基本のソース】ソース・ベアルネーズ
131	sauce béarnaise au curry	ソース・ベアルネーズ・オ・キュリー
132	sauce Choron	ソース・ショロン

■ジュレとショーフロワ

134	gelée de homard	ジュレ・ド・オマール
135	gelée de langoustine	ジュレ・ド・ラングスティーヌ
136	gelée de pigeon	ジュレ・ド・ピジョン
137	gelée de canard	ジュレ・ド・カナール
138	gelée de foie gras	ジュレ・ド・フォワグラ
140	sauce chaud-froid brune	ソース・ショー・フロワ・ブリュヌ
141	sauce chaud-froid blanche	ソース・ショー・フロワ・ブランシュ

■バターのソースとブール・コンポゼ

144	sauce beurre blanc	【基本のソース】ソース・ブール・ブラン
146	sauce beurre blanc à la tomate	ソース・ブール・ブラン・ア・ラ・トマト

147	sauce beurre blanc au basilic	ソース・ブール・ブラン・オ・バジリック
148	sauce au safran	ソース・オ・サフラン
149	sauce aux clams safranée	ソース・オ・クラム・サフラネ
150	sauce au beurre d'anchois	ソース・オ・ブール・ダンショワ
152	beurre de champignons	ブール・ド・シャンピニョン
153	beurre marchand de vins	ブール・マルシャン・ド・ヴァン
154	beurre d'escargots	【基本のソース】ブール・デスカルゴ
155	beurre provençal	ブール・プロヴァンサル
	beurre de pistou	ブール・ド・ピストゥー
156	beurre d'anchois	ブール・ダンショワ
	beurre d'écrevisse	ブール・デクルヴィス
157	beurre de truffe	ブール・ド・トリュフ
	beurre de foie de gibier	ブール・ド・フォワ・ド・ジビエ
158	beurre "Le Duc"	ブール・ル・デュック

■アルコールベースのソース

160	sauce vin blanc	ソース・ヴァン・ブラン
161	sauce au Pouilly-Fumé	ソース・オ・プイイ・フュメ
162	sauce au Champagne	ソース・オ・シャンパーニュ
163	sauce au Sauternes	ソース・オ・ソーテルヌ
164	sauce au Noilly	ソース・オ・ノワイー
165	sauce à l'antiboise	ソース・ア・ランティボワーズ
166	sauce agrumes	ソース・アグリューム
167	sauce crème au cidre	ソース・クレーム・オ・シードル
168	sauce Bordelaise	【基本のソース】ソース・ボルドレーズ
171	sauce madère	ソース・マデール
172	sauce aux truffes	ソース・オ・トリュフ
173	sauce à la moutarde	ソース・ア・ラ・ムータルド
175	sauce au Porto	ソース・オ・ポルト
176	sauce au vin rouge	ソース・オ・ヴァン・ルージュ
177	sauce au vin rouge pour poissons	ソース・オ・ヴァン・ルージュ・プール・ポワソン
178	sauce au vin rouge pour pigeons	ソース・オ・ヴァン・ルージュ・プール・ピジョン
179	sauce de homard au vin rouge	ソース・ド・オマール・オ・ヴァン・ルージュ
180	sauce rouennaise	ソース・ルアネーズ

■フォンとジュのソース(魚介)

182	sauce homard	ソース・オマール
184	sauce homard au curry	ソース・オマール・オ・キュリー
185	sauce homard à la crème	ソース・オマール・ア・ラ・クレーム
186	sauce à la provençale	ソース・ア・ラ・プロヴァンサル
187	sauce "hata" à la crème	ソース・ハタ・ア・ラ・クレーム
188	sauce aux olives noires	ソース・オ・ゾリーヴ・ノワール
189	sauce verte pour poissons	ソース・ヴェルト・プール・ポワソン
190	sauce aux algues	ソース・オ・ザルグ
191	sauce bouillabaisse	ソース・ブイヤベース
192	sauce Marseillaise	ソース・マルセイエーズ
193	sauce à l'anis	ソース・ア・ラニス

■フォンとジュのソース(肉)

196	jus de veau aux olives	ジュ・ド・ヴォー・オ・ゾリーヴ
197	jus de bœuf à l'estragon	ジュ・ド・ブフ・ア・レストラゴン
198	sauce bigarade	ソース・ビガラード
199	sauce canard à l'orange	ソース・カナール・ア・ロランジュ

200	sauce canard aux framboises	ソース・カナール・オ・フランボワーズ
201	sauce canard au cassis	ソース・カナール・オ・カシス
202	jus de caille aux raisins	ジュ・ド・カイユ・オ・レザン
203	jus de caille aux morilles	ジュ・ド・カイユ・オ・モリーユ
204	sauce pigeon aux épices	ソース・ピジョン・オ・ゼピス
205	sauce aux truffes lié au foie gras	ソース・オ・トリュフ・リエ・オ・フォワ・グラ
206	sauce au "Yuzu-Kosyou"	ソース・オ・ユズ・コショー
207	sauce au raifort	ソース・オ・レフォール
208	sauce salmis pour pigeons	ソース・サルミ・プール・ピジョン
209	sauce salmis pour perdreaux	ソース・サルミ・プール・ペルドロー
210	sauce poivrade	ソース・ポワヴラード
212	sauce grand veneur	ソース・グラン・ヴヌール
213	sauce chevreuil au cassis	ソース・シュヴルイユ・オ・カシス
214	sauce lièvre au sang	ソース・リエーヴル・オ・サン

■クラシックなソース

218	sauce béchamel	【基本のソース】ソース・ベシャメル
220	sauce Mornay	ソース・モルネー
221	sauce Nantua	ソース・ナンテュア
222	sauce Soubise	ソース・スビーズ
223	sauce Cardinal	ソース・カルディナル
224	sauce aux huîtres	ソース・オ・ズュイットル
225	velouté	ヴルーテ
226	sauce Normande	ソース・ノルマンド
227	sauce suprême	ソース・スュプレーム
228	sauce Albuféra	ソース・アルビュフェラ
229	sauce Américaine	ソース・アメリケーヌ
230	sauce Orientale	ソース・オリエンタル
231	sauce New-burg avec homard cru	ソース・ニューバーグ（オマール）
232	sauce Espagnole	ソース・エスパニョル
233	sauce piquante	ソース・ピカント
234	sauce demi-glace	ソース・ドゥミ・グラス
235	sauce Lyonnaise	ソース・リヨネーズ
236	sauce Diable	ソース・ディヤブル
237	sauce Robert	ソース・ロベール
238	sauce chasseur	ソース・シャスール
239	sauce Périgueux	ソース・ペリグー
240	sauce Chateaubriand	ソース・シャトーブリヤン

■その他のソース

242	sauce Chantilly	ソース・シャンティイ
243	sauce aigrette	ソース・エイグレット
244	ailloli	アイヨリ
245	rouille	ルイユ
246	rouille au clam	ルイユ・オ・クラム
	rouille au "Yuzu-Kosyou"	ルイユ・オ・ユズ・コショー
248	sauce tapenade	ソース・タプナード
	mousse de tapenade	ムース・ド・タプナード
250	sauce tapenade aux fruits de mer	ソース・タプナード・オ・フリュイ・ド・メール
251	sauce au pistou	ソース・オ・ピストゥー
252	coulis de tomate	クーリ・ド・トマト
253	sauce tomate à la provençale	ソース・トマト・ア・ラ・プロヴァンサル

254	sauce tomate	ソース・トマト
255	sauce pour escabèche	ソース・プール・エスカベシュ
256	sauce au Roquefort	ソース・オ・ロックフォール
258	coulis de truffes	クーリ・ド・トリュフ
259	huile au basilic	【基本のソース】ユイル・オ・バジリック
260	huile aux herbes	ユイル・オ・ゼルブ
	huile aux cèpes	ユイル・オ・セープ
261	huile au homard	ユイル・オ・オマール

■デザートのソース

264	sauce Anglaise	【基本のソース】ソース・アングレーズ
266	sauce Anglaise	ソース・アングレーズ（クリームなし）
	sauce Anglaise au Cointreau	ソース・アングレーズ・オ・コワントロー
267	sauce Anglaise au café	ソース・アングレーズ・オ・カフェ
	sauce Anglaise au thé	ソース・アングレーズ・オ・テ
268	sauce aux noisettes	ソース・オ・ノワゼット
	sauce aux pistaches	ソース・オ・ピスターシュ
269	sauce au Champagne	ソース・オ・シャンパーニュ
	sauce au Marsala	ソース・オ・マルサラ
270	sauce sabayon au vin blanc	ソース・サバイヨン・オ・ヴァン・ブラン
	sauce sabayon à l'orange	ソース・サバイヨン・ア・ロランジュ
271	sauce au pain d'épices	ソース・オ・パン・デピス
272	sauce au caramel	ソース・オ・キャラメル
	sauce caramel à la crème	ソース・キャラメル・ア・ラ・クレーム
273	sauce caramel au chocolat	ソース・キャラメル・オ・ショコラ
	sauce au caramel beurre salé	ソース・オ・キャラメル・ブール・サレ
274	sauce aux fraises	ソース・オ・フレーズ
276	coulis de fraises	クーリ・ド・フレーズ
	sauce fruits rouges	ソース・フリュイ・ルージュ
277	sauce framboise	ソース・フランボワーズ
278	sauce aux fruits tropicaux	ソース・オ・フリュイ・トロピコー
279	sauce à l'orange	ソース・ア・ロランジュ
	sauce pamplemousse	ソース・パンプルムース
280	sauce pomme vert au thym	ソース・ポム・ヴェール・オ・タン
281	sauce d'ananas au basilic	ソース・ダナナ・オ・バジリック
282	sauce framboise-pépin	ソース・フランボワーズ・ペパン
283	sirop de groseille	シロ・ド・グロゼイユ
284	gelée à l'anis etoilé	ジュレ・ア・ラニス・エトワレ
285	gelée de mandarine "Saikai"	ジュレ・ド・マンダリーヌ
286	espumas de Champagne à l'orange	エスプーマ・ド・シャンパーニュ・ア・ロランジュ
287	espumas de pomme au Calvados	エスプーマ・ド・ポム・ア・カルヴァドス
288	sauce au chocolat	【基本のソース】ソース・オ・ショコラ
290	sauce au vinaigre balsamique	ソース・オ・ヴィネーグル・バルサミック
	sauce au lait condensé	ソース・オ・レ・コンダンセ
291	confiture de lait	コンフィチュール・ド・レ
292	crème blanche aux amandes	クレーム・ブランシュ・オ・ザマンド
293	soupe de coco	スープ・ド・ココ
294	soupe de fruits	スープ・ド・フリュイ

296	Les ustensiles pour la préparation des sauces	ソースに使う器具の紹介
298	Lexique	用語解説
300	La liste des sauces par japonais	ソース日本語名一覧

■料理

027	仔牛ホホ肉のブレゼ、カシス風味、トリュフ入りポテトのピュレとゴボウのフライを添えて
043	雌キジ胸肉のクリーム煮、アンディーヴ添え
051	秋キノコのロワイヤル、セルフイユ添え、カプチーノ仕立て
059	スズキのオーブン焼き、夏野菜のスープ仕立て、香草風味
064	トリュフとシャンピニオンをまとった仔羊肉のポワレ、タイム風味のジュ
071	ベーコンで巻いた仔鳩胸肉のロティとモモ肉のコンフィ、グリュイエールのシャボーをかぶった2種の豆のリゾット
075	ピジョン・ラミエの軽いフュメ、桜島大根の軽い煮込み、ゆずの香り
113	フランス産小鴨のサラダ、クルミ油のドレッシング、大根のコンフィとフォワグラのブロシェット
120	シビマグロのマリネと有機トマトのサラダ仕立て、カレー風味
128	甘鯛のロティ、パセリ風味、シャンパンソース、グリーンアスパラガス添え
130	仔ウサギのステーキ、ベアルネーズソース、ポム・マキシムと小さなサラダ
139	フォワグラのテリーヌ、マーブル仕立て、ジュレと春野菜のマリネ添え
145	天然鯛のポシェ、キャヴィア添え、ソース・ブール・ブラン
151	サバのタルト、プロヴァンス風、2種のソース
170	牛フィレ肉のポワレ、ボルドレーズソース、ブロッコリー入りポテトのピュレとクミン風味の人参添え
174	牛背ロース肉のポワレ、香草風味、マスタードソース、ポテトのグラタン添え
183	伊勢海老とほうれん草、トマトのショーソン、プロヴァンス風、エストラゴン風味のオマールのソース
211	蝦夷鹿のコートレット、ポワヴラードソース、カリンのカラメリゼと根セロリのピュレ添え
215	野ウサギ背肉のロティ、リンゴ風味、血入りソース
219	足赤海老とマカロニ、シャンピニオンのグラタン
247	長崎産魚介類のブイヤベース
249	アワビのソテーと赤座海老のカレー風味、フヌイユのコンフィ添え、タプナードとトマトソース
257	アジとマティニオン・レギュームのミルフイユ、木の芽の香り
262	ブルターニュ産オマールと季節野菜の冷たいスープ、柑橘類の香り
265	リンゴのキャラメリゼのタルト、2種のソース添え
275	苺のミルフイユとシャンパンのエスプーマ、オレンジ風味のマリアージュ
289	ホワイトチョコレートの軽いクリーム、チョコレートのソースと共に
295	夏のフルーツのスープとヨーグルトのシャーベット

凡例

■本書で取り上げたソース類は、でき上がりの目安量をフォンは10ℓ、ジュは1ℓ、ソースは300㏄、デザートのソースは400㏄にしています（一部を除く）。このでき上がり量は、一部を除いて体積を表します。
■フォンとジュ（24〜77頁）に関しては、液体の状態以外に、冷えた時に液体中のゼラチン質で固まるものに関しては、その状態も掲載しています（写真右が液体、左が固まったもの）。
■ソース（94〜295頁）に関しては、そのものの状態以外に、皿に流した様子も掲載しています（写真右がソースそのもの、左が流したもの）。実際に皿に流した時の色、粘度や固さ、質感などの参考にしてください。
■ソース類の材料や分量、煮る時間などはあくまでも目安です。仕込む量や使う素材、厨房の環境によって味や状態は変わります。必要な量や好みの味に応じて調整してください。
■バターは無塩バターを使っています。
■E.V.オリーブ油は「エクストラ・ヴァージン・オリーブ油」を表します。
■塩、コショウ、バター、油脂類に関しては、とくに分量を定めず「少量」「適量」と表記している場合があります。
好みに応じて調整してください。
■本書では調理用語の一部にフランス語を使っています。フランス語については298頁の用語解説を参照ください。
また、野菜の切り方に関する用語は19頁を参照ください。
■日本語のソース名で検索する場合は、300〜303頁「ソース日本語名一覧」を参照ください。

Tout sur les sauces de la cuisine française
FONDS ET JUS

フォンとジュ

平たくいえば、フォンは肉や魚の煮出し汁。ジュは素材が持つ水分、ここでは加熱で得られる肉汁といったところか。まろやかな旨みのフォンをソースに仕立てるにはいくつかの工程が必要だが、素材の個性がストレートに出たジュは、煮詰めたり、なんらかの液体でのばしただけでソースになる。つまり、ジュのほうがよりソースに近い存在──そんな違いはあるが、いずれもソースのベースとして重要な役割を担っていることには変わりない。ソースという本題に入る前に、それを支えるフォンとジュについて考える必要があるだろう。

フォンとジュの基礎知識

Connaissances basiques des fonds et des jus

■フォンとは──
ソースやスープのベースになる「だし」

　フォンとジュ。どちらも同じ「だし」と訳されることが多いが、本来意味するところは異なる。フォン（fond）は直訳すると「だし汁」。フォン・ド・ヴォーやフュメ・ド・ポワソン（フュメはフォンとほぼ同義語）など、素材をミルポワ（香味野菜）と一緒に煮出すことで旨みを抽出したものを指す（なお、ブイヨンとフォンも似ているが、ブイヨンは用途の大半がスープで、ソースに使うことがない点で言葉を使い分ける）。

　ソースのベースとして欠かせないフォンだが、日本に浸透したのはここ30年ほどと意外に歴史は浅い。それまでソースのベースといえば、もっぱらソース・エスパニョルやドゥミ・グラス。私がこの世界に入った頃も、街場のレストランはこれら一辺倒で、フォンを仕込んでいるのは一部のホテルなどに限られていた。それが1970〜80年代になると一変、エスパニョルやドゥミ・グラスが「味が完成されているため、どのソースも同じ味になる」「ルゥが重い」と敬遠されるように。フランスでヌーヴェル・キュイジーヌが盛んに叫ばれた時代でもあり、ソースは、それ自体がどれだけおいしいかより、いかに素材の味を引き立てるかが重要になったのだ。そこで台頭してきたのがフォン類。とくにまろやかでクセがないフォン・ド・ヴォーは、ドゥミ・グラスのような濃厚さがないぶん素材の味を損なわず、汎用性の高い「中庸なだし」として支持された。しかし、このフォンも時代ごとに変わってきている。そこにはさまざまな要因があり、たとえば、流通事情がよくなって素材の質が向上したため、よりピュアな味のフォンが求められていること。小規模店が増えたため、手間とコストがかかるフォンを何種類も用意することが難しく、より汎用性の高いものが求められていること。ヘルシー志向を受けてさらに重さの排除が求められていること……などが挙げられる。ひとことで語れないほどフォンは多様化しているのだ。

　右頁のチャートは、私が総料理長を務めるホテルレストランの主なフォンのラインアップと用途をまとめたもの。ここで大切なのは、多くのフォンを揃えることではなく、自分の料理や店の規模、フォンにかけられる手間とコストに見合うものを仕込み、揃えることである。個人店ならもっとアイテムを絞り、そのぶん用意するフォンは汎用性を持たせるように煮出す時間を短くするなど、各自調整すればいい。自分が置かれた環境の中で、納得できるものを仕込み、上手に使い分けることが大切である。

《フォンの主な体系》

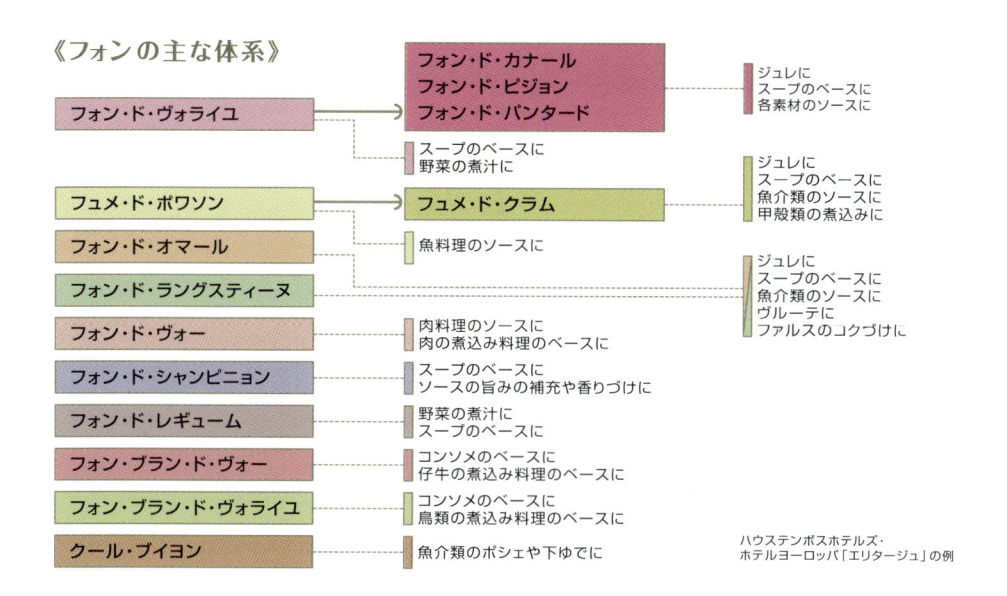

ベースのフォン	派生	主な用途
フォン・ド・ヴォライユ	→ フォン・ド・カナール / フォン・ド・ピジョン / フォン・ド・パンタード	ジュレに / スープのベースに / 各素材のソースに
	スープのベースに / 野菜の煮汁に	
フュメ・ド・ポワソン	→ フュメ・ド・クラム	ジュレに / スープのベースに / 魚介類のソースに / 甲殻類の煮込みに
	魚料理のソースに	
フォン・ド・オマール		ジュレに / スープのベースに / 魚介類のソースに / ヴルーテに / ファルスのコクづけに
フォン・ド・ラングスティーヌ		
フォン・ド・ヴォー	肉料理のソースに / 肉の煮込み料理のベースに	
フォン・ド・シャンピニヨン	スープのベースに / ソースの旨みの補充や香りづけに	
フォン・ド・レギューム	野菜の煮汁に / スープのベースに	
フォン・ブラン・ド・ヴォー	コンソメのベースに / 仔牛の煮込み料理のベースに	
フォン・ブラン・ド・ヴォライユ	コンソメのベースに / 鳥類の煮込み料理のベースに	
クール・ブイヨン	魚介類のポシェや下ゆでに	

ハウステンボスホテルズ・ホテルヨーロッパ「エリタージュ」の例

■ ジュとは ─

ソースに直結する香り豊かな「肉汁」

ジュ(jus)はジュース、つまり「素材の水分」の意味。フルーツの搾り汁もジュだが、「焼き汁」という意味もある。焼いた肉にナイフを入れると、ジュワーッとしみ出す液体のことといえば、イメージしやすいだろう。これはそのまま、またはバターでモンテするだけでおいしいソースになり得るが、レストランで使うには圧倒的に量が足りない。そこで、そのイメージで一定量を仕込んだだしを用意するようになり、これも「ジュ」と呼んでいる。ジュとフォンは材料も仕込む手順も似ているが、ジュは「素材そのものの風味に注目し、それをストレートに引き出すこと」を目的としている点で、汎用性を重視するフォンと異なる。そこでジュのポイントとなるのが、素材の香りや風味をいかに効果的に引き出すか。素材の香りは長時間火にかけるととんでしまうため、逃さないように煮出し時間は短めに。そして、ジュのベースとなる素材の持ち味を邪魔しないよう、ミルポワも少なめにすることが多い。

素材の個性が詰まったジュは、フォンのようにさまざまな料理に派生することはできず、用途はほぼソースのみに限られる。にもかかわらず、いまやだしの主流といっていいほど多くの料理に使われているのは、「素材重視」や「シンプル」そして「軽さ」がキーワードの時代に、ジュのシャープさ、キレのよさが求められているからに他ならない。現在、これだけジュが浸透しているのはむしろ必然といえるだろう。具体的な使い方は、195頁～の「フォンとジュのソース(肉)」で紹介したように、ジュをベースにアルコールやミルポワ、スパイスで風味をつけて仕上げるのが一般的。その際には、鶏料理にはジュ・ド・ヴォライユを使うなど、同じ素材同士でまとめると両方の風味が引き立ちやすい。また、89頁～のように肉を焼いた鍋をジュでデグラッセし、鍋についたスュック(旨み)を煮溶かしてソースに仕立てることも多い。

フォンとジュを仕込む

■ 材料を用意する

● ガラ（骨、スジ肉、魚のアラ）

クセがなく、ゼラチン質に富む仔牛はよく使われる。写真はくるぶしの骨。

スジ肉もゼラチン質に富む。営業用にさばいた後のくず肉も随時利用する。

フォンやジュの旨みのベースになるのが、鳥類のガラや四つ足の骨やスジ肉、魚のアラの部分。鶏ガラや仔牛の骨をフォン専用に仕入れる場合と、調理場で営業用の肉や魚をさばいた時に出た骨を少しずつストックして用いる場合がある。いずれも、状態が悪いものが混じるとせっかくのフォンやジュが台無しになるので、新鮮なものを使うことが大切。とくにジビエや魚介、甲殻類はにおいが出やすいので、ひとつずつ状態を確かめてから用いる。また、血合いや汚れも味や透明感に影響するので、下処理は重要だ。ガラは流水で洗い、魚のアラも水にさらして入り組んだ部分の汚れをていねいに取り除く。なお、ガラや骨に含まれる旨みやゼラチン質の量は、肉の種類や部位によって異なる。一般的に、よく動かす部位（スジやくるぶし、首つるなど）ほどゼラチン質に富む。ゼラチン質はだしに濃度とまろやかさを与えるが、それが重さにつながるという人もいるので、不要な場合はスジ肉を控えめにするなど適宜調整したい。

● ミルポワ（香味野菜）

肉類のフォンのように長時間煮出す場合は、写真のように大きめに切る。

ミルポワはだしに野菜の香りや甘みを与え、肉や魚の臭みを消す役割を持つ。主にタマネギ、ニンジン、セロリ、ポワローを指すが、本書ではシャンピニオン・ド・パリとニンニクもそのひとつととらえた。フォンに甘みがほしい時はタマネギを多めに、繊細な香りのフォンにはセロリを控えめにするなど、どの野菜をどのくらい使うかの見きわめが重要。また、煮崩れると濁りや雑味の原因になるので、煮出し時間によって切り方を変えること。

《ミルポワの切り方》

デ (dé)
1.5〜2cm角のさいの目切り。ジュやソースなど比較的煮出し時間が短いものに用いる。

コンカッセ (concasser)
1〜2cm角の粗めにきざんだ状態を指す。主にトマトやガラなどに使う表現。

ブリュノワーズ (brunoise)
2mm角前後のさいの目切り。コンソメやジュレを仕込む際や短時間で作るソースに使用。

エマンセ・薄め (émincé)
厚さ2〜3mmの薄切り。魚介や甲殻類など、短時間で煮出すフォン類に使用。

エマンセ・厚め (émincé)
厚さ5〜7mmの薄切り。フォン・ド・レギュームやクール・ブイヨンに。

斜め切り
フォン・ド・ヴォーをはじめ、長時間煮出してとるフォン類に用いる切り方。

エシャロットの切り方
左のアッシェ (hache) は細かいみじん切りを指し、主にソースに用いる。右はエマンセ。

シャンピニョン・ド・パリの切り方
左が本書でよく登場するカルティエ (quartier)。4等分に切ること。右はエマンセ。

● その他

【水】
フォンやジュの煮汁に使用。無味無臭のため、素材の味をストレートに引き出すことができる。ただし、水では旨みが足りない場合は、代わりにフォン・ド・ヴォライユやフォン・ド・レギュームで煮出すこともある。

【塩】
フォンやジュを煮出す時に塩を加えるのは、味つけではなく肉やミルポワの味を引き出すことが目的。同様に、ジュを仕込む際に骨やスジ肉を炒める時にも軽く塩をふる。これらの場合、ミネラルが豊富でまろやかな粗塩を使用。

【コショウ】
フォンやジュを仕込む際のコショウは、長時間火にかけるので、粒のままか粗く砕いたミニョネットにして用いる。コショウの役割は臭み消しと、素材の味を引き出すこと。主にクセのある素材には黒コショウを、繊細な風味の素材には白コショウを使用。

フォンやジュに不可欠なミニョネット。素材に応じて白と黒を使い分ける。

【ブーケ・ガルニ】
パセリの茎やタイム、ローリエなどのハーブとセロリやポワローを束ねたもの。フォンやジュを仕込む際に加え、肉や魚の臭みを抜き、風味を与える。最初から入れるとアクと一緒に香りが逃げてしまうので、水やフォンを注いだらいったんアクを引いてから加える。

注) 本書で使うブーケ・ガルニの基本は、セロリの茎 (細い部分・5cm) 1本、パセリの軸 (4cm) 1本、タイム (4cm) 2本、ローリエ¼枚を、ポワロー (16cm) 1枚で包み、糸で縛ったもの。

フォンとジュを仕込む

■焼き色をつける
香ばしく焼くことで、旨みが出やすい状況を作る

オーブンで色づけたくるぶしの部分。形が入りくんだものも、ここまで香ばしく焼くことで旨みが出やすくなる。

スジ肉を色づけたところ。肉から出てくる脂が透明であれば、きれいに焼けている証拠。

ミルポワもしっかり色づけて甘みと香りを充分に引き出す。

　フォン・ブランなど一部の「白いフォン」を除き、大半のフォンやジュはベースとなる骨やミルポワを焼いてから煮出していく。あらかじめ焼くのは、ひとつはだしに色をつけるのが目的。そして骨やスジ肉の場合は、高温にさらすことでタンパク質を変性させ、旨みやゼラチン質が出やすい状態を作ること、ミルポワに関しては香りや甘みを引き出すことが目的だ。また、肉類や魚介には、臭み消しと余分な脂を排除する意味合いもある。この時のポイントは、骨や肉なら高温(直火ならば強火、オーブンならば230〜250℃)で焼くことと、全体に均一に焼き色をつけること。ガラや骨など形の入り組んでいるものは焼きムラができやすく、味の出方が均等にならないので、鍋や天板に重ならないように並べ、適宜向きを変えながらていねいに焼いていく(最初はあまり動かさず、じっくり色づけるとよい)。この時、骨や肉が乾くと焦げやすくなるため、油脂は随時足すこと。また、骨と肉では色づき方が異なるため、別々に焼くか、一緒に焼く場合は先に骨を焼き、途中で肉を加える。大きな塊のままで焼く場合はある程度時間がかかるため、オーブンを利用するが、慣れないうちは直火を使い、焼き具合を直接目で確認しながら行なうとよい。ミルポワも、強火でこそ焼かないものの、同じ感覚でじっくり色づける。

■スュエする
水分を出すように炒め、甘みを引き出す

スュエは、素材から水分を出すように、しんなりするまで炒める。

　スュエ(suer)は本来「汗をかく」という意味。素材の水分を外に出すように(汗をかかせるように)炒めることを指す。焼き色はつけずに、野菜や魚のアラの香りや甘みを引き出したい場合に用いる手法だ。これをするのは、主に魚介や甲殻類のフォンや、魚系のソース。水分が出やすいように、野菜に関してはエマンセ(薄切り)やアッシェ(みじん切り)など小さめに切ることが多い。

■ デグレッセする
余分な油脂分を排除する

色づけた素材は煮出す前にザルにあけ、しっかり脂をきっておく。

デグレッセ（dégraisser）は、余分な油脂を取り除くこと。フォンやジュの仕込みでは、骨やスジ肉に焼き色をつける時に出た脂を除く場面と、煮出しだしを漉した後、再加熱して浮いてくる脂をすくう場面がこれにあたる。とくに仔羊などの脂が出やすい素材は、煮出す前にザルにあけて充分に脂をきっておかないと、液体に脂が入り込んで味に雑味が出たり、冷ました時に脂が白く固まる。何気ないがていねいに行ないたい工程だ。

■ デグラッセする
鍋や天板についた旨みを、液体に煮溶かす

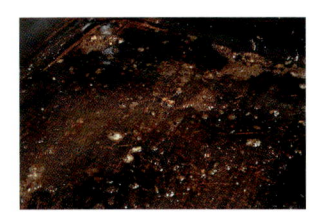

デグレッセした鍋。ところどころスュックがこびりついていることがわかる。

火にかけて水などの液体を注ぎ、木杓子などで旨みをこそげ落とす。

デグレッセした後の鍋には、肉や野菜から出た旨みの塊（sucスュック）がついている。ここには素材のエッセンスが詰まっているので、水などの液体を加えてこそげ落とすようにして煮溶かし、この液体（deglaçageデグラサージュ）はフォンやジュに利用する。ポイントは、いったん火からはずして温度が下がった鍋を強火にかけ、旨みが溶けやすい状態にしてから液体を加えること。木杓子などを使い、ていねいに溶かし込む。デグレッセに使う液体は水、ヴィネガー、ワインなどで、フォンに応じて使い分ける。また、液体を加えるのではなく、デグレッセした鍋にミルポワを加えて炒めていってもよい。次第にミルポワから水分が出て、鍋についたスュックを自然に落としてくれるので、効率的だ。なお、デグラサージュをフォンに戻す時は漉してから加えること。

■ アクを引く
徹底的に取り除き、雑味や濁りを排除する

まず沸騰させることでアクを出し、いったんすくってから煮出していく。

クリアーなフォンやジュに仕上げるためには、ていねいにアクを取り除くことが大切なポイント。まず、ガラや骨に水を注いだら強火で沸騰させ、そこで出てくるアクをしっかり取り除くのが第一のポイント。そして、ミジョテで煮出す間も浮いてくるたびに随時取り除く。手間はかかるが、これをきちんと行なうかどうかが仕上がりを大きく左右するので、ていねいに行ないたい。

■煮出す
静かに煮出し、じっくり旨みを引き出す

焼く焼かないに関わらず、骨やミルポワを鍋に入れ、水(またはフォン・ド・ヴォライユなど)を注いだら、まず強火で沸騰させてアクを充分に引き出す。そしてしっかりアクを取り除いたら、液体の表面がわずかにポコッポコッと沸いたミジョテ(mijoter)の状態に火を弱め、これを保ちながら煮出していく。火が強いと旨みの前にえぐみや雑味が出てしまうため、弱火でゆっくり煮ることが大切。そして煮出す間もアクは随時取り除く。

煮出す時間は素材で異なる。えぐみや臭みが出やすい魚介や甲殻類は短時間に。

■漉す
フォンの特徴や用途に応じた漉し方に

煮出し終えたフォンやジュは、漉す(passerパッセ)ことで仕上げる。長時間煮出す間にミルポワやその他の材料が煮崩れることもあるため、漉す前の煮汁はどうしても濁りがある。これを漉すことで排除するのだ。漉し方にはいくつかあり、目的に応じて使い分ける。ひとつは、煮出した液体とだしがらをシノワに移したら、骨やミルポワをつぶさず、液体が自然に落ちるのに任せる方法。これはだしに濁りや雑味が出るのを避けるもので、煮出す間に充分に旨みが出ているフォン類によく用いる。勢いよくシノワに注ぐとこれも濁りの原因になるので、静かに漉すこと。ふたつめは、ガラやミルポワを麺棒などでしっかりつぶし、エッセンスを出し切る方法。フォン・ド・オマールやジュ類に使う漉し方で、この場合は目の細かさが異なるシノワを2枚重ね、極力雑味が出ないように配慮する。さらに、シノワに布を敷いて漉すのは、できるだけクリアーに仕上げたい時の方法。コンソメがその代表例で、フュメ・ド・クラムのように貝を使う場合も布漉しし、徹底的に砂やアクを排除する。なお、いずれのフォンもジュも、いったん漉した液体は再度火にかけ、アクや脂を浮かせること。これをすくい、もう一度シノワで漉すことでさらにクリアーに仕上がる。

フォン・ド・ヴォーはシノワの柄を軽く叩き、液体を自然に落としていく。

オマールは殻にも旨みがあるため、つぶしながら漉して旨みを出し切る。

フォン・ド・クラムは貝に砂が残っているおそれがあるので、布漉しに。

■粗熱をとる
風味を逃さないため、すみやかに氷水にあてて粗熱をとる

ジュのように仕込む量が少ない場合は、ボウルなどに氷を詰めて粗熱をとる。

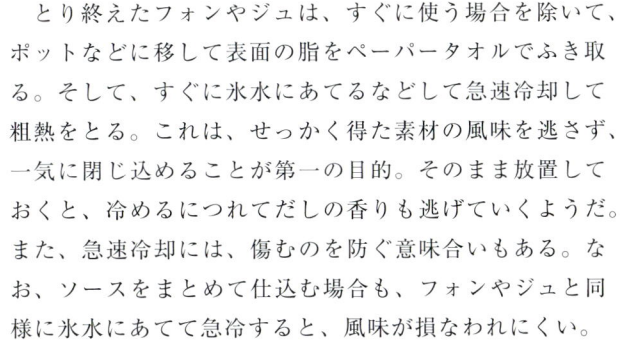

大量に仕込んだ場合は、シンクに水を張るなどして対応する。

　とり終えたフォンやジュは、すぐに使う場合を除いて、ポットなどに移して表面の脂をペーパータオルでふき取る。そして、すぐに氷水にあてるなどして急速冷却して粗熱をとる。これは、せっかく得た素材の風味を逃さず、一気に閉じ込めることが第一の目的。そのまま放置しておくと、冷めるにつれてだしの香りも逃げていくようだ。また、急速冷却には、傷むのを防ぐ意味合いもある。なお、ソースをまとめて仕込む場合も、フォンやジュと同様に氷水にあてて急冷すると、風味が損なわれにくい。

■保存する
すぐに使わない分は真空にかけ、冷凍保存する

すぐに使うものは、ポットに入れて冷蔵保存する。

すぐに使わないものは小分けにして真空包装にかけ、冷凍で保存する。

　ある程度まとめて仕込むフォンやジュは、きちんと保存して無駄なく使いたい。粗熱をとったフォンやジュは、まずすぐに使う分と使わない分に分ける。使う分は密閉容器に入れるか、ポットにラップ紙をかぶせてきっちり蓋をし、なるべく空気に触れないようにして冷蔵する。フォンもジュも冷蔵で3日間ほど保存可能だ。一方、使わない分は真空にかけて冷凍へ。ものにもよるが、フォンは2ヵ月、ジュは1ヵ月間ほど保存できる（ジビエや魚介・甲殻類のフォンは1ヵ月をめどに使い切る）。真空にかけるとスペースも省けるので便利。とはいえ、できるだけ早めに使うのが望ましい。なお、冷蔵・冷凍することでゼラチンを含むものはプルプルに固まる。料理に使う際は湯煎などで軽く温め、液体にもどしてから用いる。また、表面に白く固まった脂は取り除く。

基本のフォンとジュ

フォン・ド・ヴォー
fond de veau

【仔牛のフォン】

フランス料理で最も基本となるだし。じっくりと煮出して引き出した仔牛のまろやかな旨みは、どんな素材にも合う。肉の煮込みに、ソースのベースにと、汎用性の高いフォン。

材料（でき上がり約10ℓ）
仔牛の骨　10kg
仔牛、成牛のスジ肉とスネ肉　3kg
タマネギ　1.3kg
ニンジン　1.3kg
セロリ　400g
ポワロー　500g
シャンピニオン・ド・パリ　500g
ニンニク（皮付き）　1株
水　18ℓ
トマト　6個
トマトペースト　50g
ブーケ・ガルニ　1束
粗塩　少量
ピーナッツ油、バター　各適量

1． 仔牛の骨はくるぶしを使用。業者に関節ごとに切り分けてもらう（スネの骨を使う場合も、同程度の大きさに切る）。水洗いして血合いや汚れを取り除き、水気をきっておく。

2． スジやスネの肉は、7〜8cm角のぶつ切りにする。成牛の肉も使うのは、旨みとコクをプラスするため。好みに応じて仔牛だけで作ってもよい。

3． タマネギ、ニンジン、セロリはそれぞれ1.5cm幅の斜め切りにし、ポワローも他の野菜と同程度の大きさに切る。シャンピニオン・ド・パリはカルティエに切る。

4． 天板にピーナッツ油を引き、仔牛の骨を重ならないように並べる。240〜250℃のオーブンに入れ、1時間〜1時間半焼く。高温で焼くことで香ばしい焼き色がつき、だしが出やすくなる。

5． フライパンにピーナッツ油を入れ、充分に熱する。スジ肉とスネ肉を重ならないように入れ、焼き色をつける。フライパンで焼くのは、目で直接状態を確認しやすいため。骨と同様にオーブンで焼いても構わない。

6． 全面にしっかりと焼き色がついたら、ザルにあけて余分な脂をきる。

7. 別のフライパンにピーナッツ油を引き、中火にかける。まず火の通りにくいニンジンを入れ、香ばしく焼き色がつくように炒める。

8. 続いてタマネギ、ニンニク、セロリ、ポワローを加え、焼き色がしっかりつくように炒めていく。ニンジンとは別に炒め、最後に合わせてもよい。

9. シャンピニョン・ド・パリは、ピーナッツ油を引いた別のフライパンで炒める。途中で少量のバターを加え、風味をつける。

10. くるぶしの骨にこんがりと焼き色がついたら、オーブンから取り出す。写真は1時間半ほど焼いたもの。骨全体に均一に火が入るよう、途中で裏返している。

11. 骨をザルにあけて脂をきる。天板にしみ出した脂もきる。

12. 天板を火にかける。適量の水(分量外)を注ぎ、天板にこびりついた旨み(スュック)を木杓子などでこそげとる(デグラッセという)。

13. 寸胴鍋に脂をきった骨、スジ肉とスネ肉、ミルポワを入れる。

14. 12でデグラッセした焼き汁も漉しながら加える。水を注ぎ入れる。

15. トマトとトマトペーストを加え、強火にかけて沸騰させる。

16. 沸いてくるにつれてアクが出てくるので、随時取り除く。

17. アクを引いたらブーケ・ガルニと粗塩を加え、弱火にする。10〜12時間、静かに煮出していく。

18. 7時間後の状態。液体の表面がポコッポコッとわずかに沸いている状態(ミジョテという)を保ちながら煮出し続ける。時々状態を確認し、鍋肌についた野菜などは落とす。

19. 12時間ほど経ったフォン・ド・ヴォー。最初の半分程度まで煮詰まる。味をみて、足りなければもうしばらく煮出し、充分に味が出ていれば火を止める。

20. シノワで漉す。肉やミルポワをつぶすと、フォンに雑味や濁りが出るので、シノワの柄をトントンと軽く叩き、自然に液体が落ちるようにする。

21. 漉した液体を再度火にかける。沸いたら弱火にし、浮いてくるアクと脂をていねいにすくう。この作業をしないと、冷却した時にアクと脂が下に沈み、雑味や濁りの原因になる。

22. 再び目の細かいシノワで漉す。

23. フォン・ド・ヴォーの完成。氷水にあてて急冷する。冷蔵で3日間保存可能。すぐに使わない分は小分けにして真空にかけ、冷凍すれば2ヵ月ほど保存可能。使う際は、表面に白く固まった脂を除いてから使う。

2番だしをとる

フォン・ド・ヴォーをとった後のだしがらにも、まだ旨みは残っている。これに水を注ぎ、数時間煮出したものがフォン・ド・ヴォーの2番。仔牛などの肉料理や野菜を煮る際に用いて味やコクを補足したり、ぐっと煮詰めてソースのベースにしてもよい。材料を無駄にしないことも料理人にとって大切なことである。

a. フォン・ド・ヴォーをとった後のだしがらを鍋に入れ、だしがらがひたひたになるくらいの水を注ぐ。

b. 火にかけ、沸いたら弱火にして2時間半ほど煮出す。

c. シノワで漉す。この時も、肉やミルポワはつぶさないこと。

d. 2番の完成。同じように氷水などにあてて冷却し、すぐに使う分は密閉して冷蔵庫に、使わない分は真空にかけて冷凍する。冷蔵で3日間、冷凍で1ヵ月間保存可能。

フォン・ド・ヴォーを使って

仔牛ホホ肉のブレゼ、カシス風味、
トリュフ入りポテトのピュレとゴボウのフライを添えて

Joue de veau braisée aux cassis,
purée de pommes de terre aux truffes, salsifis frits

ホホ肉を赤ワインなどでじっくりブレゼした一皿は、フランス料理の定番。仔牛のホホ肉はコニャック、マデラ、赤ワイン、クレーム・ド・カシス、カシスのピュレで約3時間マリネしておく。ミルポワを炒めて、ホホ肉のマリネ液と赤ワインを注ぎ、アルコールをとばしたら、表面をリソレしたホホ肉を加える。赤ワインヴィネガー、フォン・ド・ヴォー、ミニョネット、ブーケ・ガルニを加えて2時間ほどブレゼする。ソースはこの煮汁を取り出し、軽く煮詰めてから漉し、バターでモンテしたもの。付合せにトリュフを加えたジャガイモのピュレ、エシャロットのコンフィとゴボウのフライを添えて。

フォン・ド・ヴォライユ
fond de volaille
【鶏のフォン】

色も味もおだやかな、白いだしの代表格。クリアーに仕上げるため、ガラと野菜は大きめに切り、長時間煮ても煮崩れないように。鶏ガラ以外に首つるも利用し、旨みをプラスする。

材料（でき上がり約10ℓ）
鶏ガラ　5kg
鶏首つる　2.5kg
ミルポワ
　┌ タマネギ　500g
　│ ニンジン　500g
　└ セロリ　200g
水　15ℓ
ブーケ・ガルニ　1束
粗塩　少量
サラダ油　少量

作り方
1．鶏ガラと首つるを水洗いする。助骨の内側には脂肪や血の塊がついており、フォンの濁りや臭みの原因になるのでよく洗う。鶏ガラは7～8cmのぶつ切りに、首つるは5cm幅に切る。
2．タマネギとニンジンを半分に切り、セロリは1本を3等分にする。半分に切ったタマネギのうち1個分を、サラダ油を引いた天板に、切り口を下にしてのせる。240～250℃のオーブンに入れ、切り口を焦がす。
3．寸銅鍋に鶏ガラと首つるを入れ、水を注いで強火にかける。沸いたらアクを取り、弱火にしてミルポワ、ブーケ・ガルニ、粗塩を加える。
4．焦がしたタマネギも加え、ミジョテの状態で約3時間煮出す。このタマネギはフォンにほのかな香ばしさと甘み、まろやかさを与える役割。
5．いったんシノワで漉し、液体を別鍋に移して沸かす。表面に浮いてくるアクや脂を取り除き、もう一度シノワで漉す。

用途・保存
鶏料理のソースや野菜のポタージュのベースに。鳥獣類のフォンをとる際にガラを煮出す液体としても使う。冷蔵で2～3日間、真空包装して冷凍すれば2ヵ月間保存可能。

グラス・ド・ヴィヤンド

glace de viande

【肉のグラス】

フォン・ド・ヴォーを煮こごりの状態になるまでゆっくりと煮詰め、味と濃度を凝縮させたもの。旨みやコクが詰まったエッセンスとして、ソースなどの仕上げに少量用いる。

材料（でき上がり約1ℓ）
フォン・ド・ヴォー2番（→26頁）　10ℓ

作り方

1．鍋にフォン・ド・ヴォーの2番を入れ、火にかける。ミジョテの状態を保ち、随時アクを取りながらゆっくり煮詰める。鍋肌が焦げつかないよう、液体が減ってきたら鍋を小さいものに変えて1/10程度に煮詰める。
2．シノワで漉す。バットに流し、冷やし固める。

用途・保存

肉のソースや肉料理のファルス（詰めもの）に、コクを出すために加える。冷蔵で10日間保存可能。

グラス・ド・ヴォライユ

glace de volaille

【鶏のグラス】

フォン・ド・ヴォライユをひたすら煮詰めた濃厚なエッセンス。グラス・ド・ヴィヤンドと同様、旨みやコクが欲しい時に加える。固まったものをサイコロ状に切っておくと使いやすい。

材料（でき上がり約1ℓ）
フォン・ド・ヴォライユ（→28頁）　16ℓ

作り方

1．鍋にフォン・ド・ヴォライユを入れて火にかける。ミジョテの状態を保ち、随時アクを取りながらゆっくり煮詰める。鍋肌が焦げないよう、液体が減ってきたら鍋を小さいものに変えて1ℓほどに煮詰める。
2．シノワで漉す。バットに流し、冷やし固める。

用途・保存

鶏や野菜の料理に少量加えたり、テリーヌや肉のファルスに混ぜてコクを補なう。冷蔵で10日間保存可能。

フォン・ド・カナール
fond de canard

【鴨のフォン】

鴨の旨みと香りが豊かなフォン。ここではフォンにしっかりコクや旨みを持たせるために、ガラをフォン・ド・ヴォライユで煮出しているが、水で煮出しても構わない。

材料（でき上がり約10ℓ）
鴨のガラ（骨と首つる）　6kg
ミルポワ
　┌ タマネギ　500g
　│ ニンジン　500g
　│ セロリ　200g
　│ シャンピニョン・ド・パリ　200g
　└ ニンニク（皮付き）　3片
フォン・ド・ヴォライユ（→28頁）　20ℓ
ブーケ・ガルニ　1束
粗塩　少量
ミニョネット（白）　少量
バター　適量

作り方
1．鴨のガラを6cm前後のぶつ切りにする。タマネギ、ニンジン、セロリを厚さ5mmのエマンセにし、シャンピニョン・ド・パリはカルティエに切る。ニンニクは軽くつぶす。
2．フライパンにバターを引き、鴨のガラをこんがり色がつくまで焼く（天板に並べてオーブンで焼いてもよい）。ザルにあけてデグレッセし、寸銅鍋に入れる。
3．別のフライパンにバターを引き、ミルポワを入れてこんがりと焼き色をつける。ザルにあけてデグレッセし、2の寸銅鍋に加える。
4．寸銅鍋にフォン・ド・ヴォライユを注ぎ、強火にかける。沸いたらアクを取り除き、弱火にしてブーケ・ガルニ、粗塩、ミニョネットを加える。アクを取り除きながら、ミジョテの状態で1時間半〜2時間煮出す。
5．いったんシノワで漉し、液体を鍋に移して沸かす。表面に浮いてくるアクや脂を取り除き、もう一度シノワで漉す。

用途・保存
鴨のスープやジュレ（→137頁）のベースに。冷蔵で3日間、真空包装して冷凍すれば2ヵ月間保存可能。

フォン・ド・パンタード
fond de pintade
【ホロホロ鳥のフォン】

パンタード(ホロホロ鳥)はやや淡白な味の鳥。脂肪が少ないため、肉は焼かずにフォン・ド・ヴォライユと煮出していく。あっさりしているがコクはあり、クリームとの相性がよい。

材料(でき上がり約10ℓ)
ホロホロ鳥(1.5kg) 5羽
ミルポワ
  ┌ タマネギ 300g
  │ ニンジン 400g
  │ セロリ 100g
  │ ポワロー 250g
  └ シャンピニョン・ド・パリ 200g
フォン・ド・ヴォライユ(→28頁) 20ℓ
クローヴ 3本
パセリの軸 3本
粗塩 少量
ミニョネット(白) 少量

作り方
1. ホロホロ鳥は内臓を抜き、水洗いして汚れを取り除く。タマネギは半分に切ってクローヴを刺し、ニンジンはヘタのほうから十字に切り込みを入れる。セロリとポワローは半分に切る。シャンピニョン・ド・パリはカルティエに切る。
2. 鍋にホロホロ鳥を丸ごと入れ、フォン・ド・ヴォライユを注ぐ。強火で沸かす。
3. 沸いたらアクを除いて弱火にし、ミルポワとパセリの軸を加える。粗塩とミニョネットも加え、ミジョテの状態で2時間〜2時間半、アクを取りながら煮出す。
4. いったんシノワで漉し、液体を鍋に移して沸かす。表面に浮いてくるアクや脂を取り除き、もう一度シノワで漉す。

用途・保存
ホロホロ鳥のスープ(コンソメやクリームスープ)や、クリーム煮などのベースに。冷蔵庫で3日間、真空包装して冷凍すれば2ヵ月間保存可能。

フォン・ド・ダンドン
fond de dindon

【七面鳥のフォン】

クリスマスに作りたいフォン。独特の香ばしい風味があり、まろやかだがしっかり味ののったフォンができる。ダイコンと一緒に煮出し、ほのかに甘みをプラスしている。

材料（でき上がり約10ℓ）

七面鳥　2羽(約8kg)
ミルポワ
├ タマネギ　900g
├ ニンジン　400g
└ セロリラヴ　200g
ダイコン　100g
クローヴ　2本
フォン・ド・ヴォライユ(→28頁)　15ℓ
ブーケ・ガルニ　1束
粗塩　少量
ミニョネット(白)　少量

作り方

1．七面鳥の内臓を抜き、血を拭き取る。タマネギは半分に切り、ニンジンはヘタのほうから十字に切り込みを入れる。セロリラヴは縦半分に切り、ダイコンは2等分にしてクローヴを刺す。

2．寸胴鍋に七面鳥とフォン・ド・ヴォライユを入れ、ミルポワとダイコンも加えて強火にかける。

3．沸いたらアクを取り除き、弱火にする。ブーケ・ガルニ、ミニョネット、粗塩を加え、ミジョテの状態を保ちながら2時間～2時間半煮出す。この間、アクが出たら随時取り除く。

4．いったんシノワで漉し、液体を鍋に移して沸かす。表面に浮いてくるアクや脂を取り除き、もう一度シノワで漉す。

用途・保存

七面鳥のスープやソースのベースに使用。冷蔵で3日間、真空包装して冷凍すれば2ヵ月間ほど保存可能。

フォン・ド・ピジョン
fond de pigeon
【ハトのフォン】

家禽の中では比較的個性の強いハトのフォンは、まろやかさの中にも力強さを感じる。ハトの風味をより強調したい場合は、フォン・ド・ヴォライユの代わりに水を使えばよい。

材料(でき上がり約10ℓ)
ハトのガラ(骨と首つる) 6kg
ミルポワ
　タマネギ 200g
　ニンジン 300g
　ポワロー 400g
　シャンピニョン・ド・パリ 300g
　ニンニク(皮付き) 3片
フォン・ド・ヴォライユ(→28頁) 20ℓ
ブーケ・ガルニ 1束
粗塩 少量
黒粒コショウ 5g
ピーナッツ油 適量
バター 適量

作り方
1. ハトの骨と首つるを、5cmのぶつ切りにする。タマネギ、ニンジン、ポワローは厚さ5mmのエマンセにし、シャンピニョン・ド・パリはカルティエに切る。ニンニクは軽くつぶす。
2. フライパンにピーナッツ油とバターを引き、ハトのガラを入れてじっくりと焼き色をつける。充分に色づいたらザルにあけてデグレッセし、寸銅鍋に移す。フライパンに少量のフォン・ド・ヴォライユを入れ、デグラッセする。この液体も寸銅鍋に入れる。
3. 別のフライパンにバターを引き、ミルポワを入れてじっくりと焼き色をつける。ザルにあけてデグレッセし、2の寸銅鍋に入れる。
4. フォン・ド・ヴォライユを注ぎ、強火にかける。沸いたらアクを取り、弱火にしてブーケ・ガルニ、黒粒コショウ、粗塩を加える。ミジョテの状態を保ちながら1時間半～2時間煮出す。アクは随時取る。
5. いったんシノワで漉し、液体を鍋に移して沸かす。表面に浮いてくるアクや脂を取り除き、もう一度シノワで漉す。

用途・保存
ハトのスープやジュレ(→136頁)、ソースのベースに使用。冷蔵で3日間、真空包装して冷凍すれば2ヵ月間ほど保存可能。

フォン・ブラン・ド・ヴォー
fond blanc de veau

【仔牛の白いフォン】

主にコンソメのベースとして使用する、贅沢な「白いフォン」。骨や野菜は大きめに切り、絶えずアクを引くことで、長時間煮出してもフォンが濁らないようにする。

材料（でき上がり約10ℓ）
仔牛の骨　6kg
仔牛スネ肉（骨付き）　2kg
仔牛スジ肉　1kg
ミルポワ
├─ タマネギ　600g
├─ ニンジン　500g
├─ セロリ　100g
├─ ポワロー　300g
└─ ニンニク（皮付き）　5片
水　20ℓ
ブーケ・ガルニ　1束
粗塩　少量

作り方
1．仔牛の骨は10〜15cmのぶつ切りにし、よく水にさらす。スネ肉とスジ肉は6〜7cmのぶつ切りにする。
2．タマネギとニンジンは半分に、セロリは3cm幅に、ポワローは縦半分に切る。ニンニクは軽くつぶす。
3．寸銅鍋に仔牛の骨とスネ肉、スジ肉を入れて水を注ぐ。強火で沸かし、アクをていねいに取る。弱火にし、ミルポワとブーケ・ガルニ、粗塩を加え、ミジョテの状態を保ちながら約5時間煮出す。この間、アクは随時取り除く。
4．シノワで漉す。

用途・保存
コンソメを仕込む際のベースや、仔牛を使った煮込み料理のベースに。冷蔵で3日間、真空包装して冷凍すれば2ヵ月間保存可能。

フォン・ブラン・ド・ヴォライユ
fond blanc de volaille
【鶏の白いフォン】

鶏でとったフォン・ブラン。鶏は味わいがシャープなため、仔牛のスネ肉を加えてゼラチン質とまろやかなコクを補なう。静かに煮出して澄んだ仕上がりに。

材料（でき上がり約10ℓ）
鶏ガラ　4kg
鶏首つる　2kg
仔牛スネ肉（骨付き）　1.5kg
ミルポワ
　┌ タマネギ　600g
　│ ニンジン　500g
　│ セロリ　100g
　└ ポワロー　300g
水　15ℓ
ブーケ・ガルニ　1束
粗塩　少量

作り方
1. 鶏ガラを水に充分にさらす。ガラも首つるもできるだけ切らずに大きなまま使用し、仔牛のスネ肉は7〜8cmのぶつ切りにする。
2. タマネギとニンジンは半分に切り、セロリはそのまま使う。ポワローは縦半分に切る。
3. 寸銅鍋に鶏ガラ、首つる、仔牛スネ肉を入れ、水を注いで強火にかける。沸いたらアクをていねいに取り、弱火にしてミルポワ、ブーケ・ガルニ、粗塩を加える。ミジョテの状態を保ちながら、約3時間煮出す。この間、アクを随時取り除く。
4. シノワで漉す。

用途・保存
コンソメを仕込む際のベースや、鶏を使った煮込み料理のベースに。冷蔵で3日間、真空包装して冷凍すれば2ヵ月間保存可能。

コンソメ・ド・ヴォー
consommé de veau

【仔牛のコンソメ】

フォン・ブラン・ド・ヴォーをベースに作るコンソメ。仔牛のピュアな味わいを引き出すため、甘みが出るタマネギと香りの強いセロリは使用せず、ごくごくシンプルに仕立てる。

材料（でき上がり約10ℓ）
フォン・ブラン・ド・ヴォー（→34頁）　12ℓ
牛スネ肉　3.75kg
ミルポワ
┌ ニンジン　250g
└ ポワロー　500g
卵白　5個分
粗塩　少量

作り方
1．牛スネ肉をミンチに挽き、ニンジンとポワローはブリュノワーズに切る。
2．鍋に牛スネ肉のミンチ、ミルポワ、卵白を入れ、手でよく混ぜ合わせる。
3．フォン・ブラン・ド・ヴォーと粗塩を加え、木杓子などで混ぜながら強火にかける。卵白とスネ肉のタンパク質が60℃くらいで固まり始めるので、そうしたら混ぜるのを止める。卵白がアクを吸着して凝固し、表面に浮いてきたら、火を弱め、レードルで中央に穴（直径6〜7㎝）を開ける。ミジョテの状態を保ちながら、約1時間半煮出す。
4．シノワに布を敷き、少しずつ漉していく。

用途・保存
コンソメスープや、肉類のジュレ寄せなどに。冷蔵で3日間、真空包装して冷凍すれば2ヵ月間保存可能。

コンソメ・ド・ヴォライユ
consommé de volaille

【鶏のコンソメ】

フォン・ブラン・ド・ヴォライユをベースに、さらに丸鶏や鶏ガラを加えて煮出した贅沢なコンソメ。丸鶏やガラは一度加熱し、旨みが出やすい状態にしてから用いる。

材料（でき上がり約10ℓ）
フォン・ブラン・ド・ヴォライユ（→35頁）　12ℓ
牛スネ肉　3.75kg
ミルポワ
　┌ ニンジン　250g
　└ ポワロー　500g
丸鶏　2羽
鶏の手羽と足　各15羽分（3kg）
鶏ガラ（※）　5羽分（2kg）
卵白　5個分
粗塩　少量

※ガラは、鶏のローストをさばいた後に出た骨など、一度火が入ったものを使用する。

作り方
1．牛スネ肉はミンチに挽く。丸鶏は内臓を抜き、220℃のオーブンで約10分間加熱して皮目に焼き色をつける。手羽と足は生のまま使用し、ガラは関節ごとに切り分ける。ニンジンとポワローはブリュノワーズに切る。

2．鍋に牛スネ肉、ミルポワ、鶏の手羽と足、ガラ、卵白を入れてよく混ぜ合わせる。充分に混ざったら丸鶏を入れ、混ぜる。フォン・ブラン・ド・ヴォライユと粗塩を入れて火にかける。卵白と肉のタンパク質が60℃くらいで固まり始めるので、そうしたら混ぜるのを止める。卵白がアクを吸着して凝固し、表面に浮いてきたら、火を弱め、レードルで中央に穴（直径6～7cm）を開ける。ミジョテの状態を保ちながら、約1時間半煮出す。

3．シノワに布を敷き、少しずつ漉していく。

用途・保存
コンソメスープや、鶏や野菜のジュレ寄せなどに使用。冷蔵で3日間、真空包装して冷凍すれば2ヵ月間保存可能。

基本のフォンとジュ

フォン・ド・ジビエ
fond de gibier

【ジビエのフォン】

ジビエをいくつか組み合わせてとるフォンは、まろやかで汎用性が高く、小規模店ならこれ一つでジビエ料理全般をまかなえる。ただし、個性の強い野ウサギ、イノシシは避ける。

材料（でき上がり約10ℓ）
鹿の骨とスジ肉　3.5kg
ジビエのガラと首つる
　┌ ペルドロー（※）　1kg
　│ フザン（キジ）　1kg
　│ コルベール（真鴨）　1kg
　└ ピジョン・ラミエ（森バト）　500g
ミルポワ
　┌ タマネギ　450g
　│ ニンジン　450g
　│ セロリ　200g
　│ シャンピニオン・ド・パリ　250g
　│ ニンニク　1株
　└ エシャロット　200g
フォン・ド・ヴォライユ（→28頁）　18ℓ
白ワイン　1.5ℓ
ブーケ・ガルニ　1束
ミニョネット（黒）　適量
ジュニエーヴル　20粒
クローヴ　20本
ガストリック（※）　適量
ピーナッツ油　適量
バター　適量

※ペルドローはペルドリ（岩シャコ）の仔の総称。グリ（ヨーロッパ山ウズラ）、ルージュ（赤足岩シャコ）などの種類があり、グリのほうが味にコクがある。ここでは両方合わせて使用。
※ガストリックは、グラニュー糖50gと水少量を火にかけてカラメリゼし、赤ワインヴィネガー150ccを加えて混ぜたもの（分量は作りやすい量。ここから適量を用いる）。

1. 鹿の骨（写真左。ここでは背骨を使用）を5cm前後のぶつ切りにし、鹿のスジ肉（右）も同程度の大きさに切る。鹿は2〜3歳のメスが、臭みがなく使いやすい。

2. 左下から時計回りにピジョン・ラミエ、コルベール、ペルドロー、フザン。それぞれのガラと首つるを5cm程度のぶつ切りにする。ジビエはできれば、四つ足と鳥系のものを合わせて3種類は用意したい。

3. タマネギ、ニンジン、セロリ、エシャロットを厚さ1cmのエマンセにする。シャンピニオン・ド・パリは2等分に、ニンニクは横半分に切る。

4. 鍋にピーナッツ油を引き、鹿の骨を入れてざっと炒めて油をからませる。230℃のオーブンに入れ、ある程度焼き色がついたらスジ肉を加え、さらに焼く。最初からスジ肉を入れると水分が出て色づきにくいので注意。

5. 厚手のフライパンにピーナッツ油を引き、ペルドローを入れて表面をていねいに焼く。全面が色づいたら、ザルにあけてデグレッセする。

6. デグレッセした鍋を火にかけ、白ワインを適量注ぐ。鍋肌についたスュック（旨み）をこそげ落とし、白ワインに溶かす。

7. 6の旨みが溶けた液体（デグラサージュ）をシノワで漉す。この液体はとりおく（8と9のデグラサージュも同様にとりおく）。

8. フザンも同様に、厚手のフライパンで表面に焼き色をつける。フザンは脂が多く、どんどん外に出てくるので、多すぎる場合は取り出す。香ばしく色がついたらデグレッセし、鍋を白ワインでデグラッセする。

9. コルベールとピジョン・ラミエは肉質が似ているので、一緒にピーナッツ油で焼き色をつけていく（別々に色づけてもよい）。同様にザルにあけてデグレッセし、鍋を白ワインでデグラッセする。

10. ピーナッツ油とバターでニンニク、タマネギ、ニンジン、セロリを炒め、油が回ったらシャンピニョン・ド・パリを加える。全体が色づき、甘みが出たらエシャロットを加え、仕上げに少量のバターを加える。

11. 鹿のスジ肉にもきれいに焼き色がついたらオーブンから取り出す。骨と肉はザルにあけてデグレッセし、鍋は強火にかけ、白ワインを注いでデグラッセする。デグラサージュは漉してとりおく。

12. 寸胴鍋に炒めた鹿の骨とスジ肉、ペルドロー、フザン、ピジョン・ラミエ、コルベールとミルポワを入れ、全体を混ぜる。フォン・ド・ヴォライユを注ぎ、強火にかける。

13. アクが出てきたら取り除き、火力を落とす。ブーケ・ガルニ、ミニョネット、ジュニエーヴル、クローヴを入れる。

14. とりおいたそれぞれの素材のデグラサージュと、ガストリックも加える。

15. ミジョテ（微沸騰）の状態を保ちながら3時間～3時間半かに煮出す。この間、アクが出たら随時取り除く。

16. 充分に味が出たことを確認したら、まず目の粗いシノワで漉す。

17. シノワに残ったガラや野菜はつぶし、しっかり旨みを漉しきる。漉した液体を再度シノワで漉す。この残ったガラで2番だしをとってもよい（ガラに10ℓの水かフォン・ド・ヴォライユを入れ、1時間煮出す）。

18. 2度漉ししたフォンを鍋に移し、強火にかける。表面に脂とアクが浮いてくるのですくいとる。

19. 目の細かいシノワで漉し、氷水をあてて冷却する。

20. フォン・ド・ジビエの完成。冷蔵で3日間保存可能。すぐに使わない場合は小分けにし、真空にかけて冷凍すれば1ヵ月間保存可能。使う際は、白く固まった脂があれば取り除いてから用いる。

フォン・ド・シュヴルイユ
fond de chevreuil

【鹿のフォン】

鹿の骨と肉でとるフォンは、ソース・ポワヴラードをはじめ、ジビエのソースに欠かせない。赤ワインをたっぷり使った、口にしっかり残る濃厚で力強い旨みが特徴。

材料(でき上がり約10ℓ)
鹿の骨とくず肉　10kg
ミルポワ
　┌ タマネギ　1.2kg
　├ ニンジン　1.2kg
　├ セロリ　400g
　├ シャンピニョン・ド・パリ　200g
　└ ニンニク　2株
赤ワイン　3本(2.25ℓ)
フォン・ド・ヴォライユ(→28頁)　14ℓ
ブーケ・ガルニ　1束
ミニョネット(黒)　2g
ジュニエーヴル　20粒
粗塩　少量
バター　適量

作り方

1. 鹿の骨とくず肉を5cm程度のぶつ切りにする。タマネギ、ニンジン、セロリは厚さ5mmのエマンセに、シャンピニョン・ド・パリはカルティエに切る。ニンニクは横半分に切る。

2. 鍋にバター(またはピーナッツ油)を引き、鹿の骨とくず肉を入れて香ばしく焼き色をつける(天板にのせてオーブンで焼いてもよい)。ザルにあけてデグレッセし、鍋は赤ワインを数回に分けて加え、デグラッセする。デグラサージュは漉してとりおく。

3. 別鍋にバターを引き、ミルポワを炒める。香ばしく焼き色がついたらザルにあけてデグレッセする。

4. 寸胴鍋に2と3を入れ、フォン・ド・ヴォライユを注いで強火にかける。沸いたらアクを取り除き、火を弱めてブーケ・ガルニ、ミニョネット、ジュニエーヴル、粗塩を加える。デグラサージュも加え、ミジョテの状態を保ちながら2時間半ほど煮出す。アクは随時取り除く。

5. ガラやミルポワをつぶしながらシノワで漉す。漉した液体を再度火にかけ、アクや脂を取り除く。目の細かなシノワで漉す。

用途・保存
ソース・ポワヴラード(→210頁)をはじめ、鹿肉の料理に使用。冷蔵で3日間、真空して冷凍すれば1ヵ月間ほど保存可能。

フォン・ド・フザン
fond de faisan

【キジのフォン】

キジのフォンはジビエの中では比較的穏やかな味わい。甘みと相性がいいため、ミルポワはタマネギのみし、デグラッセにも甘みのあるマデラ酒を使ってキジの旨みを引き出す。

材料（でき上がり約10ℓ）
フザン（キジ）　2羽
フザンのガラ（骨と首つる）　5kg
タマネギ　1.5kg
ニンニク　1株
マデラ酒　1.2ℓ
フォン・ド・ヴォライユ（→28頁）　18ℓ
ブーケ・ガルニ　1束
ミニョネット（白）　少量
粗塩　少量
バター　適量

作り方
1．丸のフザンの内臓を抜き、骨付きのまま4等分にする。ガラ（骨と首つる）は5cm程度のぶつ切りにする。タマネギは厚さ5mmのエマンセにし、ニンニクは横半分に切る。
2．鍋にバターを引き、タマネギとニンニクをじっくりスュエする。
3．フライパンにバターを引き、フザンのガラを入れて香ばしく焼き色をつける。デグラッセし、2の鍋に加える。フライパンはマデラ酒でデグラッセし、アルコールがとんだら2の鍋に加える。
4．鍋全体をよく混ぜ、フォン・ド・ヴォライユを注ぐ。強火にして一度沸かし、アクを取り除く。火を弱め、ブーケ・ガルニ、ミニョネット、粗塩、4等分にしたキジを加える。ミジョテの状態を保ちながら2時間ほど煮出す。アクは随時取り除く。
5．ガラやミルポワはつぶさずに、シノワで漉す。漉した液体を鍋に移して火にかけ、浮いてくるアクや脂をすくう。再度シノワで漉す。

用途・保存
キジをはじめ、鳥系のジビエの料理に使用。冷蔵で3日間、真空して冷凍すれば1ヵ月間保存可能。

フォン・ド・フザン使って

雌キジ胸肉のクリーム煮、アンディーヴ添え

Poitrine de poule faisan à la crème d'endives

脂肪の少ないキジの胸肉をクリーム仕立てにして、なめらかさとコクを補なった一皿。ほのかに苦みのあるアンディーヴとともに蒸し煮にし、旨みをたっぷり含ませている。キジ肉は、まずベーコンとともに炒めて油脂を補ないつつ焼き色をつけ、マデラ酒でデグラッセする。ここにフォン・ド・フザンを加えて半分ほど煮詰めたら、アンディーヴを加えて蓋をし、軽く蒸し煮にする。仕上げに生クリームを加えて煮詰め、なめらかさをプラス。香りと色みにイタリアンパセリを添えて。

フォン・ド・リエーヴル
fond de lièvre
【野ウサギのフォン】

リエーヴル（野ウサギ）をミルポワと赤ワインでマリネし、たっぷりの赤ワインやスパイスとともに煮出すことで独特の臭みを抑える。ジビエらしい濃厚な味わいのフォン。

材料（でき上がり約10ℓ）
リエーヴル（野ウサギ）　2羽（約3.6kg）
リエーヴルの骨、スジ肉、くず肉　7kg
鶏の首つる　1kg
ミルポワ
├ タマネギ　800g
├ ニンジン　800g
└ セロリ　200g
タイム　8枝
ローリエ　2枚
クローヴ　10本
パセリの茎　5本
赤ワイン（マリネ用）　6ℓ
赤ワイン（※）　6ℓ
フォン・ド・ジビエ（→38頁）　5ℓ
水　2ℓ
トマト（※）　10個
ニンニク　1株
エシャロット　600g
ベーコン　600g
ジュニエーヴル　30粒
黒粒コショウ　20粒
粗塩　少量
ピーナッツ油　適量

※このうち4ℓは火にかけてアルコールをとばしておく。残り2ℓはデグラッセに使用。
※トマトは皮を湯むきし、種を取り除く。

作り方

1．リエーヴルは内臓を取り出す。骨、スジ肉、くず肉、鶏の首つるはぶつ切りにする。ミルポワ、エシャロット、ベーコンはコンカッセにする。

2．丸のリエーヴル、骨、スジ肉、くず肉、ミルポワ、タイム、ローリエ、クローヴ、パセリの茎をバットに入れ、マリネ用の赤ワインを注ぐ。一晩マリネする。

3．ザルにあけて水気をきる。丸のリエーヴルはさばき、肉は料理用に取りおく。骨をコンカッセにする。

4．天板にピーナッツ油を引き、3の骨を並べて240℃のオーブンで焼く。途中でスジ肉とくず肉を加え、一緒に色づける。ザルにあけてデグレッセする。

5．マリネしたリエーヴルの骨と鶏の首つるは、別鍋でピーナッツ油で焼き色をつける。デグレッセする。

6．4の天板と5の鍋に赤ワインを1ℓずつ注ぎ、デグラッセする。漉して取りおく。

7．マリネしたミルポワとニンニク、エシャロット、ベーコンはフライパンで焼き色をつける。

8．寸胴鍋に4、5、7を入れ、フォン・ド・ジビエと水を注いで火にかける。アクを引き、トマト、ジュニエーヴル、粗塩、残りの赤ワイン、2のマリネ液、各デグラサージュを加え、3時間半ほど煮出す。火を止める前に黒粒コショウを加え、10分間ほど煮る。

9．ガラをつぶしながらシノワで漉し、火にかけて浮いてくる脂やアクをすくう。再度シノワで漉す。

用途・保存

リエーヴルのソースや煮込み料理のベースに。冷蔵で3日間、真空包装して冷凍すれば1ヵ月間保存可能。

フォン・ド・マルカッサン
fond de marcassin

【仔イノシシのフォン】

マルカッサン(仔イノシシ)のフォン。個性が強いため、ミルポワを多めに使い、ジュニエーヴルも加えて風味のバランスをとる。ゼラチンは少なく、冷えてもごくゆるく固まる程度。

材料(でき上がり約10ℓ)
仔イノシシの骨とスジ肉(※)　10kg
ミルポワ
┌ タマネギ　2kg
│ ニンジン　1kg
│ セロリ　500g
│ シャンピニョン・ド・パリ　800g
└ ニンニク　1株
白ワイン　2.5ℓ
水　18ℓ
ジュニエーヴル　20粒
ブーケ・ガルニ　1束
ピーナッツ油　適量

※骨とスジ肉の割合の目安は7:3。

作り方
1．仔イノシシの骨とスジ肉を5cmほどのぶつ切りにする。タマネギ、ニンジン、セロリをそれぞれ1.5cm角のデに切る。シャンピニョン・ド・パリはカルティエに、ニンニクは横半分に切る。
2．天板にピーナッツ油を引き、イノシシの骨を重ならないように並べる。230℃のオーブンに入れ、焼き色をつける(途中で裏返す)。途中でスジ肉も加え、香ばしい焼き色がつくようにじっくり焼く。
3．骨とスジ肉をザルにあけ、デグレッセする。天板を白ワイン(分量のうち半分程度)でデグラッセする。
4．フライパンにピーナッツ油を引き、ミルポワを入れてじっくり焼き色をつける。ザルにあけてデグレッセし、残りの白ワインで鍋をデグラッセする。
5．寸銅鍋にイノシシの骨とスジ肉、ミルポワ、デグラッセした液体を入れ、水を注いで強火にかける。沸いたらアクをていねいに取り、弱火にしてジュニエーヴルとブーケ・ガルニを加える。ミジョテの状態で約4時間煮出す。この間、アクは随時取り除く。
6．いったんシノワで漉し、液体を鍋に移して沸かす。表面に浮いてくるアクや脂を取り除き、もう一度シノワで漉す。

用途・保存
主にイノシシの煮込み料理に使用。冷蔵で3日間、真空包装して冷凍すれば1ヵ月間保存可能。

基本のフォンとジュ

フォン・ド・オマール
fond de homard

【オマールのフォン】

新鮮なオマールを用いるのが、クリアーなフォンをとる最大のポイント。仕上げにワカメを加え、旨みを補強する。えぐみが出るので、甲殻類や魚のだしは煮すぎないように注意。

材料(でき上がり約10ℓ)
オマール(殻付き)　8kg
ミルポワ
┌ タマネギ　900g
│ ニンジン　900g
│ セロリ　300g
│ ポワロー　300g
│ シャンピニョン・ド・パリ　300g
└ ニンニク(皮付き)　5片
白ワイン　1.2ℓ
コニャック　適量
フュメ・ド・ポワソン(→54頁)　10ℓ
フォン・ド・ヴォライユ(→28頁)　3ℓ
トマト(完熟)　8個
トマトペースト　少量
ブーケ・ガルニ　1束
ミニョネット(白)　少量
ワカメ　200g
粗塩　少量
オリーブ油　適量
バター　少量

1. オマールは新鮮なものを使用。冷凍ものは臭みが出やすいので、できれば避けたい。水洗いし、殻ごとぶつ切りにして砂袋をはずす。水気をきっておく。

2. タマネギ、ニンジン、セロリは1.5cm角のデに、ポワローも同程度の大きさに、シャンピニョン・ド・パリはカルティエに切る。トマトは半分に切って種を除き、ワカメは水に浸けて塩抜きする。

3. フライパンにオリーブ油を熱し、オマールを入れて強火で炒める。表面をきれいに色づけるために、最初はあまり混ぜないでじっくり焼く。

4. 殻が赤くなり、焼き色がついてきたら火力を落とし、全体を混ぜながら焼く。油が足りなければ随時足す。

5. 香ばしさが出て、こんがり色がついたらオマールをザルにあけて油をきる（デグレッセ）。

6. 焼いた後の鍋を火にかけ、白ワインの一部を注ぐ。白ワインの代わりに水を使ってもよい。

7. フライパンについた旨みを木杓子で充分にこそげ落とし（デグラッセ）、シノワで漉す。漉した液体（デグラサージュ）はとりおく。

8. 別のフライパンにオリーブ油を入れて火にかけ、風味づけに少量のバターを加える。軽く叩いたニンニクを入れ、油に香りを移す。

9. タマネギ、ニンジン、セロリを入れ、中火でじっくり炒めていく。立方体の全面が色づくよう、時々鍋をあおって全体を混ぜる。

10. 火の入りやすいポワローは後から加える。シャンピニョン・ド・パリも加え、さらに炒める。

11. 油が足りないと焦げやすくなるので、必要に応じてバターやオリーブ油を足す。鍋肌についた野菜は随時落とす。

12. 全体に香ばしく焼き色がつき、野菜の香りが充分に出たら火を止める。

13. 寸胴鍋に油をきったオマールを入れ、12の野菜も加える。全体をざっと混ぜる。

14. 強火にかけ、コニャックと残りの白ワインを注ぎ入れ、アルコールをとばす。

15. デグラサージュを加え、フュメ・ド・ポワソンとフォン・ド・ヴォライユを加える。フォン・ド・ヴォライユを加えるのは、フォンにコクを出すため。

16. トマトとトマトペーストも加える。トマトはフォンに色みと酸味と同時に甘みを与える役割があるので、完熟を使用する。

17. 沸いたらアクをていねいに取り除く。

18. ブーケ・ガルニ、ミニョネット、少量の粗塩を加える。粗塩は素材の味を引き出すためのもの。味に影響がないよう、少しだけ加える。

19. 弱火にし、ミジョテの状態を保ちながら1時間半ほど煮出す。途中で出てきたアクは随時除く。

20. 40分経ったところ（仕上がりの5分前）で、ワカメを加える。これは旨みの補強のため。旨みをクリアーに抽出するため、かき混ぜずにそのまま煮出す。

21. 40分ほど経ったフォン・ド・オマール。甲殻類は煮すぎるとえぐみが出てくるので、40分を目安に味を確認し、煮出しすぎないようにする。

22. フォンをシノワで漉す。だしがらを麺棒などでつぶし、オマールの旨みをしっかり出しきる。大量に仕込む場合は、焼いたオマールをつぶしてから煮出してもよい。

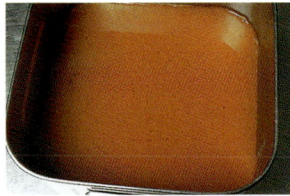

23. フォン・ド・オマールの完成。すぐに氷水にあてるなどして冷却する。冷蔵で3日間、すぐに使わない場合は小分けにし、真空にかけて冷凍すれば1ヵ月間ほど保存可能。

フォン・ド・ラングスティーヌ
fond de langoustine
【赤座エビのフォン】

ラングスティーヌの頭だけでとった、濃厚ながら上品な味わいと甘みを持つフォン。頭だけを一度に用意するのは大変なので、料理のたびに出たものをこまめに冷凍して貯めておく。

材料（でき上がり約10ℓ）
ラングスティーヌの頭　6kg
ミルポワ
　┌タマネギ　400g
　│ニンジン　400g
　│ポワロー　200g
　│シャンピニョン・ド・パリ　200g
　└ニンニク（皮付き）　½株
コニャック　適量
白ワイン　1ℓ
フュメ・ド・ポワソン（→54頁）　7ℓ
フォン・ド・ヴォライユ（→28頁）　1ℓ
水　8ℓ
トマト（完熟）　10個
トマトペースト　少量
ブーケ・ガルニ　1束
ミニョネット（白）　少量
粗塩　少量
オリーブ油　適量

作り方

1．ラングスティーヌの頭は水洗いし、水気をきっておく。タマネギ、ニンジン、ポワローは1.5cm角に、シャンピニョン・ド・パリはカルティエに切る。ニンニクは軽く叩き、トマトは半分に切って種を取る。

2．寸銅鍋にオリーブ油を引き、ラングスティーヌの頭を炒める。殻が赤くなり、こんがりと焼き色がついたら、ザルにあけてデグレッセする。同じ鍋にミルポワを入れ、充分に焼き色がつくまで炒める。

3．ラングスティーヌの頭を戻し入れ、コニャックと白ワインを入れてアルコールをとばす。

4．フュメ・ド・ポワソン、フォン・ド・ヴォライユ、水を注ぎ、強火で沸かす。沸いたらアクを取り除き、弱火にしてトマト、トマトペースト、ブーケ・ガルニ、ミニョネット、粗塩を加える。ミジョテを保ちながら約1時間煮出す。この間、アクは随時取り除く。

5．シノワで漉す。ラングスティーヌの頭をつぶし、しっかり旨みを漉しきる。

用途・保存
ラングスティーヌのスープやソース、ロワイヤル（茶碗蒸しのように卵を寄せたもの）のベースに。冷蔵で3日間、真空包装して冷凍すれば1ヵ月間ほど保存可能。

基本のフォンとジュ

フォン・ド・シャンピニョン
fond de champignons

【シャンピニョンのフォン】

たっぷりのシャンピニョン・ド・パリを蓋をして弱火で煮出した後、じっくり蒸らして風味を抽出。コンソメのように濃厚な旨みと澄んだ液体は、スープや野菜料理の旨みづけに。

材料（でき上がり約10ℓ）
シャンピニョン・ド・パリ　8kg
水　10ℓ
ニンニク（皮付き）　7〜8片
タイム　4枝
ローリエ　2枚
粗塩　80g
レモン　2個
バター　40g

1. シャンピニョン・ド・パリを厚さ1mmにエマンセする。

2. ニンニク、タイム、ローリエをガーゼなどで包む。レモンは厚さ1cmの輪切りにし、後で取り出しやすいように1個分を糸に通しておく。

3. 深鍋にシャンピニョン・ド・パリを入れ、表面を平らにならす。ニンニク、タイム、ローリエ、粗塩、レモン、バターをのせ、分量の水を注ぎ入れる。

4. 鍋にぴったり密着するようにアルミ箔をかぶせた蓋を、鍋にのせる。弱火にかけ、1時間ほどこのまま静かに煮出す。

5. 1時間後の状態。シャンピニョン・ド・パリから水分が出てきたのがわかる。この時点でも、フォンには充分に味が出ている。

6. 火を止め、蓋をしたまま30〜40分ほど蒸らす。この作業はアンフュゼ（煎じる）という感覚。こうすることで、キノコの旨みだけでなく香りもぐっと高まる。

7. 蒸らした後の状態。シャンピニョン・ド・パリが沈み、先ほどよりフォンの色がぐっと濃くなり、味わいも深まってくる。

8. レモンとニンニク、タイム、ローリエを取り出し、シノワで漉す。シャンピニョン・ド・パリはつぶし、旨みを出しきる。このシャンピニョン・ド・パリは、スープの具や他のフォンをとる際に二次活用する。

9. フォン・ド・シャンピニョンの完成。氷水などですばやく冷却し、表面に浮いて固まった油を取り除く。冷蔵で3日間、すぐに使わない分は真空にかけて冷凍すれば2ヵ月間ほど保存可能。

フォン・ド・シャンピニョンを使って

秋キノコのロワイヤル、セルフイユ添え、カプチーノ仕立て

Royale de champignons d'automne "Cappuccino" au cerfeuil

「ロワイヤル」は一般的に卵とコンソメを混ぜ合わせ、湯煎やヴァプールにかけて茶碗蒸しのように固めたもの。ここでは、コンソメの代わりに旨みたっぷりのフォン・ド・シャンピニョンを使ってロワイヤルのベースを作り、秋のキノコとともに蒸し上げた。秋のキノコはジロール茸、ピエ・ブルー茸、シャンピニョン・ド・パリ、そして松茸。松茸はグリエ、他のキノコはソテーして香りを引き出してから蒸す。別にフォン・ド・シャンピニョンと生クリームを合わせ、味をととのえたらハンドミキサーでカプチーノのように泡立てる。これをロワイヤルの上にそっと流し、トリュフをふり、セルフイユを添える。泡からもシャンピニョン・ド・パリがふわっと香り立つので、泡が消えないうちに食べてもらう。

フォン・ド・レギューム
fond de légumes

【野菜のフォン】

野菜のゆで汁やスープのベースに、汎用性の高いフォン。ここでは、ベーコンやスパイスを入れて完成度を上げたが、野菜の種類や量は目安。余り野菜も入れて各自味の調整を。

材料（でき上がり約10ℓ）
ベーコン　800g
タマネギ　600g
ニンジン　600g
セロリ　200g
ポワロー　400g
キャベツ　400g
水　12ℓ
タイム　4枝
ローリエ　1枚
クローヴ　12本
パセリの軸　4本
粗塩　20g
白粒コショウ　6g
赤トウガラシ　1本

作り方
1．タマネギ、ニンジン、セロリ、ポワロー、キャベツを厚さ5mmのエマンセにする。ベーコンは塊のまま使用する。
2．寸銅鍋に1の野菜とベーコン、残りの材料をすべて入れ、強火にかける。沸いたらアクを取り除き、弱火にする。ミジョテを保ちながら約1時間半煮出す。この間、アクが出てくれば随時取り除く。
3．シノワで漉す。

用途・保存
野菜をゆでる際の煮汁にしたり、その煮汁にバターやオリーブ油をモンテしてソースに仕上げる。また、野菜のポタージュなどのベースにも。冷蔵で2日間、真空包装して冷凍すれば2ヵ月間保存可能。

クール・ブイヨン
court-bouillon
【香味野菜のだし】

ミルポワ（香味野菜）とハーブでとる香り豊かなだし。魚や甲殻類の下ゆでや、ナージュ仕立てのベースに。野菜やハーブは、その時厨房にあるものや個人の好みで調整可。

材料（でき上がり約10ℓ）
ミルポワ
- タマネギ　900g
- ニンジン　900g
- セロリ　200g
- エシャロット　200g
- ニンニク　1/2株

白ワイン　500cc
白ワインヴィネガー　200cc
水　10ℓ
タイム　3枝
ローリエ　1枚
クローヴ　5本
パセリの軸　3本
粗塩　90g
白粒コショウ　15g

作り方

1．タマネギ、ニンジン、セロリ、エシャロットを厚さ5mmのエマンセにする。ニンニクは横半分に切ったものを用意する。

2．寸銅鍋に白ワイン、白ワインヴィネガー、水を注ぎ、ミルポワ、タイム、ローリエ、クローヴ、パセリの軸、粗塩も入れて強火にかける。

3．沸いたらアクを取り除き、弱火にする。ミジョテの状態で約20分間煮出す。この間、アクを随時引く。

4．白粒コショウを加え、そのままの火加減でさらに10分間煮出す。

5．火を止め、そのまま常温に冷めるまで置く。シノワで漉す。

用途・保存

甲殻類をポシェする（ゆでる）際の煮汁や、魚介類のナージュ仕立てのベースに使用。冷蔵で2日間保存可能。冷凍もできるが、短時間で作れるフォンなので、なるべくこまめに仕込みたい。

基本のフォンとジュ

フュメ・ド・ポワソン
fumet de poisson

【魚のフュメ（スュエあり）】

スュエした魚の香ばしい香りが、口にしたとたんに広がるフュメ。スュエをしないものより、味にふくらみがある点が特徴だ。魚の香りをより強調したい場面で用いる。

材料（でき上がり約10ℓ）
白身魚のアラ　5kg
タマネギ　200g
ニンジン　200g
セロリ　100g
ポワロー　200g
シャンピニオン・ド・パリ　200g
エシャロット　100g
水　12ℓ
白ワイン　1.5ℓ
ブーケ・ガルニ　1束
ミニョネット（白）　少量
粗塩　適量
オリーブ油　適量
バター　少量

1. 鯛、舌ビラメ、スズキなど白身魚のアラを用意する（養殖ものはにおいが出やすいのでなるべく避ける）。最低30分間は水にさらし、血合いや骨の間の汚れを取り除く。よく水気をきっておく。

2. タマネギ、ニンジン、セロリ、ポワロー、シャンピニオン・ド・パリ、エシャロットはすべて厚さ2〜3mmのエマンセにする。

3. 鍋を中火にかけ、オリーブ油を引き、風味づけに少量のバターを入れる。野菜を一度に加える。

4. 野菜全体に油が行き渡ったら、香りを引き出すようにスュエする。

5. 野菜がしんなりし、タマネギが透き通ってきたら白身魚のアラを加える。鍋の底から、野菜と魚をなじませるようにして混ぜる。混ぜることでアラにも火が入り、臭みを消す効果がある。

6. ざっと混ざったら、白ワインを一気に注ぎ入れる。強火にし、いったん沸かしてアルコールをとばす。

7． 分量の水を注ぎ入れ、強火で沸騰させる。

8． 浮いてきたアクをていねいに取り除く。火力を弱め、ブーケ・ガルニ、ミニョネット、粗塩を入れる。ミジョテの状態で20～25分間煮出す。

9． 20分後の状態。新鮮なアラを使うと、次第にフォンが澄んでくる。味を確認し、よければ火を止めてブーケ・ガルニを取り出す。魚系のだしは長時間煮出すとえぐみが出るので、絶対に煮すぎないこと。

10． シノワで漉す。フュメ・ド・ポワソンは、だしがらをつぶすと魚の臭みや雑味、濁りが出るので、自然に液体が漉されるのに任せる。

11． フュメ・ド・ポワソンの完成。氷水などにあててすばやく冷却する。できれば当日中に使い切るが、冷蔵で2日間、すぐに使わない分は小分けにして真空にかけ、冷凍すると1ヵ月ほど保存可能。

グラス・ド・ポワソン

glace de poisson

【魚のグラス】

フュメ・ド・ポワソンを煮こごり状になるまでゆっくり煮詰め、味と濃度を凝縮させたもの。旨みやコクが詰まったエッセンスとして、ソースの仕上げなどに少量用いる。

材料（でき上がり約1ℓ）
フュメ・ド・ポワソン（→54頁）　20ℓ

用途・保存
魚のソースや魚介のムース、クネルに、コクを出すために加える。冷蔵で5日間保存可能。

作り方

1． 鍋にフュメ・ド・ポワソンを入れ、ミジョテの状態を保ち、アクを取りながらゆっくり煮詰める。液体が減ってきたら鍋を小さいものに変えてさらに煮詰める。

2． 1ℓほどに煮詰まったらシノワで漉す。バットに流し、冷やし固める。

フュメ・ド・ポワソン
fumet de poisson ordinaire

【魚のフュメ（スユエなし）】

「おいしそうな香り」という意味もあるフュメ（fumet）。その名の通り、魚の香りを引き出しただしがフュメ・ド・ポワソンだ。魚をスユエしないため、白くクリアーな仕上がりに。

材料（でき上がり約10ℓ）

白身魚のアラ　5kg
ミルポワ
- タマネギ　200g
- ニンジン　200g
- セロリ　100g
- ポワロー　200g
- シャンピニョン・ド・パリ　200g
- エシャロット　100g

水　12ℓ
ブーケ・ガルニ　1束
粗塩　適量
ミニョネット（白）　少量

作り方

1．白身魚のアラを最低30分間は水にさらし、血合いや汚れを取り除く。その後、水気をよくきっておく。タマネギ、ニンジン、セロリ、ポワロー、シャンピニョン・ド・パリ、エシャロットは厚さ2〜3mmのエマンセにする。
2．寸銅鍋に白身魚のアラとミルポワ、水、粗塩、ミニョネットを入れて火にかける。
3．沸いたらアクを引き、弱火にしてブーケ・ガルニを加える。ミジョテの状態を保ちながら20〜25分間煮出す。この間、アクは随時取り除く。
4．シノワで漉す。

用途・保存

魚介類の料理のソースやスープのベースに。できれば当日中に使い切るが、冷蔵で2日間、真空包装して冷凍すれば1ヵ月間保存可能。

基本のフォンとジュ

フュメ・ド・クラム
fumet de clam

【貝のフュメ】

ハマグリ以外にアナゴも使うのは、故アラン・シャペル氏が日本で得たアイデア。貝の風味を損なうことなく、クリアーな旨みを与えてくれる。魚介のスープや煮込みのベースに。

材料(でき上がり約10ℓ)
ハマグリ　4kg
アナゴ　3kg
ミルポワ
┌ タマネギ　1kg
│ ニンジン　1kg
│ セロリ　250g
└ ポワロー　500g
白ワイン　2.4ℓ
フュメ・ド・ポワソン(→54頁)　18ℓ
ブーケ・ガルニ　1束
オリーブ油　適量

1. ハマグリを塩水に一晩浸けて砂を吐かせる。ザルにあけて水気をきり、一つずつ叩いて音を確認して鮮度をチェックする。

2. アナゴは水で洗い、表面のぬめりを取り除く。内臓を取り、流水にさらして血合いを除く。水気をぬぐい、4〜5cmの筒切りにする。

3. タマネギ、ニンジン、セロリ、ポワローをすべて厚さ2〜3mmのエマンセにする。

4. 鍋にオリーブ油を引き、ミルポワを入れて野菜の香りを引き出すようにスュエする。

5. 野菜に透明感が出てきたらハマグリを加え、全体を混ぜ合わせる。

6. 白ワインを注ぎ入れ、強火にしていったん沸騰させる。アルコールをとばす。

7. ハマグリの殻が開いたらアナゴを加える。アナゴが液体に浸かるように表面をならす。

8. フュメ・ド・ポワソンを注ぎ、強火のまま沸騰させる。

9. アクが出てくるので、ていねいに取り除く。

10. 弱火にし、ブーケ・ガルニを加える。表面がわずかにポコポコと泡立つくらいの状態(ミジョテ)に火加減を調整し、静かに煮出す。

11. 煮出し始めて15分後の状態。写真のような状態で煮出す。アクが出てきたら随時取り除く。

12. 25分後の状態。旨みが外に出て、アナゴの皮がはがれてくる。味をみてよければ火を止める。長時間煮るとえぐみが出てくるので、20〜25分間が煮出し時間の目安。

13. いったんシノワで漉す。濁りや雑味が出るので、ガラはつぶさず、自然に漉されるのに任せる。また、このガラを使って2番をとってもよい。その場合は、ガラと水5ℓを火にかけ、25〜30分間煮出す。

14. 漉した液体をさらに布漉しする。布漉しするのは、まれにハマグリの砂が取りきれていないことがあるため。

15. フュメ・ド・クラムの完成。風味がとばないようにすぐに冷却する。できれば当日中に使い切るが、冷蔵で2日間、真空包装して冷凍すれば、1ヵ月間保存可能。

フュメ・ド・クラムを使って

スズキのオーブン焼き、
夏野菜のスープ仕立て、香草風味

*Filet de bar grillé au four,
légumes d'été "minestrone" aux fines herbes*

フュメ・ド・クラムをスープに仕立て、その海の香りと甘みをきっちり効かせた一皿。スープの旨みに負けないよう、主役の魚には香りの強いスズキを合わせた。スズキはフィレの皮を引いてリソレしたら、皮がついていた部分にピスタチオとバジル、アンチョビー、オリーブ油をミキサーにかけたペーストをぬり、オーブンで焼いてさらに香りを主張させる。スープはベーコンやピーマン、クールジェット（ズッキーニ）、ナスなどの夏野菜を炒め、そこにフュメ・ド・クラムとフォン・ド・レギューム（→52頁）を注いで軽く煮込んだもの。2種類のだしを組み合わせることで、魚とも野菜とも相性よく仕立てた。奥行きのある風味のフュメ・ド・クラムだからこそ、ともするとバラバラになりがちな個性豊かな夏の素材を上手にまとめてくれる。

フュメ・ド・クラム・プール・ブイヤベース
fumet de clam pour bouillabaisse
【ブイヤベース用の貝のフュメ】

南仏の名物料理・ブイヤベースに用いるだし。アサリとハマグリをはじめ、さまざまな魚介類の旨みがたっぷり詰まっている。セロリを多めにして甲殻類の香りとのバランスをとる。

材料（でき上がり約10ℓ）

- アサリ　2kg
- ハマグリ　1kg
- アナゴ　3kg
- ラングスティーヌの頭　1kg
- ミルポワ
    - タマネギ　800g
    - ニンジン　800g
    - セロリ　400g
    - ポワロー　400g
    - ニンニク（皮付き）　1株
- 白ワイン　750cc
- フュメ・ド・ポワソン（→54頁）　12ℓ
- ブーケ・ガルニ　1束
- オリーブ油　適量

作り方

1．アサリとハマグリは一つずつ叩いて鮮度を確認する。一晩塩水に浸けて砂を抜き、水洗いする。アナゴは5〜6cm幅のぶつ切りにし、ラングスティーヌの頭は水で洗っておく。

2．タマネギ、ニンジン、セロリ、ポワローを厚さ2〜3mmのエマンセにする。ニンニクは軽くつぶす。

3．フライパンにオリーブ油を引き、ラングスティーヌの頭を入れて軽く色づける。ザルにあけて油をきる。

4．寸銅鍋にオリーブ油を引き、ミルポワを入れて軽く焼き色がつくまで炒める。ここにアサリとハマグリを入れ、白ワインを加える。

5．アサリとハマグリの口が開いたら、アナゴと3のラングスティーヌの頭を入れ、フュメ・ド・ポワソンを注ぐ。強火にして一度沸騰させ、アクを除いたら弱火にする。ブーケ・ガルニを加え、ミジョテの状態を保ちながら30〜40分間煮出す。アクは随時取る。

6．シノワで漉す。

用途・保存

ブイヤベースのベースに使用。冷蔵で3日間、真空包装して冷凍すれば、1ヵ月間保存可能。

フュメ・ド・コキーユ・サンジャック
fumet de coquille St-Jacques

【ホタテのフュメ】

ホタテ貝ならではの旨みと甘みを感じるフォン。独特の風味を生かすため、ニンジンやセロリなど香りの強い野菜は避け、相性のいいシャンピニョン・ド・パリをたっぷり用いる。

材料(でき上がり約10ℓ)
ホタテ貝のヒモやくず(※)　7kg
ミルポワ
　┌ タマネギ　500g
　│ エシャロット　200g
　└ シャンピニョン・ド・パリ　700g
白ワイン　750cc
水　8ℓ
ブーケ・ガルニ　1束
粗塩　適量
オリーブ油　適量

※ホタテ貝を他の料理に使う際に、切り落とした部分などを使用。ワタは使わない。

作り方
1．タマネギ、エシャロット、シャンピニョン・ド・パリを厚さ2〜3mmのエマンセにする。
2．寸銅鍋にオリーブ油を引き、ミルポワを入れてスュエする。
3．ホタテ貝のヒモとくずを加え、全体を混ぜる。白ワインを注ぎ、強火にしてアルコールをとばす。
4．水を注ぎ、沸騰したらアクをていねいに取る。弱火にし、ブーケ・ガルニと粗塩を加え、ミジョテの状態を保ちながら約20分間煮出す(煮出す間にホタテ貝からも水分が出てくる)。アクは随時除く。
5．シノワで漉す。

用途・保存
貝類のスープやソースのベースに使用。冷蔵庫で3日間、真空包装して冷蔵すれば1ヵ月間保存可能。

基本のフォンとジュ

ジュ・ダニョー
jus d'agneau

【仔羊のジュ】

ジュの工程はフォンと似ているが、より素材の風味を引き出すよう意識。骨や肉を焼く際には塩をふり、しっかり焼いて旨みと香りを引き出す。余分な脂を排除してピュアな味に。

材料(でき上がり約1ℓ)
仔羊の骨　3kg
仔羊のスジ肉やくず肉(※)　600g
ミルポワ
　┌ タマネギ　300g
　│ ニンジン　300g
　│ セロリ　100g
　│ エシャロット　5個
　│ シャンピニョン・ド・パリ　200g
　└ ニンニク(皮付き)　5片
白ワイン　400cc
水　4ℓ
トマト(完熟)　3個
タイム　3枝
ローリエ　1枚

ミニョネット(黒)　少量
塩　少量
粗塩　少量
バター　適量
ピーナッツ油　適量

※手もとに仔牛のスジ肉があれば、ジュにコクが出るのでぜひ加えたい。

1. 仔羊の骨は出刃包丁で粗く切り、スジ肉やくず肉は4〜5cmのぶつ切りにする。

2. タマネギ、ニンジン、セロリ、エシャロットは1cm角のデに、シャンピニョン・ド・パリはカルティエに切る。ニンニクは軽くつぶし、トマトはコンカッセにする。

3. 鍋にピーナッツ油を引いて火にかけ、ニンニクを入れて香りを出す。仔羊の骨を加える。

4. 軽く塩をふり、表面に焼き色をつけるように強火でじっくり焼く。この時点で塩をふるのは、仔羊の旨みを引き出すため。他のジュをとる際も最初に軽く塩をふるとよい。

5. 鍋に触れている部分が色づいてきたら全体を混ぜる。スジ肉とくず肉も加え、軽く塩をふる。中火にし、最初は肉を動かさず、じっくり色づける。

6. スジ肉にも色がついたら底からすくうように全体を混ぜる。なお、仔羊からは脂がどんどん出てくる。焦げないように火加減を調整しながら焼くと、この脂は透明になってくる。

7. 全体に香ばしく色がついたらザルにあけ、デグレッセする。鍋を再度火にかける。

8. 7の鍋にバターを溶かし、ミルポワを入れる。野菜の水分で鍋についた仔羊のスュック（旨み）をこそげ取るように、じっくり炒めていく。

9. 野菜にもまんべんなく焼き色がついたら、デグレッセした仔羊の骨と肉を戻し入れる。ていねいに混ぜ合わせて全体をなじませる。

10. 白ワインを注ぎ入れ、全体に行き渡るように混ぜながら鍋をデグラッセする。アルコールをとばす。

11. 次に水を注ぎ入れ、骨や野菜が浸かるように高さを整える。強火にし、沸騰させる。トマトも加える。

12. 沸いてくると同時にアクと余分な脂が出てくるので、この時点でしっかりアクを取り除く。残っているとジュの雑味につながるので、ていねいに、かつ徹底的に行なう。

13. 火を弱め、タイム、ローリエ、ミニョネット、粗塩を加える。ミジョテの状態を保ちながら、1時間半ほど静かに煮出す。この時、水は足さない。また、アクが出てくれば随時取り除く。

14. 味を確認し、充分に旨みが出ていれば、目の細かさが異なるシノワを2枚重ねて漉す。骨や野菜はつぶし、旨みを出しきる。

15. 漉した液体は鍋に移して再度火にかける。脂が表面に浮いてくるので、ていねいに除く。これを怠ると冷めた時にジュが濁ったり雑味が出るので、とても大切な作業。火にかける時間は5分間ほどでよい。

16. 脂を取り除いたら、再度シノワで漉す。

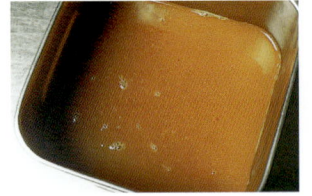

17. でき上がったジュ。フォンよりもしっかりした味で、口にすると仔羊の香りがふわっと広がる。主な用途は仔羊料理のソースのベース。

18. ジュはすみやかに氷水にあてて冷却する。冷蔵で3日間、真空包装して冷凍すれば1ヵ月間保存可能。

ジュ・ダニョーを使って
トリュフとシャンピニョンをまとった仔羊肉のポワレ、タイム風味のジュ

*Côtelette d'agneau poêlée
aux truffes et aux champignons,
servie avec son jus au thym*

ジュは煮詰めるだけでソースになり得るくらい、味の完成度が高いもの。その風味を生かすためにも、余計なものは加えず、シンプルにソースに仕立てるのがベストである。ここでは、軽く煮詰めたジュ・ダニョーに、仔羊と相性がよいタイムを加えて蓋をし、火を止めて香りをアンフュゼ（抽出）した。シノワで漉し、軽くバターモンテして仕上げている。仔羊の背肉にまぶしたのは、シャンピニョン・ド・パリとトリュフのアッシェ。バターでポワレして香りを引き出し、ほのかにタイムが香るシンプルなソースで味わってもらう。付合せはアーティチョーク、ラタトゥイユを詰めたトマト、タマネギのフォンデュと合わせたポテト。南仏風の一皿である。

ジュ・ド・ヴォー
jus de veau

【仔牛のジュ】

仔牛らしいまろやかな香りと甘みを持つジュ。素材に強い個性がないため、アルコール以外にヴィネガーも加えてデグラッセしてから加熱することで甘みを引き出している。

材料(でき上がり約1ℓ)
仔牛スジ肉　2kg
ミルポワ
├ タマネギ　150g
├ ニンジン　150g
├ エシャロット　150g
├ セロリ　100g
├ ポワロー　100g
└ ニンニク(皮付き)　2片
白ワインヴィネガー　100cc
白ワイン　200cc
フォン・ド・ヴォー(→24頁)　2ℓ
トマト　2個
ブーケ・ガルニ　1束
粗塩　少量
バター　適量

作り方

1. 仔牛のスジ肉を4～5cmのぶつ切りにする。タマネギ、ニンジン、エシャロット、セロリは1cm角のデに、ポワローは2cm幅に切る。ニンニクは軽くつぶし、トマトは皮を湯むきし、半分に切って種を取り除く。

2. フライパンにバターを引き、仔牛のスジ肉を入れて焼き色をつける。香ばしく色づいたらザルにあけてデグラッセし、別鍋に移す。

3. 2のフライパンにバターを足し、ミルポワを入れて炒める。全体に焼き色がついたらデグラッセし、スジ肉を入れた鍋に入れる。

4. 鍋に白ワインヴィネガーを加える。白ワインを注ぎ、強火にしてアルコールをとばす。沸いたら火を弱め、水分がなくなるまで煮詰める。

5. フォン・ド・ヴォーを注ぎ、沸騰させてアクを取り除く。弱火にし、粗塩、トマト、ブーケ・ガルニを加え、ミジョテを保ちながら1時間半～2時間煮出す。この間、アクは随時取り除く。

6. 目の粗さの異なるシノワを2枚重ね、スジ肉をつぶしながらシノワで漉す。漉したジュを鍋に移し、火にかける。浮いてきたアクや脂をすくい、再度シノワで漉す。

用途・保存

仔牛料理のソースのベースに。冷蔵で3日間、真空包装して冷凍すれば、1ヵ月間保存可能。

ジュ・ド・ブフ
jus de bœuf

【牛のジュ】

成牛らしいしっかりした香りと旨み、ゼラチンを持つジュ。フォン・ド・ヴォーだけでは濃厚すぎるので、フォン・ド・ヴォライユを併せて煮出すことで味のバランスをとる。

材料(でき上がり約1ℓ)

牛スジ肉　5kg
ミルポワ
　┌ タマネギ　300g
　│ ニンジン　300g
　│ セロリ　150g
　│ シャンピニョン・ド・パリ　250g
　└ ニンニク(皮付き)　½株
赤ワイン　750cc
フォン・ド・ヴォー(→24頁)　2ℓ
フォン・ド・ヴォライユ(→28頁)　2ℓ
トマト　5個
ブーケ・ガルニ　1束
粗塩　少量
黒粒コショウ　少量
サラダ油　適量

作り方

1. 牛スジ肉を4〜5cmのぶつ切りにする。タマネギ、ニンジン、セロリを1.5cm角のデに、シャンピニョン・ド・パリをカルティエに切る。ニンニクは軽くつぶす。トマトは皮を湯むきし、半分に切って種を除く。
2. 大きめの鍋にサラダ油を引き、牛スジ肉を入れる。少量の粗塩をふり、表面に香ばしい焼き色がつくようにじっくり炒める。ザルにあけてデグレッセする。
3. 2の鍋にサラダ油を足し、ミルポワを入れて炒める。香ばしく焼き色がついたら牛スジ肉を戻し、全体を混ぜる。赤ワインを注いでデグラッセし、強火にかけてアルコールをとばす。弱火にし、水分がなくなるまで煮詰める。
4. フォン・ド・ヴォー、フォン・ド・ヴォライユを注いで強火にかけ、アクを引く。トマト、ブーケ・ガルニ、黒粒コショウを加え、弱火にしてミジョテの状態を保ちながら約1時間半煮出す。アクは随時取る。
5. シノワを2枚重ね、ガラをつぶしながら漉す。ジュを鍋に移して火にかけ、表面に浮いてくるアクや脂をていねいにすくう。再度シノワで漉す。

用途・保存

肉料理全般のソースのベースに。冷蔵で3日間、真空包装して冷凍すれば1ヵ月間保存可能。

ジュ・ド・ヴォライユ
jus de volaille

【鶏のジュ】

鶏の首つるをベースに仕立てた、まろやかな旨みのジュ。強い個性がなく、さまざまな鳥類の料理に使用できる汎用性の高さも魅力。首つるとミルポワは別々に加熱してもよい。

材料（でき上がり約1ℓ）
鶏首つる　5kg
ミルポワ
┌ タマネギ　300g
│ ニンジン　300g
└ セロリ　100g
赤ワイン　1.2ℓ
フォン・ド・ヴォライユ（→28頁）　5ℓ
タイム　2枝
ローリエ　1枚
粗塩　少量
ミニョネット（白）　少量
バター　適量

作り方
1．鶏の首つるを5cmほどのぶつ切りにする。タマネギ、ニンジン、セロリは1cm角のデに切る。
2．大きめの鍋にバターを引き、首つるを入れて粗塩をふり、じっくり炒める。途中でミルポワを加え、一緒に色づけていく。
3．香ばしく焼き色がついたら、ザルにあけてデグレッセし、鍋にすべて戻す。赤ワインを注いでデグラッセし、強火にしてアルコールをとばす。
4．フォン・ド・ヴォライユを注ぎ入れ、沸いたらアクを引く。弱火にし、タイム、ローリエ、粗塩、ミニョネットを加える。ミジョテの状態を保ちながら、1時間半〜2時間煮出す。アクは随時取り除く。
5．2枚重ねたシノワで、ガラをつぶしながら漉す。ジュを鍋に移して火にかけ、浮いてくるアクや脂をすくい取り、再度シノワで漉す。

用途・保存
ジビエを含めた鳥類全般のソースのベースに。また、鶏を使ったサラダのドレッシングの旨みづけに。冷蔵で3日間、真空包装して冷蔵すれば1ヵ月間保存可能。

ジュ・ド・パンタード
jus de pintade

【ホロホロ鳥のジュ】

クセが少なく淡白なホロホロ鳥のジュは、穏やかな味わいで甘みもある。ガラはコニャックやマデラ酒でデグラッセし、仕上げにグラス・ド・ヴィヤンドを加えてコクをプラス。

材料（でき上がり約1ℓ）
ホロホロ鳥のガラ　3kg
ミルポワ
　┌ タマネギ　200g
　│ ニンジン　200g
　│ セロリ　100g
　└ ニンニク（皮付き）　2片
コニャック　30㏄
マデラ酒　30㏄
赤ワイン　500㏄
フォン・ド・ヴォライユ（→28頁）　4ℓ
グラス・ド・ヴィヤンド（→29頁）　15g
ブーケ・ガルニ　1束
粗塩　少量
バター　適量

作り方

1．ホロホロ鳥のガラを5〜6㎝のぶつ切りにする。タマネギ、ニンジン、セロリは1㎝角のデに切り、ニンニクは軽くつぶす。

2．大きめの鍋にバターを引き、ホロホロ鳥のガラを入れて粗塩をふり、表面に香ばしく焼き色をつける。ザルにあけてデグラッセする。

3．2の鍋にバターを足し、ミルポワを入れてしっかりと焼き色をつける。ザルにあけてデグラッセする。

4．鍋にガラとミルポワを戻し、コニャックとマデラ酒を加えてデグラッセする。赤ワインを注ぎ入れ、火を強めてアルコールをとばす。

5．フォン・ド・ヴォライユを加え、沸いたらアクを引く。弱火にし、ブーケ・ガルニと粗塩を入れ、ミジョテの状態を保ちながら約2時間煮出す。アクは随時取り除く。仕上げにグラス・ド・ヴィヤンドを加える。

6．シノワを2枚重ね、ガラをつぶしながら漉す。ジュを鍋に移して火にかけ、浮いてくるアクや脂をすくう。再度シノワで漉す。

用途・保存
ホロホロ鳥のソースのベースや、ホロホロ鳥を使ったサラダのドレッシングの旨みづけに。冷蔵で3日間、真空包装して冷蔵すれば、1ヵ月間保存可能。

ジュ・ド・カナール
jus de canard

【鴨のジュ】

鴨の香りが豊かな、しっかり旨みののったジュ。鴨はロースト、コンフィ、テリーヌ……と調理法が幅広く、ソースはもちろん、さまざまな料理の旨みやコクづけに使用する。

材料（でき上がり約1ℓ）
鴨のガラ　3.5kg
ミルポワ
　タマネギ　200g
　ニンジン　200g
　セロリ　70g
　シャンピニオン・ド・パリ　150g
赤ワイン　1.5ℓ
フォン・ド・ヴォライユ（→28頁）　3.5ℓ
ブーケ・ガルニ　1束
粗塩　少量
ミニョネット（黒）　少量
バター　適量

作り方

1．鴨のガラを5〜6cmのぶつ切りにする。タマネギ、ニンジン、セロリは1cm角のデに、シャンピニオン・ド・パリはカルティエに切る。
2．大きめの鍋にバターを引き、鴨のガラを入れる。少量の粗塩をふり、強めの火加減で炒める。途中でミルポワを加え、一緒に色づけていく。
3．香ばしく焼き色がついたらザルにあけ、デグレッセする。鍋にガラとミルポワを戻し、赤ワインを注いでデグラッセする。強火にしてアルコールをとばす。
4．フォン・ド・ヴォライユを加え、沸いたらアクを引く。弱火にし、ブーケ・ガルニ、粗塩、ミニョネットを加える。ミジョテの状態を保ち、1時間半〜2時間煮出す。アクは随時取り除く。
5．シノワを2枚重ね、ガラをつぶしながら漉す。ジュを鍋に移して火にかけ、表面に浮いてくるアクや脂をすくう。再度シノワで漉す。

用途・保存

鴨料理のソースのベースに。また、鴨を使ったサラダのドレッシングやテリーヌ、ファルス、クネルの旨みづけに使用。冷蔵で3日間、真空包装して冷凍すれば、1ヵ月間保存可能。

ジュ・ド・ピジョン
jus de pigeon

【ハトのジュ】

香りは主張しすぎないが、旨みがしっかり詰まったハトのジュ。ゼラチンが多めで、口に余韻が残る。フォン・ド・ヴォライユの代わりにフォン・ド・ピジョンを使ってもよい。

材料（でき上がり約1ℓ）

ハトのガラ　3kg
ミルポワ
- タマネギ　200g
- ニンジン　200g
- セロリ　60g
- ニンニク（皮付き）　2片

コニャック　40cc
マデラ酒　40cc
赤ワイン　600cc
フォン・ド・ヴォライユ（→28頁）　3ℓ
タイム　1枝
ローリエ　1枚
粗塩　適量
バター　適量
サラダ油　適量

作り方

1．ハトのガラを3〜4cmのぶつ切りにする。タマネギ、ニンジン、セロリを1cm角のデに切り、ニンニクは軽くつぶす。

2．鍋にバターとサラダ油を引き、ハトのガラを入れて焼き色をつけていく。途中でミルポワを加え、全体を香ばしく色づける。ザルにあけてデグレッセし、鍋に戻す。

3．コニャックとマデラ酒を加え、デグラッセする。強火にして赤ワインを注ぎ、アルコールをとばす。

4．フォン・ド・ヴォライユを注ぎ、いったん沸かす。アクを取り除いたら弱火にし、タイムとローリエ、粗塩を加える。ミジョテの状態を保ちながら1時間半〜2時間煮出す。この間、アクは随時取り除く。

5．シノワを2枚重ね、ガラをつぶしながら漉す。漉した液体を火にかけ、浮いてくるアクや脂をすくう。再度シノワで漉す。

用途・保存

ハト料理のソースやハトを使ったサラダのドレッシングに。また、ハトのテリーヌやファルス（詰めもの）の旨みづけに加える。冷蔵で2〜3日間、真空包装して冷凍すれば1ヵ月間保存可能。

ジュ・ド・ピジョンを使って

ベーコンで巻いた仔鳩胸肉のロティとモモ肉のコンフィ、グリュイエールのシャポーをかぶった2種の豆のリゾット

Rôti de poitrine de pigeon enrobée de lard fumé et ses cuisses confites, risotto aux deux haricots recouvert d'un chapeau de Gruyère

ハトの胸肉とモモ肉をジューシーに味わう一皿。脂の少ない胸肉は皮を取り除き、卵白を混ぜて生クリームでつないだ胸肉のムースをぬる。これにベーコンを巻きつけて旨みと油脂を補ない、じっくり焼いて表面はカリッと、中はしっとりと仕上げる。モモ肉はコンフィにし、表面をこんがりと焼き上げて。ここに添えるソースは2種類。ひとつはジュ・ド・ピジョンにソース・ボルドレーズ(→168頁)を合わせて軽く煮詰め、バターでモンテしたソースで、ここでは凝縮した味わいを表現。そして、もうひとつの生クリームを加えたフォン・ド・シャンピニョン(→50頁)は、ハンドミキサーで泡立てて軽やかさを添えた。キノコとハトは相性がよく、季節感も表現できる組合せ。付合せは黒白2種類の豆を加えたリゾット。グリュイエールチーズに小麦粉、オリーブ油、水を加えたものをシャポー(帽子)の形に焼き、リゾットにかぶせている。

ジュ・ド・カイユ
jus de caille
【ウズラのジュ】

ウズラに鶏の首つるを加えることで、嫌味のないシャープな旨みのジュに。口当たりはやさしいが、しっかりコクを感じる。デグラッセに使うコニャックは、ウズラと相性がよい。

材料（でき上がり約1ℓ）
ウズラ　3kg
鶏首つる　1kg
ミルポワ
- タマネギ　200g
- ニンジン　200g
- セロリ　60g
- シャンピニョン・ド・パリ　140g

コニャック　60cc
赤ワイン　1ℓ
フォン・ド・ヴォライユ（→28頁）　4.5ℓ
ブーケ・ガルニ　1束
粗塩　少量
ミニョネット（白）　適量
バター　適量
サラダ油　適量

作り方
1．ウズラをさばいて頭と内臓を取り除き、骨付きの身を3～4cmのぶつ切りにする。鶏の首つるも同様に切る。タマネギ、ニンジン、セロリは8mm角のデに、シャンピニョン・ド・パリはカルティエに切る。
2．大きめの鍋にバターとサラダ油を引き、ウズラと鶏の首つるを入れ、粗塩をふって香ばしく色づける。ザルにあけてデグラッセする。
3．2の鍋にバターを足し、ミルポワを加えて焼き色をつける。ウズラと鶏の首つるを戻し、全体を混ぜ合わせる。
4．コニャックを加え、強火にしてデグラッセする。赤ワインを加え、アルコールをとばす。
5．フォン・ド・ヴォライユを注ぎ、沸いたらアクを取り除く。弱火にしてブーケ・ガルニ、粗塩、ミニョネットを加え、ミジョテの状態を保ちながら1時間半～2時間煮出す。アクは随時取り除く。
6．シノワを2枚重ね、ガラをつぶしながら漉す。ジュを鍋に移して火にかけ、浮いてくるアクや脂をすくう。再度シノワで漉す。

用途・保存
ジュ・ド・カイユ・オ・レザン（→202頁）など、ウズラ料理全般のソースのベースに。冷蔵で3日間、真空包装して冷凍すれば1ヵ月間保存可能。

ジュ・ド・ラパン
jus de lapin
【ウサギのジュ】

シャープで、旨みが口にしっかり残るジュ。ジュをどんなソースに仕立てるかで白ワインと赤ワインを使い分ける。ガラは白ワインヴィネガーでデグラッセし、キレよく仕上げる。

材料（でき上がり約1ℓ）
ウサギのガラ　2.5kg
ミルポワ
├ タマネギ　150g
├ ニンジン　150g
├ セロリ　80g
├ シャンピニョン・ド・パリ　100g
└ ニンニク（皮付き）　2片
白ワインヴィネガー　40cc
白ワインまたは赤ワイン（※）　500cc
フォン・ド・ヴォライユ（→28頁）　2.5ℓ
ブーケ・ガルニ　1束
粗塩　少量
ミニョネット（白）　適量
バター　適量

※でき上がったジュ・ド・ラパンを、軽いソース（ロティしたウサギのサラダ仕立てに添えるドレッシングなど）に仕立てる場合は白ワインを、煮込み料理に使う場合は赤ワインを使用する。

作り方

1．ウサギのガラを5〜6cmのぶつ切りにする。タマネギ、ニンジン、セロリは1cm角のデに、シャンピニョン・ド・パリはカルティエに切る。ニンニクは軽くつぶす。

2．大きめの鍋にバターを引き、ウサギのガラを入れる。粗塩をふり、じっくりと焼き色をつける。ザルにあけ、デグレッセする。

3．2の鍋にバターを足し、ミルポワを入れて香ばしく焼き色をつける。ガラを戻し、白ワインヴィネガーでデグラッセする。白ワイン（または赤ワイン）を加え、火を強めてアルコールをとばす。

4．フォン・ド・ヴォライユを注ぎ、沸いたらアクを引く。弱火にし、ブーケ・ガルニと粗塩、ミニョネットを加え、ミジョテの状態を保ちながら約2時間煮出す。アクは随時取り除く。

5．シノワを2枚重ね、ガラをつぶしながら漉す。ジュを鍋に移して火にかけ、浮いてくるアクや脂をすくう。再度シノワで漉す。

用途・保存

ウサギ料理のソースのベースや、ウサギを使ったサラダのドレッシングの味つけに。冷蔵で3日間、真空包装して冷凍すれば1ヵ月間保存可能。

ジュ・ド・ピジョン・ラミエ
jus de pigeon ramier

【森バトのジュ】

森バトで作るシャープな旨みのジュ。ミニョネットなどのスパイスを使わず、素材の風味をシンプルに引き出す。エシャロットを多めに使って、凝縮した味わいと甘みをプラス。

材料（でき上がり約1ℓ）
ピジョン・ラミエ(森バト)のガラ　3kg
ミルポワ
- タマネギ　250g
- ニンジン　200g
- セロリ　60g
- エシャロット　200g
- ニンニク(皮付き)　2片

白ワイン　600cc
フォン・ド・ピジョン(→33頁※)　2ℓ
ブーケ・ガルニ　1束
粗塩　適量
バター　適量
ピーナッツ油　適量

※フォン・ド・ヴォライユでも代用可。

作り方

1. ピジョン・ラミエのガラを3cmほどのぶつ切りにする。タマネギ、ニンジン、セロリ、エシャロットは1cm角のデにし、ニンニクは軽くつぶす。

2. 鍋にバターとピーナッツ油を入れ、ピジョン・ラミエのガラを入れて焼き色をつける。途中でミルポワを加え、全体に香ばしく焼き色をつける。油が足りなければバターを足す。

3. ザルにあけてデグレッセし、鍋に戻す。火にかけて白ワインを注ぎ、デグラッセする。アルコールがとんだらフォン・ド・ピジョンを加え、強火で沸騰させる。

4. アクを取り除き、火を弱めてブーケ・ガルニと粗塩を加える。ミジョテの状態を保ちながら1時間半ほど煮出す。その間、アクは随時取り除く。

5. シノワを2枚重ね、ガラをつぶしながら漉す。漉した液体を火にかけ、浮いてくる脂とアクをすくう。再度シノワで漉す。

用途・保存
ピジョン・ラミエを使った料理やサラダのソースに。パテやテリーヌの旨みやコクづけにも。冷蔵で3日間、真空包装して冷凍すれば1ヵ月間保存可能。

ジュ・ド・ピジョン・ラミエを使って

ピジョン・ラミエの軽いフュメ、
桜島大根の軽い煮込み、ゆずの香り

Pigeon ramier légèrement fumé,
petit ragoût de navet de Sakurajima parfumé au "Yuzu"

　時季が限られるピジョン・ラミエを味わいつくす一皿。ピジョン・ラミエはさばいて背開きにし、塩、コショウ、キャトル・エピスをふって半日間ほどマリネしたら、桜のチップでスモークにする。これをピーナッツ油で皮目から焼き、充分に休ませてジューシーに仕上げる。さばいた時のレバーは、フォワグラとともにタミで漉し、塩、コショウ、コニャックで味をつけて濃厚な味のペーストに。これをトーストしたパンにぬり、軽く焼いてピジョンに添える。それ以外の付合せは、ピジョンと相性のよい味の濃い野菜。日野菜カブは丸ごと、桜島ダイコンは薄くスライスしてコンフィにし、ホウレン草はベーコンと一緒にソテーする。ソースはジュ・ド・ピジョン・ラミエをベースに、シンプルに仕立てて。ピジョンをたっぷりの野菜とともに食すため、ジュは1/3量まで煮詰めたら、ソース・ヴィネグレットと合わせてさっぱりと仕上げている。

ジュ・ド・オマール
jus de homard

【オマールのジュ】

充分に焼いたオマールの香ばしさと、甲殻類らしい甘みを持つジュ。オマールを炒める際にはオマール風味の油を使い、香り高く。さまざまな甲殻類に使える汎用性の高いジュ。

材料（でき上がり約1ℓ）

オマール　3kg
ミルポワ
- タマネギ　100g
- ニンジン　100g
- エシャロット　100g
- フヌイユ　50g
- セロリ　40g
- シャンピニョン・ド・パリ　50g
- ニンニク（皮付き）　2片

トマト　6個
トマトペースト　12g
コニャック　60cc
白ワイン　400cc
フュメ・ド・ポワソン（→54頁）　2.5ℓ
エストラゴン　2枝
タイム　2枝
粗塩　少量
ユイル・オ・オマール（→261頁）　適量

作り方

1．オマールは砂袋を取り除き、殻付きのまま4cm程度の筒切りにする。タマネギ、ニンジン、エシャロット、フヌイユ、セロリは8mm角のデに、シャンピニョン・ド・パリはカルティエに切る。ニンニクは軽くつぶす。トマトは半分に切り、種を取り除く。

2．大きめの鍋にユイル・オ・オマールを引き、オマールを入れて強火で表面を焼く。ミルポワを加え、さらに炒める。

3．充分に焼き色がついたらトマトとトマトペーストを加え、混ぜる。コニャックでフランベし、白ワインを注いでデグラッセする。

4．フュメ・ド・ポワソンを注ぎ、粗塩を加える。沸いたらアクを取り除き、弱火にしてエストラゴンとタイムを加える。ミジョテの状態を保ち、約30分間煮出す。アクは随時取り除く。

5．シノワを2枚重ね、オマールをつぶしながら漉す。ジュを鍋に移して火にかけ、表面に浮いてくるアクや油をすくう。再度シノワで漉す。

用途・保存

甲殻類のソースや、甲殻類を使ったサラダのドレッシングのベースに。冷蔵で3日間、真空包装して冷凍すれば1ヵ月間保存可能。

ジュ・ド・シャンピニョン
jus de champignons
【シャンピニョンのジュ】

たっぷりのシャンピニョン・ド・パリをゆっくりゆっくり煮出したジュ。豊かな香りと旨みを持ち、ソースのベース以外にエッセンスとして風味づけや旨みづけにも用いる。

材料（でき上がり約1ℓ）
シャンピニョン・ド・パリ　3kg
フォン・ド・ヴォライユ（→28頁）　200cc
水　500cc
粗塩　少量
バター　適量

作り方
1．シャンピニョン・ド・パリを厚さ2〜3mmのエマンセにする。
2．蓋付きの鍋にシャンピニョン・ド・パリとバターを入れ、バターが行き渡るように混ぜる。蓋をして、ブラック（鉄板のストーブ）の一番温度の低いところに置く。ガス口であれば、ごくごく弱火にかける。時々かき混ぜながら火を入れる。
3．10分ほどすると水分が出てくるので、フォン・ド・ヴォライユと水、粗塩を加えて混ぜる。
4．そのまま1時間〜1時間半ほどゆっくり煮出す。アクはほとんど出てこない。
5．シノワを2枚重ね、シャンピニョン・ド・パリをつぶしながら漉す。

用途・保存
肉や魚料理のソースのベースに。とくにクリームを使ったソースに向く。また、ソースやスープの旨みや香りづけにエッセンスとして少量用いる。冷蔵で3日間、真空包装して冷凍すれば1ヵ月間保存可能。

Tout sur les sauces de la cuisine française
SAUCES

ソース

料理人のバイブル、エスコフィエの『ル・ギード・キュリネール』の第一章がソースであることからもわかるように、ソースはかつてフランス料理の「主役」だった。時代とともに「メインの素材を引き立てるもの」へとそのあり方は変わったが、今でも重要な存在であることは間違いない。ここでは冷前菜、温前菜、魚料理、肉料理、デザートと、さまざまな料理を網羅する185アイテムを収録。とくに、ソース・ドゥミ・グラスやベシャメルをはじめとするクラシックなソースは、フランス料理に携わる者ならぜひ知っておいてほしいものとして掲載した。

ソースの基礎知識

Connaissances basiques des sauces

■ ソースとは──
時代とともに「主役」から「素材を引き立てるもの」へ

　ソース（sauce）は、端的にいえば料理に添える液体のこと。フォンやジュをベースにしたものからヴィネグレット（ドレッシング）、マヨネーズまで、その言葉が示す範囲は広い。フランス料理では、前菜、魚料理、肉料理、デザートとすべての皿に必ずといっていいほど添えられるソース。なぜこれほどまでに重視されるのだろう。
　それを理解するために少し歴史的なことに触れると、そもそもフランス料理は貴族や特権階級などブルジョワの料理だった。宴会に明け暮れる彼らにとって、料理は贅を誇示する道具であり、そうした背景もあって、フランス料理は飛躍的に発展した。当時のソースはかなり濃厚だったと思われるが、それは料理をおいしく食べる以外に、流通事情の悪い時代に素材の質をカバーする、という役割も担っていたからだ。そんなソースがフランス料理で確固たる地位を築くようになったのには、19世紀後半にソースを初めて分類したアントナン・カレーム、そしてオーギュスト・エスコフィエの功績が大きい。エスコフィエは料理人のバイブルといわれる『ル・ギード・キュリネール Le guide culinaire』で、ソースを第一章で取り上げてその重要性を提示した。このことは、ソースが街場のレストランまで広く浸透するきっかけになり、その後しばらく、エスコフィエの考えに沿ったソースの時代が続く。それは日本も同じで、私が料理の世界に入った頃、日本のフランス料理店でソースといえば、ベシャメルやドゥミ・グラス。これらをいかにおいしく仕込むかが重視され、極端にいえば「フランス料理＝ソース」という感じだった。ところが、1970〜80年代にいわゆるヌーヴェル・キュイジーヌの時代を迎えると、状況は一変。「素材を生かし、重さを排除する」という風潮のもと、ソースはそれまでの「主役」から「素材を引き立てるもの」へ役割を変えることになる。いくらおいしくても、素材の味を損なうソースは敬遠されるようになったのだ。それ以降、さまざまな動きがあっても「素材重視」「軽くシンプルに」という風潮は変わらない。そして、その傾向は今後も続いていくだろう。
　本書では、そうした現代の志向を踏まえつつ、料理人として知っておくべきベーシックなソースを取り上げた。料理や素材、情報がグローバル化する現在、ソースも加速度的に多様化しているが、そうしたソースも根底にあるベーシックな部分がしっかりしていてこそ成り立つ。まずはソース作りの基本を身につけることが大切だ。

■ソースの分類について

ソースを分類する際、かつてはソースの色によって「白いソース」と「茶色いソース」、または温度に応じて「冷製ソース」と「温製ソース」に分けて考えるのが一般的だった。しかし、時代とともにそれらを代表するヴルテやソース・ベシャメル、ドゥミ・グラスなどのソースが使われなくなり、レストランのソースのラインアップが変わっている現在、同じように分類していたのではソースを語りきれない。そこで本書では、ソースのベースとなるものに注目し、以下のように整理した。なお、現在はあまり作られないが、料理人としてぜひ覚えておきたいものは「クラシックなソース」、とくにベースを持たないものや他のベースに当てはまらないものは「その他のソース」、デザートに用いるソースは「デザートのソース」としてまとめて掲載した。

【ヴィネグレット系のソース】
基本はヴィネガー1に対して油3を混ぜ合わせたソース・ヴィネグレット。フルーツ風味のヴィネガーやバルサミコ酢を使ったり、油をオリーブ油やクルミ油に変えてアレンジをする。冷製のヴィネグレットは、サラダやカルパッチョなどが主な用途。一方、フォンやジュとヴィネガーを煮詰めて作る温製のヴィネグレットは、魚介や鶏肉、フォワグラなどに合わせてさっぱりした味わいの一皿に。ヘルシーな料理が好まれる時代、バリエーションを多く持っておくと重宝するソース。

【卵黄ベースのソース】
冷製ではソース・マヨネーズ、温製ではソース・オランデーズやソース・ベアルネーズなどが代表的なソース。いずれも卵黄が持つ乳化作用を利用し、卵黄とともに攪拌することで、油脂と水分(ヴィネガーなど)を乳化させてまろやかなクリーム状に仕上げる。コクのある卵黄系のソースは酸味と相性がよく、マヨネーズにケイパーやコルニションを混ぜたソース・タルタルなどはその代表例。温製ソースも、エシャロットを煮詰めたレデュクションをベースにすることで味にキレを持たせている。

【ジュレとショーフロワ】
どちらも冷製で、つるりとした触感を楽しむ。ジュレは、コンソメを仕立てる要領でフォンを野菜や卵白とともに加熱し、クラリフィエしてゼラチンで固めたもの。涼しげな印象を与える透明感が特徴で、主に冷製のオードヴルに使用する。一方、ショーフロワは熱して(chaud)作ったベースを冷やして(froid)使うもので、クラシックなソース。肉などにコーティングし、なめらかな口当たりを楽しむ。ショーフロワのなめらかさやツヤのもとになるのは、ジュレやヴルテ。

【バターのソースとブール・コンポゼ】

ソース・ブール・ブランに代表される、バターのコクと豊かな風味が特徴の温かいソース。エシャロットとアルコール（またはヴィネガー）を煮詰めたベースに、バターを少しずつ加えてモンテするのが、ベーシックな工程。ていねいにモンテし、バターを充分に乳化させることがなめらかに仕上げるポイント。とくに淡白な白身魚によく合う。一方、ブール・コンポゼは、ポマード状にしたバターにハーブやスパイスを混ぜ込んだ、合わせバターのこと。直接料理に添える場合と、モンテ用のバターとして使ってソースに風味やコクをつける場合がある。

【アルコールベースのソース】

たっぷりの赤ワインをぐっと煮詰めて作るソース・ボルドレーズを筆頭に、アルコールをとばした酒とミルポワに、フォンやフュメを加えて仕立てるソース。凝縮した複雑な味わいが特徴だが、赤・白ワイン、シャンパン、ノワイー酒、マデラ酒など、使うアルコールによって味わいはまったく異なってくる。ポイントは、アルコールの個性に合わせてミルポワの種類や量、ソースの煮詰め具合を随時変えること。柑橘の搾り汁やハーブを加えて味のアクセントにしてもよい。主にメイン料理に使用。

【フォンとジュのソース（魚介）】

魚介や甲殻類でとったフォンやフュメをベースに仕立てるソース。シンプルに、フォンを煮詰めたところにクリームやバターを加えただけでもソースになる。スュエした魚のアラやエビ類の殻、ミルポワと一緒に煮込んでさらに旨みや甘みをのせたり、ワインやスパイスなどを加えて味わいに複雑さを出すなどしてバリエーションを広げる。魚介や甲殻類のメイン料理に使用。

【フォンとジュのソース（肉）】

仔牛、鴨、各種ジビエなど、各素材からとったフォンやジュをベースに仕立てた、肉料理用のソース。フォンやジュをエシャロットやミルポワ、アルコールなどと煮詰め、ハーブやトリュフを加えて仕上げるのが一般的。ジュの場合は、できるだけシンプルに仕立ててソースに素材の風味や旨みをストレートに強調するのが、最近の主流になっている。一方、ソース・サルミ、ソース・ポワヴラード、ソース・シュヴルイユなどのジビエ系のベーシックなソースは、きちんと手間をかけることでおいしく仕上がる。これらには肉系ソースの醍醐味が詰まっているので、ぜひとも覚えたいソースである。

【クラシックなソース】
ソース・ベシャメルやヴルーテのように、かつては主流だったが、今は「重い」などと言われて作られなくなったソースも本書では取り上げた。レストランで作る機会はほとんどないかもしれないが、料理人として知っておくべきだと思う。それに、こうしたソースは今でもブッフェなどの宴会料理には欠かせず、実際に食べるとおいしいものだ。また、それら以外に取り上げたソースは、料理人のバイブル、オーギュスト・エスコフィエの『ル・ギード・キュリネール Le guide culinaire』を参考にピックアップし、一部現代用にアレンジしたもの。作ってみると、クラシックなソースの中にも、今でも充分通用するものがあることがわかるはずだ。

【その他のソース】
ルイユやタプナード、ソース・トマト、そしてバジルやセープの香りを移したオイルなど、他の項目に分類しづらいものは、「その他のソース」としてひとまとめにした。肉や魚料理にたっぷり流して……というよりは、少量を添えて味や色合いのアクセントとして味わってもらうようなものが中心だ。いずれも非常にベーシックだが、そのぶん保存がきくものも多いので、まとめて仕込んでおくと便利。

【デザートのソース】
食事を締めくくるデザート用のソース。本書ではソース・アングレーズやソース・キャラメルなどベーシックなものから、フルーツのソース、ハーブやスパイスを加えたもの、ジュレ、エスプーマ（ムース）まで38アイテムを幅広く取り上げた。いつものアイスクリームやムースも、添えるソースが変わるだけで印象が変わるので、コクのあるもの、酸味が強いもの、色が鮮やかなものなどとバランスよく取り揃えたい。なお、レストランのデザートとして後味が重くならないよう、アルコールやハーブ、スパイスを上手に使い、インパクトはありつつも爽やかな仕上がりを意識している。

■ソースの材料について

【卵】
基本的に卵黄と卵白を別々に使用する。卵黄はそのコクや旨み、乳化する特性を生かし、ソース・マヨネーズやソース・ベアルネーズ、アイヨリやルイユのベースに。一方の卵白は、アクを吸着する特性を生かして、ジュレを仕込む際に6分程度に泡立てたものでフォンをクラリフィエする。ちなみに、卵は1個55〜60gのものを使用。

【ヴィネガー】
ヴィネガーの主な用途は、ソース・ヴィネグレットの酸味、または肉や魚のソースを作る際にエシャロットを煮詰めたり、肉を焼いた後の鍋をデグラッセする際の液体。ソースにキレや甘みを与える際に用いる。最も出番が多いのは赤・白のワインヴィネガーで、冷製・温製問わず使用する。フランボワーズやカシスなどフルーツの風味を持ったヴィネガーや、シャンパンヴィネガー、シェリーヴィネガーなど風味がとびやすいものは加熱しないソース・ヴィネグレットに使うか、温かいソースに使う場合は最後、鍋を火からはずした後に加える。また、熟成した味わいのバルサミコ酢は、そのまま煮詰めるだけでもソースになり重宝するので、上質なものを用意したい。

【バター】
本当ならフランスのように風味豊かな発酵バターを使いたいが、日本では入手しづらくコストもかかるので、無塩バターを使用する。主な用途は、ブール・ブランなどのバターソースやブール・コンポゼ(合わせバター)のベース。そして、さまざまなソースの仕上げに加えて、ソースに風味とツヤ、濃度を出すブール・モンテに用いる。ブール・コンポゼにはバターをあらかじめ室温にもどしてポマード状にしておく、モンテには冷えた状態を用いるなど、用途に応じてベストな状態のものを使うことが大切。また、バターを焦がしたブール・ノワゼットは、そのままで香ばしいソースになる。

【その他の油脂】
ミルポワや肉の加熱媒体や、ソース・ヴィネグレットやマヨネーズなどのベースに、油の個性に応じて使い分ける。オリーブ油は加熱にはピュアタイプを、熱が加わると風味がとぶエクストラ・ヴァージン(E.V.)はヴィネグレット系やソースの仕上げに風味づけとして使用。ピーナッツ油は加熱することで香りが立ち、高温にも耐えられるため、フォンやジュ、肉系のソースで骨やスジを炒める際に活用する。コクと香ばしさを持つクルミ油はヴィネグレット、クセのないサラダ油はマヨネーズに向く。

【生クリーム】
ソースにコクやまろやかさを出すために加えるのが主な使い方。本書では、料理用の

ソースにコクや濃度を補なう場合は乳脂肪47％を、加熱せず、主に冷製で使うデザートのソースにはさっぱりした味わいの乳脂肪36％を使用している。

【ワイン】
赤ワインソースなどのソースのベースにはもちろん、焼いた肉やミルポワをデグラッセするなどソース作りに不可欠な素材。アルコールをとばし、煮詰めることによってソースに複雑な風味を与え、また、素材の臭みを消す役割もある。白は辛口、赤は渋みやコク、酸味のバランスがよいものを選ぶ。さまざまに使い回すためにあまり高価なものは使えないが、許される範囲で良質なものを用意したい。

【その他のアルコール】
ソースにおけるアルコールの役割は、凝縮した旨みや華やかな香りをソースに与えること。ワインと同じくブドウがベースのノワイー酒、マデラ酒、シャンパンは、ワインと同じ感覚で使用。それぞれ、ワインとは違った独特な風味のソースに仕上がる。また、コニャック、グランマルニエ、オー・ド・ヴィなどのリキュールや蒸留酒は、香りを生かして風味づけに少量ずつ使うことがほとんど。肉料理のソースからソース・アングレーズなどデザートのソースまで、用途は幅広い。

【塩】
ソースの場合、仕上げに塩、コショウをして味を決めることがほとんど。冷製・温製を問わず、濃厚な味のソースやヴィネグレットなどの油を使ったソースは、塩気が足りないとバランスが悪いので強めにきかせるのが基本。また、ソース・サルミのように煮込んで作るソースは、素材から味を引き出すために煮込む際に粗塩を加えている。

【コショウ】
塩と同様に、仕上げに加えて香りをきかせる。基本的にソース・マヨネーズなどまろやかなソースには白コショウを、肉料理やジビエ用の濃厚なソースには黒コショウを使用することが多いが、本書では特定せず、材料表には「コショウ」とだけ記した。作り手の好みに応じて使い分けてほしい。どちらも挽きたてを使う点がポイント。

【砂糖】
料理用のソースに砂糖を使うことはまれ。ミルポワの甘みやヴィネガーやアルコールを煮詰めた時の甘みを利用し、ナチュラルな味に仕上げる。ただし、鴨のオレンジソースなどには、ガストリック（グラニュー糖とヴィネガーを煮詰め、軽くカラメリゼしたもの）を加えることもある。また、ヴィネグレットなど非加熱のソースにニュアンスのある甘みをつけたい場合には、ハチミツが有効だ。デザート用のソースには、基本的にフルーツなど他の素材の風味を邪魔しないグラニュー糖を使う。

ソースを仕立てる

■煮詰める
ゆっくり煮詰めて味を凝縮し、濃度をつける

煮詰める前はもちろん、煮詰めている間もたえずアクを取り除く。

水分がなくなるまで煮詰めることで、各素材の風味を凝縮する。

　ソースを仕立てる場合に不可欠なのが、煮詰める（réduire レデュイール）作業。これは端的にいえば、液体を火にかけて水分を蒸発させること。ただし、ただ蒸発すればいいわけではなく、それによってソースの濃度を高めたり、液体に含まれる旨みを引き出す、味を凝縮させる……などの効果を目的とする。たとえば、ソース・ヴァン・ルージュ（赤ワインソース）を作る際に赤ワインをぐっと煮詰めるのは、アルコールをとばし、ワインの酸味や甘み、コクを凝縮させるのが狙い。また、エシャロットのみじん切りをヴィネガーで煮詰めるのは、酢の酸をとばし、エシャロットの甘みを引き出して液体に風味と旨みを与えるのが目的だ。

　煮詰める際のポイントは、弱火でゆっくり行なうことと随時アクを引くこと。火が強いと旨みを引き出す前に液体がなくなったり、アクをしっかり取らないと液体にアクが混ざり込んでソースに雑味が出ることがある。また、煮詰めすぎると逆にえぐみが出ることも。求める味や濃度を効果的に引き出すための煮詰め具合を、そのつど考える必要がある。なお、そもそも液体からは、それ自体が持っている以上のものを引き出すことはできない。良質なアルコールやフォン、そしてエシャロットを用意することが大切だ。かつては、コクや濃度を出すためにルゥやバターをたっぷり加えたものだが、今はこれらを極力排除しようという時代。コクや濃度は、もとの液体（ソースのベース）からどう引き出すかが課題になってくる。煮詰める作業は、ソースに軽さを求める今だからこそ重要なプロセスといえる。

■漉す
ていねいに漉して旨みを抽出しきる

煮詰めたエシャロットやミルポワは、ていねいにつぶして旨みを出しきる。

シノワの外側に残っているぶんもしっかり落とし、一滴残らず使い切る。

　ソースを漉す（passerパッセ）作業は、余分なものを除き、なめらかな口当たりに仕上げることが目的。ソースの味をととのえたら、温かいうちに漉す。基本的には、目の細かいシノワを使うことが多いが、よりなめらかに仕上げたい場合やジュレ類のように透明感を追求したい場合には、シノワに布を敷き、静かに少しずつ漉していく。私の修業時代には、ヴルーテやソース・ベシャメルなどを必ず布漉ししていた。粉を使ったソースはダマになりやすいため、とくに気を遣っていたのだろう。

　ソースを漉す場合に注意したいのは、旨みをしっかり抽出しきることだ。たとえば、細かくきざんだエシャロットをスュエしたり煮詰めてソースのベースにすることが多いが、最後漉す時にはシノワに残ったエシャロットを軽く押さえて残っている旨みを出しきる。ここでやみくもにつぶしては、余分なえぐみや繊維質まで漉されてしまうので注意しなければならないが、ソースはコストと手間をかけて作る贅沢なもの。シノワの外側についた液体までしっかり落とし、一滴も無駄にしないようにしたい。

　なお、バターでモンテしたりフォワグラや血でリエしたソースは、その前にいったん漉していたとしても、最後にもう一度漉してなめらかに仕上げる。

■つなぐ
ソースに濃度やコク、ツヤ、なめらかさを与える

バターは1〜1.5cm角にきざみ、営業中は氷にあてて溶けないようにする。

　ソースは仕上げ直前にバターやフェキュール（fécule でんぷん）を加え、泡立て器でかき混ぜて「つなぐ」。この作業の目的は、ソースに濃度やとろみをつけること。リエ（lier）といった場合は、液体にルゥや卵黄、クリーム、血液やレバーなどを加えて単に濃度をつけることを表すが、モンテ（monter）の場合にはとくにブール・モンテ（beurre monter）、つまりバターを使うことでソースに濃度以外にツヤやコク、風味をもたらすことを指す。いずれにしても、ソースの風味を損なわず、一体感のある仕上がりになるよう、つなぎの分量には注意したい。

《バターモンテの仕方》

鍋を火からおろし、バターを加える。

鍋を揺するか泡立て器でバターを溶かす。

ソースとバターが一体になれば完成。

　ソースをつなぐ際に最もよく使うのがバター。他のつなぎにはないツヤやコク、風味をソースにもたらしてくれるため、圧倒的に出番が多い。そこで、バターを例に基本的なモンテの仕方について解説しよう。

　まず、バターは無塩バターを用意する。発酵バターを使うとより風味が高まるが、普通の無塩バターで構わない。これをあらかじめ1～1.5cm角に切り、冷蔵しておく。さいの目に切るのは、液体にさっとむらなく溶けるようにするため。分量を把握しやすいというメリットもある。バターは一度溶けると風味やつややかさが落ちるので、基本的に冷蔵庫に入れておくが、あまりキンキンに冷えていてもソースの温度を下げるので不向き。冷蔵庫から出して5分間ほど経ったくらいが使いやすいように思う。

　モンテの際には、バターが分離しないように鍋を火からはずし、濃度をみながら少しずつ加えていく。鍋を揺すって溶かしても、泡立て器で混ぜてもよい。この時のソースの温度は65～75℃がベスト。バターがソースになじみやすく、ふんわりと仕上がる。これより温度が低いとバターが溶けにくく、逆に高すぎるとバターが分離して油っぽくなり、風味も損なわれる。モンテ後に火にかける際も、絶対に沸騰させないようにする。

《バター以外の素材でつなぐ》

　バター以外にルゥやフェキュール、野菜のピュレ、またオリーブ油などでつなぐこともある。いずれもプロセスはバターと同じだが、ソースに与える濃度や質感が異なるので適量を探りたい。なお、メイン素材との一体感を出すために、素材自身のレバーや血、コライユ（甲殻類のミソ）でつなぐことも。その場合は、つなぎの風味や質感が損なわれないよう、とくに温度に注意が必要だ。

[ブール・マニエ]

小麦粉入りの合わせバター。なじみやすいようほぐす。

↓

なめらかさはバターモンテに劣るが油脂量が減らせる。

[コーンスターチ]

コーンスターチはあらかじめ水で溶いておく。

↓

少量でも充分濃度がつくので、使用量に注意したい。

■焼き汁をベースにソースを仕立てる
素材から出た旨みを逃さず、ソースに生かす

魚や肉料理の場合、実際の厨房では主役となる魚や肉とソースを別々に仕立てることは少なく、メイン素材を調理し、そこで出たジュやスュックを利用してソースも仕上げることがほとんど。こうして一体感のある料理を作るわけだ。以下、「ヴィネガー風味の鶏肉のソテー」を例に、メインとソースを同時進行で仕立てる手法を追う。

1．まず、鶏胸肉を調理する。鍋にピーナッツ油を引き、皮付きのニンニクを炒めて香りを出す。コンカッセにした鶏の首つるを入れ、表面に軽く焼き色をつけたら、塩、コショウをした皮付きの鶏胸肉を皮目を下にして入れる。焼き色がきれいについたら裏返す(火加減は、強めの弱火〜中火くらいで。きれいに焼き色をつけるため、最初はあまり肉を動かさず、じっくりと色づけていく。首つるを一緒に焼くのは、パサつきやすい胸肉に首つるが持つ脂と旨みを補なうため)。

2．表面が乾かないよう、鍋にしみ出た油脂を随時胸肉にかけてアロゼする。もし、この段階で油に焦げが混じっていたり、汚れていたら、ソースの仕上がりに影響するので捨てる。

3．鶏がきれいに色づいたら、少量のバターを加える。これは、胸肉をしっとり仕上げるためとミルポワの加熱用。ミルポワ(タマネギ、ニンジン、セロリ、エシャロットはエマンセに、シャンピニョン・ド・パリはカルティエに切る)とパセリの茎を加え、全体を混ぜる(このミルポワは、鶏をおいしくする以外にソースの味のベースにもなる。鶏が焼き上がる時にミルポワにも火が入っているよう、ミルポワの切り方と鍋に入れるタイミングを調整する)。

4．火をいったん全開にしてから、余分な油をきる(一度強火にかけるのは、素材の余分な油脂や水分をとばすのが目的。この作業をパンセ〈pincer〉といい、他のソースを作る時も、デグラッセの前には必ず行なう)。

5．白と赤のワインヴィネガーを加え、デグラッセする。ヴィネガーが全体に行き渡るよう、鍋を動かす。

6．もう一度ヴィネガーを加えてデグラッセする。写真のように、鍋についていたスュック(旨み)をきれいに落とす(4からここまで、火加減はずっと強火で。火力が弱いと鍋にこびりついたスュックがきれいに取れない)。

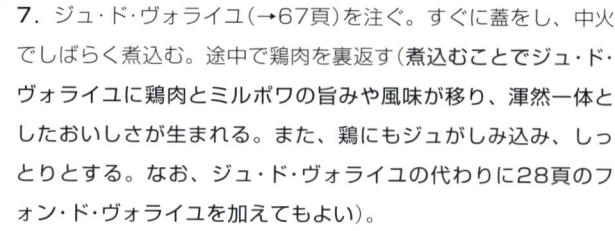

7．ジュ・ド・ヴォライユ（→67頁）を注ぐ。すぐに蓋をし、中火でしばらく煮込む。途中で鶏肉を裏返す（煮込むことでジュ・ド・ヴォライユに鶏肉とミルポワの旨みや風味が移り、渾然一体としたおいしさが生まれる。また、鶏にもジュがしみ込み、しっとりとする。なお、ジュ・ド・ヴォライユの代わりに28頁のフォン・ド・ヴォライユを加えてもよい）。

8．鶏が煮上がったら網に取り出す。アルミ箔をかぶせて温かい場所で保温しておく（鶏からは煮汁や肉汁が落ちてくる。これらのジュにも旨みが詰まっているので、必ず網の下には受け皿を敷き、落ちたジュを貯めておく）。

9．煮汁をソースに仕上げる。煮汁は弱火にかけ、軽く煮詰める。この時、煮汁に濃度や味がつきすぎていたら、フォン・ド・ヴォライユを加えてのばす（煮汁にはすでに鶏とミルポワの旨みが出ているので、ここで長時間煮詰める必要はない。最終的な味を決めるために軽く煮る、という感覚）。

10．味が決まったら、ニンニクを取り出して残りをシノワで漉す。ミルポワはスプーンなどでぎゅっとつぶし、旨みを充分に抽出しきること。

11．8で取りおいた、鶏からしみ出たジュを加える。味を確認し、足りなければ塩、コショウを加えて味をととのえ、ソースの完成。このままでも充分においしいが、好みでバターモンテし、香りやなめらかさをプラスしてもよい（鶏から出たジュを加えることで、いっそうおいしさが増す。こうした旨みは一滴も残さず使うことが大切）。

12．皿に保温しておいた鶏を盛り、ソースをたっぷりと流して「鶏胸肉のソテー、ヴィネガー風味、ほうれん草添え（Poitrine de poulet sautée au vinaigre et aux épinards）」のでき上がり。付合せのホウレン草は、バターとニンニクでシンプルにソテーし、一部は葉を広げて盛り付ける。

■ ソースの流し方
流し方を工夫し、見た目も印象的な一皿に

皿に敷く、上からたっぷりかける、少量だけ添えるなど、ソースの流し方はさまざま。ここでは視覚的にも美しく、覚えておくと便利な流し方を取り上げる。ソースがその料理の中でどんな役割を担うのか、考えながら流したい。

【円を描く】

皿に円を描くようにソースを敷くのは、基本的な流し方。皿の中央に必要な量をたらし、スプーンの背を使って周りに広げるように円を描く。皿の底をトントンと叩くと表面が平らになる。たとえば、皮をパリッと焼いた魚のポワレやサクサクのパイ、また切り口や色を強調したいものなど、上からソースをかけると触感や形が損なわれてしまう場合に有効な流し方。

円を描きたいところの中心に、ソースをたらす。

スプーンの背を使い、中心から外に円を描くようにしてソースを広げる。

【横に流す】

スプーンにとったソースを一ヵ所にたらし、たらしきる前に横にスッと引っ張る。スプーンの先を皿につけるときれいに描きやすい。ラインの太さや長さは、スプーンの大きさや引っ張るスピードを変えることで調整できる。小さいスプーンを使い、いくつも流せば模様のようにもなる。色がきれいなソースや濃厚な味のソースを、アクセントとして添える場合に向く。

スプーンを使い、ソースを一ヵ所にたらす。

すべてたらしきる前にスプーンを横に動かし、ソースを引っ張る。

【線を描く】

細い線は繊細な印象を与える。写真（バルサミコ酢を煮詰めたもの）のように、のびのあるソースを使用することがポイント。ディスペンサー（スポイト）を使うとずっと同じ太さで描くことができるが、スプーンで描いてあえて太さの違いを楽しむのもよい。スプーンで描く場合は、先が皿につくかつかないかぐらいの距離を保つようにするときれいに仕上がる。

スプーンの先を使って線を描く。スプーンを動かすスピードによって太さが変わる。

ディスペンサーを使うと、同じ太さの線がきれいに描ける。

【点を描く】

水玉模様のように皿に点を描く方法で、見た目のアクセントとして効果的。小さな点を描きたい時や同じ大きさの点をいくつも描きたい場合は、ディスペンサーを使うと便利。また、スプーンの先を上手に使えば、大小さまざまな点を描くことができる。その皿にどのくらいの量のソースが必要かを踏まえて、点の大きさや数を決める。

スプーンを使う例。スプーンの先の形やスプーンにとる量で点の大きさが変わる。

ディスペンサーを使うと同じ大きさの点が描きやすい。

【模様を描く】

料理に添えるソースは、あまり奇をてらわずに流すほうがナチュラルでおいしそうな印象を与えるが、デザートには多少の遊び心があってもいい。たとえば、右の写真はソース・ショコラを円形に流してから、竹串や楊枝で模様をつけたもの。ちょっとした工夫でソースの存在感がぐっと高まるので、いろいろ工夫したいところだ。

竹串で模様を描く。皿を一定に回していくと模様の幅が均一に仕上がる。

■保存について

基本は使い切り。こまめに仕込み、常にできたてを提供する

　シンプルなソース・ヴィネグレットや、香りを移したオイルなどの一部を除き、ソースは作ったらできるだけ早く使い切るのが基本である。その最大の理由は、風味がとんでしまうから。たとえば、本書には最後にバターでモンテするソースが数多く登場するが、このバターは時間が経つと分離し、せっかくの風味も質感も損なわれてしまう。再度温めなおしても元の状態には戻らないため、作ったらできるだけ早く使い切るのがベストである。他にも、ソース・オランデーズなどの卵黄を使った温かいソースは傷みやすい面があり、仕上げにトリュフやアルコールで風味をプラスしたソースは時間が経つにつれて香りがとんでしまう。また、フォワグラや血でリエしたものや、サバイヨンのように泡立てたソースも、状態が変わりやすく保存に向かない。「作った翌日のほうが味がなじんでおいしい」などというのは、一部のソースに限られる。なお、本書では、ソースごとに保存期間について触れている。その中には、数日間保存可能なものもあるが、これはあくまでも目安。店の規模やメニュー構成に応じて仕込む量を調整し、できるだけ作りたてを提供するように心がけたい。

ヴィネグレット系のソース
Sauces vinaigrettes

基本のソース

ソース・ヴィネグレット
sauce vinaigrette ordinaire

【基本のソース・ヴィネグレット】

酢1に対して油3を合わせた、最も基本のドレッシング。ヴィネガーや油の種類を変えたり、マスタードやハチミツ、ハーブを加えることでさまざまにバリエーションが広がる。

材料（でき上がり約300cc）
赤ワインヴィネガー　80cc
E.V.オリーブ油　240cc
塩　適量
コショウ　適量

1. ボウルに塩、コショウをする。油を使うため、塩はしっかりめに。コショウの白、黒は好みや料理に合わせて使い分ける。

2. 泡立て器で混ぜながら赤ワインヴィネガーを加える。ここでは赤ワインヴィネガーを使っているが、白ワインヴィネガーでも構わない。好みで使い分ける。

3. 塩が溶けるまで撹拌する。

4. 泡立て器で混ぜながら、E.V.オリーブ油を加えていく。混ぜ具合も好みで調整する。さっと混ぜてヴィネガーと油それぞれの風味を残してもよいし、しっかり混ぜて乳化したなめらかさを楽しむのもよい。

5. ソース・ヴィネグレットの完成。ここでは混ぜすぎずに仕上げた。このソースは室温で2日間ほど保存可能。ヴィネガーや油を変えたり、ハーブを加えることでさまざまにアレンジできる。

ヴィネグレット・オ・ヴィネーグル・バルサミック
vinaigrette au vinaigre balsamique
【バルサミコ風味のヴィネグレット】

風味豊かなバルサミコ酢を使ったソース・ヴィネグレット。バルサミコ酢は長期間熟成させた、コクも旨みもたっぷりの上質なものを使う点がポイント。

材料(でき上がり約300cc)
バルサミコ酢　80cc
E.V.オリーブ油　240cc
塩　適量
コショウ　適量

作り方
1. ボウルに塩、コショウを入れる。バルサミコ酢を加え、泡立て器で混ぜて塩を溶かす。
2. E.V.オリーブ油を少しずつ加え、混ぜ合わせる。

用途・保存
魚や肉のグリエに添えるサラダのドレッシングに。ハーブなど香りの強い素材ともよく合う。室温で2日間保存可能。

ヴィネグレット・オ・ゼレス
vinaigrette au xérès

【シェリー酒風味のヴィネグレット】

風味の強いシェリーヴィネガーを使ったヴィネグレット。白ワインを加えることで、インパクトを和らげる。ここではピーナッツ油を使ったが、少し個性のあるクルミ油も合う。

材料(でき上がり約300cc)
シェリーヴィネガー　60cc
白ワイン　10cc
ピーナッツ油　220cc
マスタード　12g
塩　適量
コショウ　適量

作り方
1．ボウルにマスタード、塩(しっかりめに)、コショウを入れ、シェリーヴィネガー、白ワインも加えてよく混ぜ合わせる。
2．ピーナッツ油を少量ずつ加えながら、撹拌する。

用途・保存
鴨やハト、フォワグラなどコクのある素材を用いた料理やサラダに。室温で4〜5日間保存可能。

ヴィネグレット・ド・フランボワーズ・オ・ミエル
vinaigrette de framboise au miel
【ハチミツ入りフランボワーズ風味のヴィネグレット】

フランボワーズのピュレとヴィネガーの甘酸っぱさを、ハチミツの甘みがやさしく包み込んだヴィネグレット。サラダをはじめ、魚介や鳥系のティエド（ほの温かい）の皿にも合う。

材料（でき上がり約300cc）
ハチミツ(※)　40g
フランボワーズのピュレ(※)　100g
フランボワーズヴィネガー　50cc
クルミ油　100cc
レモン汁　少量
塩　適量
コショウ　適量

※ハチミツはクセが少ないアカシアを使用。魚介類の料理に使う場合はオレンジの、肉料理にはクリのハチミツも合う。
※フランボワーズのピュレは市販を使用。

作り方
1．ボウルに塩、コショウとハチミツ、フランボワーズのピュレを入れてよく混ぜ合わせる。
2．フランボワーズヴィネガーを加え、よく混ぜる。
3．クルミ油を少しずつ加えながら攪拌し、仕上げにレモン汁を加えて味をととのえる。

用途・保存
魚介類の盛合せやサラダ仕立て、エビ類のテリーヌなどのソースに。軽く温めて鴨や鶏料理に添えてもよい。室温で3〜4日間保存可能。

ソース・ヴィネグレット・オ・トリュフ
sauce vinaigrette aux truffes
【トリュフ風味のソース・ヴィネグレット】

トリュフのジュをベースにした香り豊かなヴィネグレット。酸味はレモン汁のみにし、爽やかに仕上げる。温かなサラダなどに用い、香りをシンプルかつ最大に生かしたい。

材料(でき上がり約300cc)
ジュ・ド・トリュフ(※)　180cc
E.V.オリーブ油　90cc
レモン汁　50cc
トリュフオイル　3cc
塩　適量
コショウ　適量

※ジュ・ド・トリュフは市販のものを使用。

作り方
1．ボウルに塩、コショウを入れ、ジュ・ド・トリュフを加えてよく混ぜ合わせる。
2．E.V.オリーブ油を少しずつ加えながら撹拌し、仕上げにレモン汁とトリュフオイルを加え、混ぜる。

用途・保存
トリュフは熱が加わることで香りが立つので、ゆでたばかりのアスパラガスや若いポワローのサラダなど、ほんのり温かい皿に添えて。基本的に使うたびに作り、残ってもその日のうちに使いきる。

ヴィネグレット・フランセーズ
vinaigrette française

【フレンチドレッシング】

サラダ油、リンゴ酢、マヨネーズで仕立てる穏やかな味のドレッシング。幅広い客層が集う宴会やホテルの朝食、洋食風のメニューに。好みでヴィネガーや油のアレンジを。

材料(でき上がり約300cc)
ソース・マヨネーズ(→116頁)　8g
タマネギ　35g
マスタード　2g
リンゴ酢　40cc
サラダ油　250cc
塩　適量
コショウ　適量

作り方
1．タマネギをすりおろす。
2．ボウルにソース・マヨネーズ、タマネギのすりおろし、マスタード、リンゴ酢、塩、コショウを入れ、よく混ぜ合わせる。
3．サラダ油を少しずつ加えながら攪拌する。

用途・保存
ホテルのコーヒーショップや宴会、朝食のサラダに。イタリアンドレッシング(→101頁)など他のドレッシングのベースにも。作ったら、当日中に使い切る。

ソース・ヴィネグレット・オ・キュリー
sauce vinaigrette au curry

【カレー風味のソース・ヴィネグレット】

フレンチドレッシングにカレー粉を加えた、日本人好みのドレッシング。黒オリーブ、緑・赤ピーマン、トマトは触感や色合いのアクセント。ハーブを加えて爽やかさをプラス。

材料(でき上がり約300㏄)
フレンチドレッシング(→99頁)　300㏄
カレー粉　3g
黒オリーブ(塩漬け)　4g
ケイパー　4g
緑ピーマン　4g
赤ピーマン　4g
コルニション(※)　4g
トマト　1個分
レモン汁　少量
イタリアンパセリ　1g
セルフイユ　1g
エストラゴン　1g
塩　適量
コショウ　適量

※キュウリの酢漬け(ピクルス)。

作り方
1．黒オリーブ、ケイパー、ピーマン(緑・赤)、コルニション、トマト(皮を湯むきし、種を取り除く)をそれぞれブリュノワーズに切る。イタリアンパセリ、セルフイユ、エストラゴンの葉はアッシェにする。
2．カレー粉を少量のフレンチドレッシングで溶き、残りのフレンチドレッシングに加えて混ぜ合わせる。
3．2に残りの材料をすべて入れ、混ぜ合わせる。塩、コショウで味をととのえる。

用途・保存
魚介類の前菜や豚肉のテリーヌのソースに。色が変わりやすいので、使う直前に作り、早めに使い切る。

ヴィネグレット・イタリエンヌ
vinaigrette italienne

【イタリアンドレッシング】

フレンチドレッシングに、ピリッと辛いスイートチリソースとパルミジャーノチーズを加えた、どこか懐かしいドレッシング。ハーブには大葉ジソも使い、万人に食べやすい味に。

材料（でき上がり約300cc）
フレンチドレッシング（→99頁）　220cc
スイートチリソース（※）　80cc
ニンニク　3g
バジル　3g
イタリアンパセリ　2g
大葉ジソ　1枚
パルミジャーノチーズ　8g
塩　適量
コショウ適量

※タイ産の辛くて甘酸っぱいソース。

作り方
1. ニンニクは芯芽を取ってすりおろし、バジル、イタリアンパセリ、大葉ジソの葉はアッシェにする。パルミジャーノチーズもすりおろす。
2. フレンチドレッシングにスイートチリソースを加え、混ぜ合わせる。ニンニク、バジル、イタリアンパセリ、大葉ジソ、パルミジャーノチーズを加え混ぜ、塩、コショウで味をととのえる。

用途・保存
宴会やホテルの朝食など、幅広い客層を対象とした場面でのサラダに。作ったその日中に使い切る。

ヴィネグレット・ジャポネーズ
vinaigrette japonaise

【和風ドレッシングA】

フレンチドレッシングに、醤油やゴマ油を加えた和風テイストのドレッシング。砂糖を加えて食べやすく仕上げる。洋食風のメニューによく合う、覚えておくと便利なソース。

材料(でき上がり約300cc)
フレンチドレッシング(→99頁)　240cc
ショウガ　10g
ニンニク　1g
醤油　30cc
リンゴ酢　10cc
グラニュー糖　15g
ゴマ油　10cc
レモン汁　少量
レモンの皮　少量
塩　適量
コショウ　適量

作り方
1．ショウガとニンニクをすりおろす。レモンの皮もすりおろす。
2．ボウルにショウガとニンニクを入れ、醤油、リンゴ酢、グラニュー糖を加えてよく混ぜ合わせる。
3．グラニュー糖が溶けたら、フレンチドレッシングを少しずつ加えながら撹拌する。ゴマ油、レモン汁、レモンの皮のすりおろしを加え混ぜ、塩、コショウで味をととのえる。

用途・保存
宴会やホテルの朝食など、幅広い客層を対象とした場面でのサラダに。室温で2～3日間保存可能。

ヴィネグレット・ジャポネーズ
vinaigrette japonaise

【和風ドレッシングB】

前頁に比べて、より純和風テイストなドレッシング。醤油と米酢をベースに、煮切りミリンを加えたまろやかさが特徴。仕上げに加えるタバスコが味わいのアクセント。

材料(でき上がり約300cc)
タマネギ　70g
ショウガ　5g
ニンニク　2g
醤油　60cc
煮切りミリン　15cc
米酢　100cc
グラニュー糖　10g
サラダ油　100cc
ゴマ油　15cc
レモン汁　10cc
タバスコ　少量
塩　適量
コショウ　適量

作り方
1. タマネギ、ショウガ、ニンニクをすりおろす。
2. ボウルにタマネギ、ショウガ、ニンニクを入れ、醤油、煮切りミリン、米酢、グラニュー糖を加えてよく混ぜ合わせる。
3. サラダ油を少しずつ加えながら攪拌する。仕上げにゴマ油、レモン汁、タバスコを加え混ぜ、塩、コショウで味をととのえる。

用途・保存
味が濃いめなので、単独で使うより、サラダ風スパゲッティの味のベースや、揚げた野菜にからめるのに向く。室温で2〜3日間保存可能。

ヴィネグレット・オ・カロット
vinaigrette aux carottes
【ニンジン風味のドレッシング】

すりおろしたニンジンのヘルシーなドレッシング。ニンジンの自然な甘みを生かすため、ミリンとリンゴ酢を使用。野菜にさっと火を入れると、アクが抜けて味がなじみやすい。

材料（でき上がり約300cc）
ニンジン　120g
タマネギ　15g
ショウガ　5g
ニンニク　3g
トマトピューレ　20g
ミリン　30cc
醤油　20cc
水　20cc
リンゴ酢　70cc
E.V.オリーブ油　50cc
塩　適量
コショウ　適量

作り方
1. ニンジン、タマネギ、ショウガ、ニンニクをそれぞれすりおろす。
2. 鍋にミリンを入れ、煮切る。ここにニンジン、タマネギ、ショウガ、ニンニク、トマトピューレ、醤油、水を加え、軽く沸かして野菜に火を入れる。アクが出てくれば取り除く。
3. 冷めたらリンゴ酢とE.V.オリーブ油を加え、混ぜ合わせる。塩、コショウで味をととのえる。

用途・保存
ニンジンの甘みや風味を感じてもらうため、湯むきしたトマトなどの、シンプルなサラダに。作った当日より、翌日のほうが味がなじんでおいしい。冷蔵で3日間保存可能。

ソース・ラヴィゴット
sauce ravigote

【ラヴィゴットソース】

ヴィネガーにタマネギやケイパー、ハーブ類を加えたおなじみのソース。オリーブ油だけでは口にした時の印象がやや重いため、同量のサラダ油を加えたが、好みで調整可。

材料(でき上がり約300cc)
白ワインヴィネガー　60cc
E.V.オリーブ油　90cc
サラダ油　90cc
タマネギ　60g
ケイパー　30g
イタリアンパセリ　8g
シブレット　2g
エストラゴン　4g
セルフイユ　2g
マスタード　8g
塩　適量
コショウ　適量

作り方
1. タマネギをアッシェにし、水にさらしてから水気をきっておく。ケイパーはコンカッセに、イタリアンパセリはアッシェにする。シブレット、エストラゴン、セルフイユの葉も細かくきざむ。
2. ボウルに白ワインヴィネガー、マスタード、塩、コショウを入れてよく混ぜ合わせる。
3. E.V.オリーブ油とサラダ油を少量ずつ加えながら撹拌する。
4. 仕上げにタマネギ、ケイパー、イタリアンパセリ、シブレット、エストラゴン、セルフイユを混ぜ合わせる。

用途・保存
酸味や辛みを生かし、豚肉のテリーヌやテート・ド・フロマージュ(豚の頭のテリーヌ)などの濃厚な料理や、鶏胸肉のサラダのソースに。冷蔵で約3日間保存可能。

ソース・オ・ヴィネーグル・バルサミック
sauce au vinaigre balsamique
【バルサミコ風味のソース】

バルサミコ酢をベースに、フォン・ド・レギュームを加えて料理に合わせやすく仕立てたソース。凝縮感のある15年物のバルサミコ酢は、仕上げに加えて香りを生かす。

材料（でき上がり約300㏄）
バルサミコ酢　200㏄
フォン・ド・レギューム（→52頁）　300㏄
グラス・ド・ヴィヤンド（→29頁）　40g
コリアンダーシード（※）　1g
E.V.オリーブ油　100㏄
バルサミコ酢（15年物）　30㏄
塩　適量
コショウ　適量

※コリアンダー（香菜）の種子を乾燥させたスパイス。甘く爽やかな香り。

作り方
1．鍋にバルサミコ酢とグラス・ド・ヴィヤンドを入れ、弱火にかけて半分程度まで煮詰める。
2．フォン・ド・レギュームとつぶしたコリアンダーシードを加え、さらに半分まで煮詰める。
3．塩、コショウで味をととのえ、火を止める。仕上げにE.V.オリーブ油とバルサミコ酢（15年物）を加え、混ぜ合わせる。

用途・保存
温野菜を和えたり、白身魚のポワレやポシェのソースに。熟成したバルサミコ酢の豊かな香りがポイントなので、作った当日中に使い切る。

ソース・ヴェルジュテ・マリー・アンヌ
sauce verjutée "Marie-Anne"
【"マリー=アンヌ"風ヴェルジュテソース】

熟す前のブドウを搾った「ヴェルジュ」は、ブドウの収穫期にだけ出回る貴重なもの。これをイメージし、リンゴとニンジンで仕立てた、甘酸っぱくコクのあるソース。

材料（でき上がり約300cc）
リンゴ　200g
ニンジン　100g
白ワインヴィネガー　50cc
バルサミコ酢　300cc
ポルト酒（ルビー）　50cc
グラス・ド・ヴィヤンド（→29頁）　30g
ミニョネット（黒）　3g
塩　適量
コショウ　適量
オリーブ油　20cc

作り方
1．リンゴは皮をむいて8mm角の、ニンジンは5mm角のデに切る。
2．鍋にオリーブ油を引き、リンゴとニンジンを入れてゆっくりスュエする（煮崩れさせない）。白ワインヴィネガーでデグラッセし、バルサミコ酢とポルト酒を加えて弱火で煮詰める。
3．半分程度まで煮詰めたら、グラス・ド・ヴィヤンドとミニョネットを加え、塩、コショウで味をととのえる。

用途・保存
フォワグラのポワレなどの濃厚な料理に、味わいのアクセントとして添える。リンゴの風味がとばないように密閉すれば、冷蔵で2～3日間保存可能。

ソース・オ・ヴィネーグル
sauce au vinaigre
【魚風味のヴィネガーソース】

魚のアラを焼き、ミルポワ、ヴィネガー、ワインで煮詰めた爽やかな酸味のソース。魚の香ばしさを引き出し、臭みを消すデグラッセが重要なポイント。温めると旨みが際立つ。

材料（でき上がり約300cc）
白身魚のアラ　500g
ミルポワ
　┌ タマネギ　100g
　│ ニンジン　150g
　│ セロリ　70g
　└ ポワロー　70g
赤ワインヴィネガー　120cc
白ワインヴィネガー　120cc
マスタード　30g
トマトペースト　30g
カラメル　ごく少量
白ワイン　300cc
塩　適量
コショウ　適量
バター　適量
オリーブ油　適量

作り方
1．白身魚のアラをよく水にさらし、水気を拭き取る。タマネギ、ニンジン、セロリ、ポワローはそれぞれ厚さ5mmのエマンセにする。
2．フライパンにオリーブ油を薄く引き、魚のアラを入れて弱火でじっくりとキツネ色に焼く。
3．別鍋にオリーブ油を引き、ミルポワをスュエする。ここに2のアラを加え、赤ワインヴィネガーと白ワインヴィネガーを数回に分けて加えてデグラッセする。
4．マスタード、トマトペースト、カラメル、白ワインを混ぜ合わせる。これを3の鍋に加え、しばらく煮詰めて味をなじませる。シノワで漉す。
5．料理に使う際は、必要な量を温め、バターでモンテし、塩、コショウで味をととのえる。

用途・保存
温かいソースとして、スズキなどの魚のポワレやグリエに使用。冷蔵で3〜4日間保存可能。

ソース・オマール・オ・ヴィネーグル
sauce homard au vinaigre

【オマール風味のヴィネガーソース】

オマールの殻で作る軽い酸味のソース。ヴィネガーはオマールと相性のよいエストラゴンヴィネガーを使用。トマトとトマトペーストを加え、ソースに軽い酸味と色合いを補なう。

材料(でき上がり約300cc)
オマールの殻(※)　500g
ミルポワ
　タマネギ　50g
　ニンジン　50g
　セロリ　20g
　シャンピニョン・ド・パリ　20g
　ニンニク(皮付き)　1片
コニャック　少量
エストラゴンヴィネガー　80cc
マデラ酒　60cc
白ワイン　60cc
フュメ・ド・ポワソン(→54頁)　750cc
トマト　1個
トマトペースト　60g
エストラゴンの茎　1枝
塩　少量
コショウ　少量
オリーブ油　15cc
バター　15g

※オマールの殻は、料理用に殻付きでゆでた後、殻をむいたものを利用。

作り方

1．タマネギ、ニンジン、セロリをそれぞれ1cm角のデに、シャンピニョン・ド・パリはカルティエに切る。ニンニクは軽くつぶす。

2．フライパンにオリーブ油とバターを引き、オマールの殻を入れて軽く焼き色をつける。ミルポワを加え、全体に焼き色がつくまで炒める。ザルにあけてデグレッセし、殻とミルポワを深鍋に移す。

3．2のフライパンをコニャックでフランベし、エストラゴンヴィネガーを加えてデグラッセする。この液体を、殻とミルポワを入れた鍋に移す。

4．マデラ酒と白ワインを加え、アクを除きながらひと煮立ちさせる。フュメ・ド・ポワソンを加え、沸いたらアクを引く。トマト、トマトペースト、エストラゴンの茎を加え、ミジョテの状態で1/3量まで煮詰める。アクは随時取り除く。

5．塩、コショウで味をととのえ、シノワで漉す。

用途・保存

オマールの前菜、メイン料理に。また、白身魚のソースにも合う。冷蔵で2日間保存可能。

ヴィネグレット・ド・オマール・オ・ザグリューム
vinaigrette de homard aux agrumes
【柑橘風味のオマールドレッシング】

オマールにオレンジとグレープフルーツの果汁を合わせた、魚介用のドレッシング。先にベースのソースを作り、ヴィネガーと油で仕上げる。グランマルニエで味に深みをプラス。

材料(でき上がり約300cc)
柑橘風味のオマールのソース　250cc
- オマール　1本(500g)
- タマネギ　50g
- ニンジン　50g
- フヌイユ　20g
- セロリ　25g
- ニンニク(皮付き)　1片
- グランマルニエ　20cc
- 白ワイン　50cc
- オレンジ果汁　360cc
- グレープフルーツ果汁　360cc
- フォン・ド・オマール(→46頁)　250cc
- サフラン　少量
- レモングラス(フレッシュ)　適量
- レモンバーム(フレッシュ)　適量
- オリーブ油　適量

ホワイトバルサミコ酢　50cc
グランマルニエ　15cc
ペルノー酒　10cc
E.V.オリーブ油　45cc
塩　適量
コショウ　適量

作り方

■柑橘風味のオマールのソースを作る

1．オマールを殻ごとぶつ切りにし、オリーブ油で焼き色がつくまで炒める。ザルにあけてデグレッセし、同じ鍋にブリュノワーズに切ったタマネギ、ニンジン、フヌイユ、セロリ、軽くつぶしたニンニクを入れて炒める。

2．オマールを鍋に戻し、グランマルニエと白ワインでデグラッセする。オレンジとグレープフルーツの果汁、フォン・ド・オマールを加え、沸いたらアクを引く。ミジョテの状態を保ち、アクを取りながら煮出す。

3．半分程度に煮詰まったらシノワで漉し、サフラン、レモングラス、レモンバームを入れ、さらに半分程度まで煮詰める。シノワで漉す。

■ソースの仕上げ

1．ボウルに柑橘風味のオマールのソースを入れ、塩、コショウをして味をととのえる。

2．ホワイトバルサミコ酢、グランマルニエ、ペルノー酒、E.V.オリーブ油を加え、混ぜ合わせる。

用途・保存

オマールやアワビと柑橘類を合わせたサラダなど、魚介類の冷製料理に使用。冷蔵で約2日間保存可能。

ソース・ヴィネグレット・オ・ジュ・ド・カナール
sauce vinaigrette au jus de canard
【鴨のジュのヴィネグレットソース】

鴨のジュをベースに、ジュ・ド・トリュフで風味をプラスした旨みたっぷりのドレッシング。鴨のジュに含まれるゼラチンが固まりやすいので、湯煎などでもどしてから使用する。

材料（でき上がり約300cc）
ジュ・ド・カナール（→69頁）　180cc
赤ワインヴィネガー　35cc
ジュ・ド・トリュフ（市販）　20cc
クルミ油　70cc
塩　適量
コショウ　適量

作り方
1. ボウルにジュ・ド・カナール、赤ワインヴィネガー、ジュ・ド・トリュフを入れ、混ぜ合わせる。塩、コショウで味をととのえる。
2. クルミ油を少しずつ加え、攪拌する。

用途・保存
小鴨のサラダ、クルミ油のドレッシング（→113頁）のように、鴨やホロホロ鳥、ハトなどの料理に使用。これらの肉をこのドレッシングでマリネしてもおいしい。冷えるとゼラチンで固まるので、湯煎にかけてなめらかにもどして使用する。冷蔵で2〜3日間保存可能。

ソース・フォワ・ド・ヴォライユ・オ・ヴィネーグル
sauce foie de volaille au vinaigre

【鶏肝入りのヴィネガーソース】

新鮮な鶏レバーを使った、香ばしさと豊かなコクを持つドレッシング。鴨のサラダ仕立てなど、肉類を使ったサラダによく合う。ジュ・ド・トリュフを加えて香り高く。

材料（でき上がり約300cc）

鶏レバー　150g
コニャック　少量
マスタード　30g
赤ワインヴィネガー　25cc
ジュ・ド・カナール（→69頁）　75cc
クルミ油　50cc
ジュ・ド・トリュフ　60cc
レモン汁　適量
バター　適量
塩　適量
コショウ　適量

作り方

1．鶏レバーに塩、コショウをふり、バターでソテーする。ア・ポワン（ミディアムの焼き加減）に仕上げ、コニャックを加えてデグラッセする。
2．熱いうちに鶏レバーをタミで漉し、粗熱をとる。
3．マスタードを加えて混ぜ合わせ、赤ワインヴィネガー、ジュ・ド・カナール、クルミ油を加えて混ぜる。
4．塩、コショウで味をととのえ、風味づけにジュ・ド・トリュフとレモン汁を加える。

用途・保存

鴨をはじめ鳥類を使ったサラダに。レバーを使っているので保存不可。使うたびに作り、早めに使い切る。

ソース・フォワ・ド・ヴォライユ・オ・ヴィネーグルを使って

フランス産小鴨のサラダ、クルミ油のドレッシング、大根のコンフィとフォワグラのブロシェット

Salade de canette de France à l'huile de noix,
brochette de navet confit et de foie gras

　フランス産小鴨にたっぷりの野菜を添えたサラダ仕立てのオードヴル。小鴨は丸ごとロティールして薄切りにし、ジュ・ド・カナールのヴィネグレットソース（→111頁）でマリネする。マリネする間に鴨の旨みがヴィネグレットに移り、また、ヴィネグレットが鴨にしみ込んで味に複雑さを増す。このヴィネグレットはゼラチンを含み、室温でも若干固まるため、提供時には軽く温めてなめらかにもどしてから、マリネしたソースとともに盛りつける。モモ肉はコンフィにし、マスタードと香草入りパン粉をふって焼き上げる。サラダは葉ものを中心にたっぷりと。シャキシャキした触感を生かすため、葉はきざまずに大きなまま鶏肝入りのヴィネガーソースをからめて添える。付合せは、カラメリゼして柔らかく煮たダイコンとフォワグラのテリーヌのブロシェット（串刺し）。トリュフとニンニクをこすりつけて焼いたパンを添えて。

COMMENTS	(/) (
3 ~~credn chde~~ (Twinkle)	
3 ~~Petit pot d'avocade~~ 3=b-10 3=t9(?) - 15=3f	
3 ~~Gratin huitre~~ (Twinkle)	
3 ~~Graine gingembre~~ (Twinkle)	
3 ~~Rôti canard~~	
3 G. Fromage Tarte Tatin 2hr cannelle	

DATE 12/17 WAITER

卵黄ベースのソース

Sauces à base de jaune d'œuf

基本のソース

ソース・マヨネーズ
sauce mayonnaise

【マヨネーズ】

ヴィネガーを少し多めに使い、酸味を効かせてキレよく仕上げたマヨネーズ。サラダ油の代わりにオリーブ油で作ることもできるが、色が緑っぽく、口当たりは重くなる。

材料（でき上がり約300cc）
卵黄（※）　1個
マスタード　15g
白ワインヴィネガー　30cc
サラダ油　250cc

塩　適量
コショウ　適量

※卵黄は、全卵で1個55〜60gのものを使用。

1．ボウルに卵黄、マスタード、塩、コショウを入れる。卵黄は白い部分（カラザ）を取り除いておく。

2．少量の白ワインヴィネガーを加え、混ぜ合わせて塩を溶かす。ヴィネガーの量は塩が溶けるくらいあればよい。

3．サラダ油を少しずつ加えながら、攪拌していく。油を一気に加えると、乳化する前に分離することがあるので、少量ずつ加えること。

4．油をすべて加える前に、残りの白ワインヴィネガーを加えて混ぜる。このヴィネガーはマヨネーズの固さを調整するためのもの。好みや用途に応じて量を加減する。

5．残りのサラダ油を加え、仕上げる。油を全部入れ終えてからヴィネガーを加えると、マヨネーズの色が白っぽくなるので、サラダ油は必ず少し残しておく。

6．マヨネーズの完成。そのまま使う以外に、いろいろなドレッシングやソースのベースに用いる。冷蔵で3日間保存可能。

ソース・ヴェルト
sauce verte

【グリーンソース】

きれいな緑色と爽やかな香りが特徴のソース・マヨネーズ。ホウレン草だけでは風味が薄いので、クレソンとパセリを使って補なう。セルフイユとエストラゴンでさらに爽やかに。

材料（でき上がり約300cc）
ソース・マヨネーズ(→116頁)　300cc
ホウレン草　60g
クレソン　50g
パセリ　50g
セルフイユ　20g
エストラゴン　10g
塩　適量
コショウ　適量

作り方
1．ホウレン草とクレソン、パセリを熱湯でさっとゆで、氷水に落とす。ザルにあけて水気をきる。
2．1とセルフイユ、エストラゴンをミキサーにかけてピュレにし、目の細かいタミで漉す。
3．目の細かい布に広げ、自然に水気を落とす。
4．3とソース・マヨネーズを混ぜ合わせ、塩、コショウで味をととのえる。

用途・保存
オマールのテリーヌをはじめ、魚介を使った冷製料理のソースに。色がとびやすいので、冷蔵して翌日には使い切る。

ソース・ジェノワーズ

sauce Génoise

【ジェノヴァ風ソース】

ピスタチオと松の実がベースのマヨネーズ仕立てのソース。レモンの爽やかな酸味とハーブの香り、後から感じるナッツのコクが特徴。色合いもきれいな、昔ながらのソース。

材料（でき上がり約300cc）

ピスタチオ　10g
松の実（またはアーモンド）　6g
ソース・ベシャメル（→218頁）　2g
卵黄　2個分
レモン汁　20cc
塩　適量
コショウ　適量
E.V.オリーブ油　250cc
ハーブのピュレ（※）　10g

※ハーブのピュレは、パセリ、セルフイユ、エストラゴン、シブレットの葉各4gを、2分間ほどゆでて冷水にとり、水気をきった後に裏漉ししたもの。

作り方

1．ローストしたピスタチオと松の実を乳鉢に入れ、なめらかになるまですりつぶす。ソース・ベシャメルを加え、混ぜ合わせてから目の細かいタミで漉す。

2．1に卵黄を混ぜ合わせ、塩、コショウ、レモン汁を加えて味をととのえる。E.V.オリーブ油を少量ずつ加えながら、泡立て器で撹拌する。

3．仕上げにハーブのピュレを加え、混ぜ合わせる。

用途・保存

魚や豚などの白身肉を使った冷製料理のソースに。鮮やかな色合いは、宴会やブッフェなどでも喜ばれる。作った翌日まで保存可能だが、なるべく早く使い切る。

ソース・オーロール
sauce aurore

【オーロラソース】

「オーロラソース」は、クラシックなソースの一つ。ケチャップとソースの凝縮した味の中に、泡立てた生クリームのまろやかさと軽やかさ、タバスコとレモンのキレをプラス。

材料(でき上がり約300cc)
ソース・マヨネーズ(→116頁)　150cc
マスタード　10g
生クリーム(7分立て)　60cc
トマトケチャップ　90cc
ウスターソース　少量
コニャック　5cc
タバスコ　少量
レモン汁　10cc
塩　適量
コショウ　適量

作り方
1. ソース・マヨネーズにマスタード、7分立ての生クリーム、トマトケチャップを加え、混ぜる。
2. ウスターソース、コニャック、タバスコ、レモン汁を加え、塩、コショウで味をととのえる

用途・保存
魚介や野菜を使ったテリーヌや、オマールの料理によく合う。ショーフロワ(→141頁)に少量加えて色みを足したり、シンプルにスティックサラダのソースにも。冷蔵で2日間保存可能。

ソース・オ・キュリー
sauce au curry
【カレー風味のマヨネーズソース】

カレー風味の冷製料理用ソース。マヨネーズだけでは重いので、フレンチドレッシングと合わせて軽く、料理にも使いやすい濃度に。ターメリックがなければカレー粉だけでも可。

材料（でき上がり約300cc）
ソース・マヨネーズ（→116頁）　120cc
フレンチドレッシング（→99頁）　180cc
カレー粉　8g
ターメリック（粉末）　3g
塩　適量
コショウ　適量

作り方
1．ボウルにカレー粉とターメリックを入れ、フレンチドレッシングを加えて溶く。
2．1とソース・マヨネーズを混ぜ合わせ、塩、コショウで味をととのえる。

用途・保存
マグロやカツオなど赤身の魚のマリネや、鶏胸肉の冷製料理に。サトイモや豆類とも相性がいい。冷蔵で5〜6日間保存可能。

ソース・オ・キュリーを使って
シビマグロのマリネと有機トマトのサラダ仕立て、カレー風味

シビマグロは表面をグリルしてから切り分け、醤油やリンゴ酢、ミリンなどでマリネ。トマトやタマネギなどの野菜とサラダ仕立てにした。皿の周囲に引いたソースは、ソース・オ・キュリーと煮詰めたバルサミコ酢。マグロに味はついているが、アクセント的につけながら食べてもらう。

ソース・タルタル
sauce tartare

【タルタルソース】

ソースとして使いやすいよう、卵を控えめにしたタルタル。ゆで卵の白身は二度漉ししてなめらかな触感に。コルニションやケイパーのシャキシャキした触感と酸味がアクセント。

材料（でき上がり約300cc）
ソース・マヨネーズ（→116頁）　250cc
卵　1個
タマネギ　40g
コルニション（※）　10g
ケイパー　10g
パセリ　5g
レモン汁　適量
塩　適量
コショウ　適量

※キュウリの酢漬け（ピクルス）。

作り方
1．卵を固ゆでにし、殻をむく。黄身と白身に分け、別々にタミで漉す。白身は二度漉しにする。
2．タマネギをアッシェにし、水にさらして水気をきる。コルニション、ケイパー、パセリをコンカッセにする。
3．1と2を混ぜ合わせ、ソース・マヨネーズで和える。レモン汁を加え、塩、コショウで味をととのえる。

用途・保存
魚介のフライやソテーに。サンドイッチの具材に少量加えて味のアクセントに。冷蔵で2日間保存可能。

ソース・タルタル・ル・デュック
sauce tartare "Le Duc"

【タルタルソース、"ル・デュック"風】

パリの修業先である「ル・デュック」で覚えて以来、気に入って作り続けているソース。アンチョビーやコニャックを使った濃厚でリッチな味が特徴。カルパッチョなど生魚の皿に。

材料(でき上がり約300cc)
卵黄　1個分
マスタード　8g
白ワインヴィネガー　5cc
E.V.オリーブ油　200cc
アンチョビー(フィレ)　12g
ケイパー　20粒
コルニション(※)　16g
レモン汁　少量
コニャック　少量
塩　適量
コショウ　適量
カイエンヌペッパー　ごく少量

※キュウリの酢漬け(ピクルス)

作り方

1. アンチョビー、ケイパー、コルニションを3mmほどのアッシェする。

2. ボウルに卵黄、マスタード、白ワインヴィネガーを入れ、混ぜる。E.V.オリーブ油を少しずつ加えながら、ソース・マヨネーズの要領で攪拌する。

3. 2にアンチョビー、ケイパー、コルニションを加え、しっかり混ぜる。レモン汁、コニャック、カイエンヌペッパーを加え、塩、コショウで味をととのえる。

用途・保存

ブリュノワーズに切った生の魚を和えてタルタル風にしたり、カルパッチョのソースのベースに。泡立てた生クリームを加えると、口当たりが軽くなる。冷蔵で3日間ほど保存可能。

ソース・レムラード
sauce rémoulade

【レムラードソース】

ソース・マヨネーズに、細かくきざんだコルニションやケイパー、マスタード、ハーブ類を加えたものがソース・レムラード。シャープな酸味と塩気があり、キリッとした味わい。

材料(でき上がり約300cc)
ソース・マヨネーズ(→116頁)　250cc
アンチョビーペースト(市販)　10g
マスタード　35g
コルニション　25g
ケイパー　20g
イタリアンパセリ　10g
セルフイユ　10g
エストラゴン　5g
レモン汁　少量
塩　適量
コショウ　適量

作り方
1. コルニションとケイパーを2mm程度のアッシェに、イタリアンパセリ、セルフイユ、エストラゴンの葉はシズレにする。
2. ソース・マヨネーズにアンチョビーペーストとマスタードを加え、混ぜ合わせる。コルニションとケイパー、ハーブ類も加え混ぜ、レモン汁、塩、コショウで味をととのえる。

用途・保存
牛肉や馬肉のカルパッチョ、スモークサーモン、カツオの叩きなどのソースに。ゆでたホウレン草などの野菜にも合う。冷蔵で3日間ほど保存可能。

サウザン・アイランド・ドレッシング
thousand island dressing
【サウザンアイランドドレッシング】

チリソースやトマトケチャップを加えたマヨネーズに、きざんだ野菜を混ぜ合わせた心地よい触感のソース。最近あまり作られないが、実は万人に好まれる味。

材料（でき上がり約300㏄）
ソース・マヨネーズ（→116頁）　200㏄
緑オリーブ（酢漬け）　4g
ケイパー　4g
コルニション（※）　4g
タマネギ　4g
緑ピーマン　4g
赤ピーマン　4g
セロリ　4g
スイートチリソース（※）　30g
トマトケチャップ　8g
トマトペースト　6g
リンゴ酢　10㏄
レモン汁　10㏄
パプリカ　3g
塩　適量
コショウ　適量

※キュウリの酢漬け（ピクルス）。
※タイ産の辛くて甘酸っぱいソース。

作り方
1．緑オリーブ、ケイパー、コルニション、タマネギ、ピーマン（緑・赤）、セロリを細かいアッシェにする。
2．ソース・マヨネーズに1の各材料とスイートチリソース、トマトケチャップ、トマトペースト、リンゴ酢、レモン汁、パプリカを加え、よく混ぜ合わせる。塩、コショウで味をととのえる。

用途・保存
洋食メニューや、宴会など幅広い客層が集まる席の、サラダ類のドレッシングに使用。冷蔵で2～3日間保存可能。

ソース・グリビッシュ
sauce gribiche

【グリビッシュソース】

ゆで卵を使って仕立てたマヨネーズに、コルニションやケイパー、ハーブ類で風味をつけたソース。卵黄で作るマヨネーズよりも卵の味わいが強い。豚や仔牛のテリーヌなどに。

材料（でき上がり約300cc）
ゆで卵　2個
マスタード　15g
白ワインヴィネガー　15cc
オリーブ油　120cc
コルニション　15g
ケイパー　15g
イタリアンパセリ　1g
セルフイユ　1g
エストラゴン　1g
レモン汁　少量
塩　適量
コショウ　適量

作り方
1．ゆで卵を黄身と白身に分け、別々にタミで裏漉しする。
2．コルニションとケイパーはアッシェ、イタリアンパセリ、セルフイユ、エストラゴンの葉はシズレにする。
3．ボウルに裏漉しした黄身、マスタード、白ワインヴィネガーを入れ、よく混ぜ合わせる。ここにオリーブ油を少しずつ加え、マヨネーズの要領で撹拌する。
4．3に白身と2の材料を加え、混ぜ合わせる。塩、コショウ、レモン汁で味をととのえる。

用途・保存
テート・ド・フロマージュ（豚の頭のテリーヌ）や豚ホホ肉のジュレ寄せ、サーモンなどの冷製料理に使用。冷蔵で2～3日間保存可能。

基本のソース

ソース・オランデーズ
sauce Hollandaise
【オランデーズソース】

卵黄のコクと旨みが特徴のソース・オランデーズ。絶えず混ぜながら卵に火を入れいき、なめらかに仕上げる。ブール・クラリフィエを使ってしっとりした口当たりに。

材料(でき上がり約300cc)
卵黄　2個分
水　30cc
ミニョネット(白)　少量
白ワインヴィネガー　30cc
ブール・クラリフィエ(※)　50cc
レモン汁　少量
塩　適量

※澄ましバターのこと。

1. 鍋にミニョネットと白ワインヴィネガーを入れ、弱火で煮詰める(酢の酸とえぐみをとばし、コショウの香りを抽出する)。粗熱をとる。

2. 別鍋に1と卵黄、水を入れて泡立て器で混ぜる。8の字を描くようにリズミカルにかき立て、気泡をたくさん作る。

3. かき混ぜながら火にかける。温度が上がり過ぎて焦げないように注意し、時々火からはずしながら絶えず泡立てる。作る量が少ない場合は、湯煎にかけて行なう。

4. ふんわり角が立つまで泡立ち、卵に火が入ったら、ブール・クラリフィエを少しずつ加える。ブール・クラリフィエは40℃前後に温めたものを使用。この間も絶えず混ぜる。

5. 塩で味をととのえてからシノワで漉す。よりなめらかに仕上げたい場合は布漉しする。

6. レモン汁を加えて仕上げる。ゆでたてのアスパラガスやウフ・ポシェ(ポーチ・ド・エッグ)、魚のポシェのソースに。気泡が消えてしまうので保存不可。すぐに使い切る。

ソース・ムースリーヌ
sauce mousseline

【ムースリーヌソース】

ソース・オランデーズに固めに泡立てた生クリームを加えた、なめらかなソース。きめ細かい気泡が口の中ですっと消えていき、オランデーズよりも軽やかな印象に。

材料（でき上がり約300cc）
卵黄　2個分
水　40cc
ブール・クラリフィエ　40cc
生クリーム　100cc
レモン汁　少量
塩　適量
コショウ　適量

作り方
1．鍋に卵黄と水を入れ、泡立て器でかき混ぜて気泡をつくる。これを火にかけ、卵に火を入れ、ふんわり角が立つまで絶えず混ぜる。作る量が少ない場合は湯煎にかけて行なう。
2．ブール・クラリフィエを少しずつ加えながら攪拌する。シノワで漉してソース・オランデーズとする。
3．生クリームを固めに泡立てて、粗熱をとった2に加える。塩、コショウ、レモン汁で味をととのえる。

用途・保存
ソース・オランデーズ（→126頁）と同様、ゆでた野菜やポーチ・ド・エッグ、魚のポシェに添えて。気泡が消える前にすみやかに使い切る。

ソース・サバイヨン
sauce sabayon
【サバイヨンソース】

たくさんの気泡を抱いた、ふんわり軽い温かなソース。口に入れるとすっと消え、バターの香りと卵黄のコクが残る。グラタンなどに欠かせない昔ながらのソース。

材料(でき上がり約300cc)
卵黄　2個分
水　40cc
ブール・クラリフィエ　40cc
レモン汁　少量
塩　適量
コショウ　適量

作り方
1．鍋に卵黄と水を入れ、泡立て器でかき混ぜる。8の字を描くようにリズミカルに動かし、ソース・オランデーズ(→126頁)よりもたくさんの気泡を作る。
2．火にかけ、温度が上がりすぎなように注意しながら、ふんわり角が立つまで泡立て続ける。作る量が少ない場合は湯煎にかける。
3．ブール・クラリフィエを少量ずつ加えながら攪拌する。塩、コショウ、レモン汁で味をととのえる。

用途・保存
野菜や魚介、鶏などのグラタンに使用。気泡が命なので、料理を作るたびに作り、そのつど使い切る。

ソース・サバイヨンを使って
甘鯛のロティ、パセリ風味、シャンパンソース、グリーンアスパラガス添え

甘鯛にシャンパン風味のサバイヨンのソースを組み合わせ、持ち味を引き出した一皿。ソースはエシャロットをスュエし、シャンパンとフュメ・ド・ポワソン、生クリームを煮詰め、トマトとパセリ、ソース・サバイヨンを加えて口当たりよく仕上げる。これを、ポワレ後にシャンパンでデグラッセした甘鯛にたっぷりとかけて。付合せは、下ゆでしたアスパラガスをフォン・ド・ヴォライユで軽く温めたもの。

基本のソース

ソース・ベアルネーズ
sauce béarnaise

【ベアルネーズソース】

エシャロットとエストラゴン、ヴィネガーを煮詰めたものに、卵黄とブール・クラリフィエを加えてかき立てた温製ソース。エストラゴンや酢の風味が肉や魚のグリエによく合う。

材料（でき上がり約300cc）
卵黄　4個分
水　60cc
エストラゴンのレデュクション(※)　16g
ブール・クラリフィエ　70cc
レモン汁　少量
エストラゴン　3g
セルフイユ　3g
塩　適量
コショウ　適量

※エストラゴンのレデュクション（作りやすい量）
　エストラゴンの酢漬け（市販）　25g
　エストラゴンの酢漬けの汁　65cc
　エシャロット　10g
　ミニョネット（白）　少量

1．鍋にエストラゴンの酢漬け、酢漬けの汁、エシャロットのアッシェ、ミニョネットを入れて弱火にかける。水分がなくなるまで煮詰め、酸をとばす。このうち16gを使用する。

2．鍋に卵黄、水、エストラゴンのレデュクションを入れる。泡立て器でリズミカルに泡立て、気泡を作る。

3．火にかけ、温度が上がりすぎないように注意しながら卵黄に火を入れる。この間、絶えずかき混ぜる。手ごたえが重くなってきたら、火が入った証拠。

4．40℃前後に温めたブール・クラリフィエを少量ずつ加えながら攪拌する。

5．塩、コショウで味をととのえ、レモン汁を加える。エストラゴンとセルフイユのシズレを加える。

6．ハーブが全体に行き渡るように混ぜたら完成。鶏や牛肉、魚のポワレやグリエのソースに。作った当日中に使い切る。

ソース・ベアルネーズを使って

仔ウサギのステーキ、ベアルネーズソース、ポム・マキシムと小さなサラダ

Steak de lapin à la sauce béarnaise, pommes maxims et une petite salade

脂が少なく、淡白なウサギの肉には、ソース・ベアルネーズのようななめらかでコクがあるソースがよく合う。シンプルだが、そのぶんウサギとソース、両方のおいしさを堪能できる一皿。ウサギは、背肉の皮とスジを除き、ピーナッツ油とバターで表面をリソレする。火が入りやすいので早めに引き上げ、充分に休ませておく。骨付きの背肉もピーナッツ油とバターでリソレし、一部にマスタードをぬってパセリやニンニクを混ぜたパン粉をふって焼く。腎臓もリソレしておく。これらを皿に盛り合わせ、背肉にはソース・ベアルネーズを、腎臓にはシブレット、ラディッシュ、ゴマ油を添える。付合せは薄い丸型に切ったジャガイモをブール・クラリフィエにくぐらせ、オーブンで焼いたものと、クレソンやセルフイユを混ぜたベビーリーフのサラダ。サラダには、クルミ油のソース・ヴィネグレット（→94頁）をからめている。

ソース・ベアルネーズ・オ・キュリー
sauce béarnaise au curry
【カレー風味のベアルネーズソース】

カレー粉を加えて風味をつけたソース・ベアルネーズ。カレーは、香りが食欲を増すだけでなく、魚介のクセなどを和らげる効果もある。相性のよいエビや魚料理に添えて。

材料(でき上がり約300cc)
卵黄　4個
水　60cc
エストラゴンのレデュクション(※)　16g
ブール・クラリフィエ　60cc
カレー粉　5g
レモン汁　少量
塩　適量
コショウ　適量
エストラゴン　3g
セルフイユ　3g

※エストラゴンのレデュクション(作りやすい量)
- エストラゴンの酢漬け(市販)　25g
- エストラゴンの酢漬けの汁　65cc
- エシャロット　10g
- ミニョネット(白)　少量

作り方
1. エストラゴンのレデュクションを作る。鍋にエストラゴンの酢漬け、酢漬けの汁、エシャロットのアッシェ、ミニョネットを入れて弱火にかける。水分がなくなるまで煮詰め、酸をとばす。でき上がったうち、16gを使用する。
2. 別鍋に卵黄、水、エストラゴンのレデュクションを入れ、泡立て器で全体を混ぜてなじませる。
3. 火にかけ、温度が上がりすぎないように注意しながら卵黄に火を入れる。この間、絶えずかき立てる。
4. 40℃前後に温めたブール・クラリフィエを少量ずつ加えながら撹拌する。
5. カレー粉を加え、塩、コショウで味をととのえ、レモン汁を加える。エストラゴンとセルフイユのシズレを加え、混ぜ合わせる。

用途・保存
カレー風味と相性のよい、魚介のフライやエビ類のポワレに添えて。気泡が消えてしまうので、すみやかに使い切る。

ソース・ショロン
sauce Choron

【ショロン風ソース】

トマトペーストを加えた、爽やかな酸味のソース・ベアルネーズ。ポール・ボキューズ氏のスペシャリテ「スズキのパイ包み」のソースで知られる。生のトマトを添えてもよい。

材料(でき上がり約300cc)

卵黄　4個分
水　60cc
エストラゴンのレデュクション(※)　16g
ブール・クラリフィエ　60cc
トマトペースト　30g
レモン汁　少量
塩　適量
コショウ　適量
エストラゴン　3g
セルフイユ　3g

※エストラゴンのレデュクション(作りやすい量)
- エストラゴンの酢漬け(市販)　25g
- エストラゴンの酢漬けの汁　65cc
- エシャロット　10g
- ミニョネット(白)　少量

作り方

1．エストラゴンのレデュクションを作る。鍋にエストラゴンの酢漬け、酢漬けの汁、エシャロットのアッシェ、ミニョネットを入れて弱火にかける。水分がなくなるまで煮詰め、酸をとばす。でき上がったうち、16gを使用する。

2．別鍋に卵黄、水、エストラゴンのレデュクションを入れ、泡立て器で全体を混ぜてなじませる。

3．火にかけ、温度が上がりすぎないように注意しながら卵黄に火を入れる。この間、絶えずかき立てる。

4．40℃前後に温めたブール・クラリフィエを少量ずつ加えながら、攪拌する。

5．トマトペーストを加え、塩、コショウで味をととのえ、レモン汁を加える。エストラゴンとセルフイユのシズレを加え、混ぜ合わせる。

用途・保存

魚のパイ包み焼きや、牛肉や豚肉のグリエのソースに。気泡が消えてしまうので、すみやかに使い切る。

ジュレとショーフロワ
Gelées et Sauces chaud-froid

ジュレ・ド・オマール
gelée de homard

【オマールのジュレ】

フォン・ド・オマールをクラリフィエし、ゼラチンで寄せたジュレは、オマールの香りと甘みをクリアーに感じる。卵白にしっかり火を入れ、ジュを充分に澄ませる点がポイント。

材料（でき上がり約1ℓ）
フォン・ド・オマール（→46頁）　1.4ℓ
ニンジン　12g
ポワロー　12g
セロリ　6g
シャンピニョン・ド・パリ　12g
パセリの軸　6g
卵白　1個分
板ゼラチン　10～12g
オリーブ油　少量

作り方
1. ニンジン、ポワロー、セロリ、シャンピニョン・ド・パリ、パセリの軸をすべてブリュノワーズに切る。
2. 鍋に少量のオリーブ油を引き、1の野菜をスュエする。少量のフォン・ド・オマールを加え、6分程度に泡立てた卵白も加えてよく混ぜる。
3. 別鍋に残りのフォン・ド・オマールを注ぎ、2を加えて強火にかける。沸いてきたら弱火にし、卵白がアクを吸着して浮いてきたら、レードルで中央に穴（直径6～7cm）を開ける。そのまま10分間ほど煮出す。途中で水でふやかしたゼラチンを加え、軽く混ぜる。
4. シノワに布を敷き、濁らないように少しずつ漉す。表面の脂をペーパータオルなどで取り除く。氷水などにあてて粗熱をとり、冷却する。

用途・保存
甲殻類を使った前菜や、オマールのテリーヌに添える。
冷蔵で2～3日間保存可能。

ジュレ・ド・ラングスティーヌ
gelée de langoustine

【赤座エビのジュレ】

フォン・ド・ラングスティーヌを卵白でクラリフィエしたジュレ。オマールのジュレよりも甘みが強く、ラングスティーヌの香りが口いっぱいに鮮烈に広がる。

材料(でき上がり約1ℓ)
フォン・ド・ラングスティーヌ(→49頁) 1.4ℓ
ニンジン 12g
ポワロー 12g
セロリ 6g
シャンピニョン・ド・パリ 12g
パセリの軸 6g
卵白 1個分
板ゼラチン 10〜12g
オリーブ油 少量

作り方

1. ニンジン、ポワロー、セロリ、シャンピニョン・ド・パリ、パセリの軸をすべてブリュノワーズに切る。

2. 鍋に少量のオリーブ油を引き、1の野菜をスュエする。少量のフォン・ド・ラングスティーヌを加え、6分程度に泡立てた卵白も加えてよく混ぜる。

3. 別鍋に残りのフォン・ド・ラングスティーヌを注ぎ、2を加えて強火にかける。沸いてきたら弱火にし、卵白がアクを吸着して浮いてきたら、レードルで中央に穴(直径6〜7cm)を開ける。10分間ほど煮出す。途中で水でふやかしたゼラチンを加え、軽く混ぜる。

4. シノワに布を敷き、濁らないように少しずつ漉す。表面の脂をペーパータオルなどで取り除く。氷水などにあてて粗熱をとり、冷却する。

用途・保存
甲殻類を使った前菜や、ラングスティーヌのテリーヌに添える。冷蔵で2〜3日間保存可能。

ジュレ・ド・ピジョン
gelée de pigeon
【ハトのジュレ】

ハトの力強さを引き出すため、甘みの強いポワローは使わず、アニスの香りを添えてクラリフィエしたジュレ。フォン自体にゼラチンを含むので、板ゼラチンの量は控えめに。

材料（でき上がり約1ℓ）
フォン・ド・ピジョン（→33頁）　1.2ℓ
ニンジン　10g
セロリ　5g
シャンピニオン・ド・パリ　10g
パセリの軸　5g
スターアニス（八角）　1個
卵白　1個分
板ゼラチン　7g
オリーブ油　少量

作り方
1．ニンジン、セロリ、シャンピニオン・ド・パリ、パセリの軸をすべてブリュノワーズに切る。
2．鍋に少量のオリーブ油を引き、1の野菜をスュエする。少量のフォン・ド・ピジョンを加え、6分立て程度に泡立てた卵白も加えてよく混ぜる。
3．別鍋にフォン・ド・ピジョンを注ぎ、2を加えて強火にかける。沸き始めたら弱火にし、卵白がアクを吸着して浮いてきたら、レードルで中央に穴（直径6～7㎝）を開ける。そのまま10分間ほど煮出す。
4．シノワに布を敷き、濁らないように少しずつ漉す。漉した液体にスターアニスを入れ、そのまま冷まして香りを移す。
5．水でふやかしたゼラチンを加え、いったん沸かす。布を敷いたシノワで少しずつ漉し、表面の脂をペーパータオルなどで取り除く。氷水などにあてて粗熱をとってから冷却する。

用途・保存
ハトを使った前菜や、テリーヌ、パテに添える。冷蔵で2～3日間保存可能。

ジュレ・ド・カナール
gelée de canard

【鴨のジュレ】

フォン・ド・カナールを卵白でクラリフィエしたジュレは、まろやかな香り。口の中ですっと溶けるが鴨の旨みは強い。鴨のテリーヌやパテをはじめ、さまざまな冷製料理に添えて。

材料(でき上がり約1ℓ)
フォン・ド・カナール(→30頁)　1.2ℓ
ニンジン　10g
ポワロー　10g
セロリ　5g
シャンピニョン・ド・パリ　10g
パセリの軸　5g
卵白　1個分
板ゼラチン　7g
オリーブ油　少量

作り方
1. ニンジン、ポワロー、セロリ、シャンピニョン・ド・パリ、パセリの軸をすべてブリュノワーズに切る。
2. 鍋に少量のオリーブ油を引き、1の野菜をスュエする。少量のフォン・ド・カナールを加え、6分立て程度に泡立てた卵白も加えてよく混ぜる。
3. 別鍋に残りのフォン・ド・カナールを注ぎ、2を加えて強火にかける。沸き始めたら弱火にし、卵白がアクを吸着して浮いてきたら、レードルで中央に穴(直径6～7cm)を開ける。そのまま10分間ほど煮出す。途中で水でふやかしたゼラチンを加え、軽く混ぜる。
4. 布を敷いたシノワで少しずつ漉し、表面の脂をペーパータオルなどで取り除く。氷水などにあてて粗熱をとり、冷却する。

用途・保存
鴨を使った前菜や、鴨のテリーヌやパテに添える。冷蔵で2～3日間保存可能。

ジュレ・ド・フォワグラ
gelée de foie gras
【フォワグラのジュレ】

フォワグラの凝縮した風味と牛スジ肉の香ばしさを持ったジュレ。ジュレは口ですっと溶けるが、旨みの余韻が残る。テリーヌなどフォワグラのオードヴルに添えて。

材料(でき上がり約1ℓ)
牛スジ肉　400g
フォワグラ　80g
フォン・ド・ヴォライユ(→28頁)　2ℓ
コニャック　15cc
マデラ酒　15cc
グラニュー糖　5g
キャトル・エピス　少量
粗塩　適量
ミニョネット(黒)　少量
卵白　1個分
板ゼラチン　7g
ピーナッツ油　適量

作り方
1．牛スジ肉とフォワグラをそれぞれ約3cmのぶつ切りにする。
2．フライパンにピーナッツ油を引き、牛スジ肉の表面に焼き色をつける。ザルにあけてデグレッセする。
3．鍋にフォワグラ、牛スジ肉、フォン・ド・ヴォライユ、コニャック、マデラ酒、グラニュー糖、キャトル・エピス、粗塩、ミニョネットを入れ、弱火で1時間半ほど煮出す。シノワで漉す。
4．別鍋に3の液体と6分立てにした卵白を入れ、強火にかける。沸き始めたら弱火にし、卵白がアクを吸着して浮いてきたら、レードルで中央に穴(直径6～7cm)を開けてクラリフィエする。そのまま10分間煮出す。
5．水でふやかしたゼラチンを加え、軽く混ぜる。布を敷いたシノワで少しずつ漉し、表面の脂をペーパータオルなどで取り除く。氷水などにあてて粗熱をとってから冷却する。

用途・保存
テリーヌをはじめ、フォワグラを使った前菜に。また、ジュレベースのショーフロワ(→140頁)のベースに。冷蔵で2～3日間保存可能。

ジュレ・ド・フォワグラを使って

フォワグラのテリーヌ、マーブル仕立て、ジュレと春野菜のマリネ添え

Terrine de foie gras marbrée et sa gelée,
légumes de printemps marinés

塩、砂糖、キャトル・エピス、シェリー酒、コニャック、ポルト酒などで一晩マリネしたフォワグラに、細かくきざんだトリュフをまぶしつけ、切った時に断面がマーブル模様になるように型に詰め、重しをしてテリーヌに。適宜の厚さに切り出し、皿に盛る。テリーヌだけでは濃厚すぎるので、フルール・ド・セルと黒コショウのミニョネット、ジュレ・ド・フォワグラを添えて。ジュレのつるりとした口当たりとすっと消える口どけ、そして複雑な旨みは、テリーヌを食べ飽きさせない。付合せは、野菜の軽いマリネ。姫ニンジン、アスパラガス、菜の花などをさっとブランシールし、リンゴ酢と白ワインベースのマリネ液に浸けている。チャツネとトマトのチップ、セルフイユを添えて。

ソース・ショー・フロワ・ブリュヌ
sauce chaud-froid brune

【ジュレベースのショーフロワ】

熱く(chaud)調理してから冷まして(froid)作る、クラシックなソース。ここではポルト酒をベースにジュレでとろみをつけた。鶏やフォワグラにコーティングして提供する。

材料（でき上がり約300cc）
ポルト酒（ルビー）　800cc
ジュレ・ド・フォワグラ（→138頁）　100cc
ハチミツ（アカシア）　6g
板ゼラチン　6g
塩　適量
コショウ　適量

作り方
1．ポルト酒を弱火にかけ、200ccになるまで煮詰める。強火で沸かすとでき上がりが白く濁るので注意。
2．1にジュレ・ド・フォワグラとハチミツ、水でふやかしたゼラチンを加え、いったん沸かす。沸いたら火を止め、塩、コショウで味をととのえる。
3．シノワで漉す。表面の脂をペーパータオルなどで取り除き、使いやすい温度や状態に冷ます。

用途・保存
フォワグラや鴨、ハトなどで仕立てるショーフロワのソースに。基本的に作った当日中に使い切るが、冷蔵で2日間保存可能。

ソース・ショー・フロワ・ブランシュ
sauce chaud-froid blanche
【ヴルーテベースのショーフロワ】

フォンにルゥでとろみをつけたヴルーテベースのショーフロワ。トマトペーストを加え、色みをプラスしている。使う料理に合わせて、フォンの種類を使い分ける。

材料（でき上がり約300cc）
フォン・ド・ラングスティーヌ（→49頁）　200cc
薄力粉　20g
生クリーム　140cc
トマトペースト　3g
板ゼラチン　3g
コニャック　少量
塩　少量
コショウ　少量
バター　20g

作り方
1．鍋にバターを入れて溶かし、薄力粉を加える。色づかないように弱火で炒め、粉気をとばす。
2．フォン・ド・ラングスティーヌを少しずつ加え、混ぜて薄力粉となじませていく。生クリーム、トマトペースト、水でふやかしたゼラチンを加え、沸かす。仕上げにコニャックをふり、塩、コショウで味をととのえる。
3．シノワで漉し、用途に応じて使いやすい温度や状態に冷ます。

用途・保存
白身魚や甲殻類の冷製料理に。基本的に作った当日中に使い切るが、冷蔵で2日間保存可能。

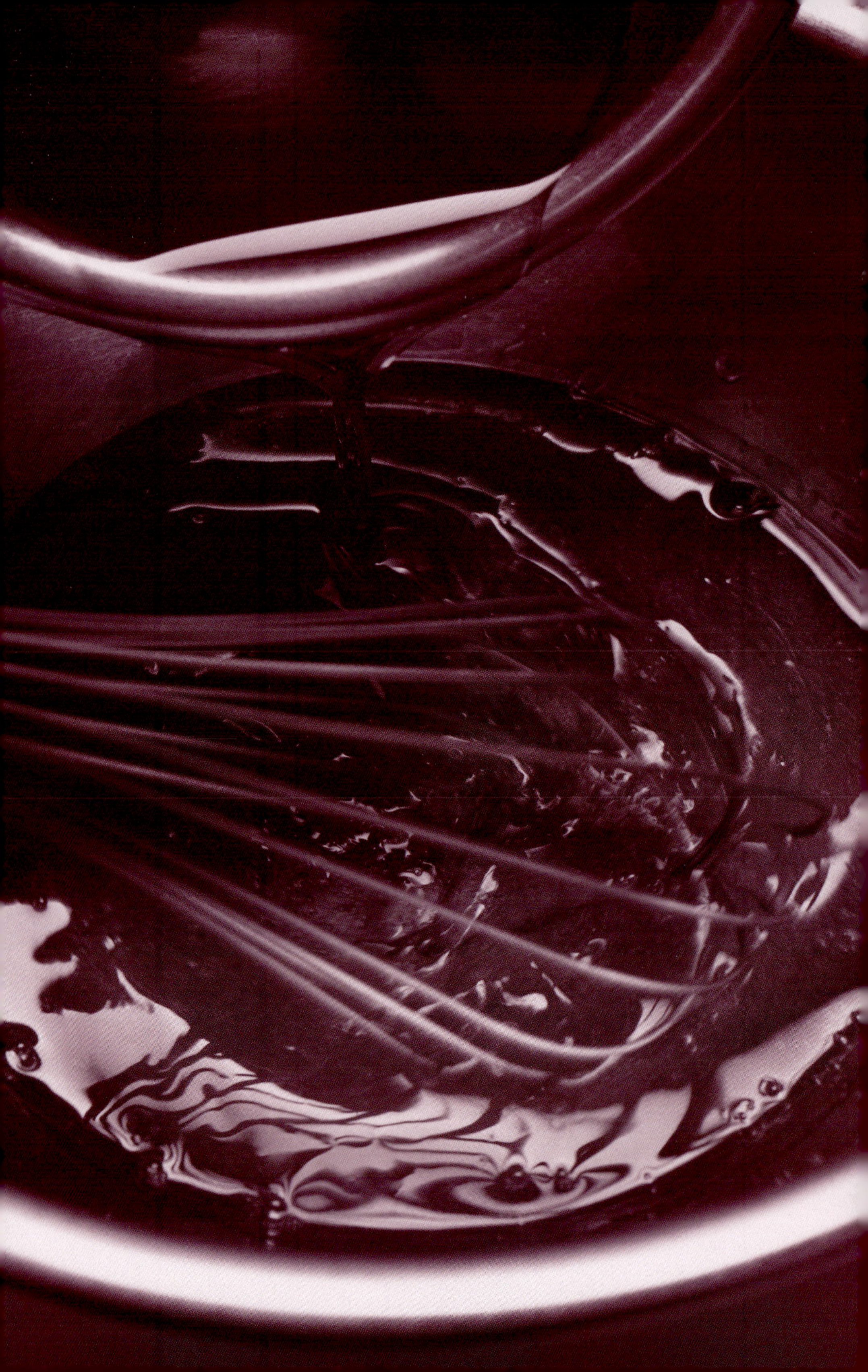

バターのソースとブール・コンポゼ
Sauces au beurre et Beurres composés

> 基本のソース

ソース・ブール・ブラン
sauce beurre blanc

【白ワインのバターソース】

白身魚や貝類の料理に用いる、温かいソース。たっぷり加えたバターのコクと、ワインヴィネガーで煮詰めたエシャロットの酸味が特徴。充分に乳化させてなめらかな触感に。

材料(でき上がり約300cc)
エシャロット　80g
白ワインヴィネガー　50cc
白ワイン　80cc
ミニョネット(白)　少量
バター　280g
塩　少量
水　適量

1. エシャロットのアッシェ、白ワインヴィネガー、白ワイン、ミニョネットを鍋に入れ、弱火にかける。1/6量になるまでゆっくり煮詰める。

2. アクが出てきたら軽くすくい、エシャロットが鍋肌についたら落とす。アクは必ずしも出るわけではない。

3. 煮詰め終えた状態。アルコールやヴィネガーの酸がとび、エシャロットの香りや甘みが出てくる。

4. 鍋を火からはずし、泡立て器で混ぜながら、バターを少しずつ加えていく。バターは冷蔵庫から取り出し、少しだけ室温においたものが使いやすい。

5. 次第にソースにバターの香りがつき、ツヤも出てくる。濃度がつきすぎたら水を加えて調整する。

6. バターを全量加え、充分に乳化したら、塩をふって味をととのえる。火にかけていったん沸騰させる。

7. 沸いたらすぐにシノワで漉す。

8. シノワに残ったエシャロットをぎゅっと押しつぶし、旨みを抽出しきる。

9. ソース・ブール・ブランの完成。バターが分離するので保存不可。使うたびに作り、すぐに使いきる。

ソース・ブール・ブランを使って

天然鯛のポシェ、キャヴィア添え、ソース・ブール・ブラン

Filet de dorade poché,
sauce beurre blanc au caviar

天然の鯛をシンプルに調理し、そのおいしさをストレートに味わう一品。鯛はフィレにおろして皮を引き、塩、コショウをする。そして、クール・ブイヨン(→53頁)でポシェし、身をふっくらと仕上げる。この鯛に合わせるのは、バターをたっぷり使ったソース・ブール・ブラン。バターのコクとなめらかさが、淡白な身をしっとりと食べさせてくれる。まさに、ブール・ブランの持ち味が存分に感じられる仕立てである。付合せはたっぷりのキャヴィアとセルフイユ。これらは、ノーブルな皿に色合いと味のインパクトを与えてくれる。

ソース・ブール・ブラン・ア・ラ・トマト
sauce beurre blanc à la tomate
【トマト風味のバターソース】

ソース・ブール・ブランにソース・トマトを加えた、鮮やかな色と酸味が特徴のソース。魚介類の皿に幅広く使用する。仕上げに搾ったレモンが、口当たりをキリリと引き締める。

材料（でき上がり約300cc）
ソース・ブール・ブラン（→144頁）　250cc
ソース・トマト（→254頁）　50cc
塩　適量
コショウ　適量
レモン汁　少量

作り方
1．鍋にソース・ブール・ブランとソース・トマトを入れ、混ぜ合わせてから火にかける。
2．沸いたら塩、コショウで味をととのえ、シノワで漉す。少量のレモン汁を加えて仕上げる。

用途・保存
鯛、スズキ、イサキなどのポワレやグリエをはじめ、魚介料理全般に用いる。バターが分離するので保存不可。作りたてを使用する。

ソース・ブール・ブラン・オ・バジリック
sauce beurre blanc au basilic
【バジル風味のバターソース】

シャンパンヴィネガーとシャンパンで作る贅沢なブール・ブランに、バジルを加えた香り豊かなソース。白身魚などにたっぷり添え、ソースのおいしさをシンプルに味わいたい。

材料(でき上がり約300cc)
エシャロット　60g
シャンパンヴィネガー　180cc
シャンパン　240cc
生クリーム　60cc
バター（モンテ用）　150g
レモン汁　少量
塩　適量
コショウ　適量
カイエンヌペッパー　少量
バター（スュエ用）　適量
バジル　3g

作り方
1．エシャロットとバジルをアッシェにする。
2．鍋にバターを引き、エシャロットを入れてゆっくりスュエする。シャンパンヴィネガーを加え、弱火～中火で1/3量まで煮詰める。シャンパンを注ぎ、エシャロットが顔を出すくらいまで煮詰める。生クリームを加えて軽く煮る。
3．バターを少しずつ加えてモンテし、塩、コショウ、カイエンヌペッパーで味をととのえる。レモン汁を加え、エシャロットを軽くつぶしながらシノワで漉す。仕上げにバジルを加える。

用途・保存
白身魚のポシェやポワレに添える。バターが分離するので保存不可。作りたてを使用する。

ソース・オ・サフラン
sauce au safran

【サフランのソース】

ブール・ブランをベースに、サフランで鮮やかな色合いと香りを加えたソース。白ワインにはプイイ・フュッセなど鮮烈な香りのものを用いて、華やかな味のソースに仕上げる。

材料(でき上がり約300cc)
エシャロットのレデュクション　60g
- エシャロット　60g
- 白ワイン(※)　80cc
- 白ワインヴィネガー　50cc
- ミニョネット(白)　少量
- バター(スュエ用)　少量

生クリーム　50cc
サフラン　適量
バター(モンテ用)　250g
白ワイン(仕上げ用※)　40cc
レモン汁　少量
塩　適量
コショウ　適量

※白ワインはプイイ・フュッセなど、とくに香りの高いものを使用したい。

作り方

■エシャロットのレデュクションを作る

1．鍋にバターを引き、エシャロットのアッシェを加えてゆっくりスュエする。香りが出たら白ワイン、白ワインヴィネガー、ミニョネットを加え、弱火で水気がなくなるまで煮詰める。

■ソースの仕上げ

1．鍋にレデュクションを入れて火にかけ、生クリームとサフランを加え、全体を混ぜる。バターを加え、モンテする。

2．エシャロットを軽くつぶしながらシノワで漉す。塩、コショウで味をととのえ、白ワインとレモン汁を加える。

用途・保存

白身魚のポシェやポワレのソースに。バターが分離するので保存不可。作りたてを使用する(レデュクションは2〜3日保存可能)。

ソース・オ・クラム・サフラネ
sauce aux clams safranée
【サフラン風味のハマグリのソース】

ハマグリのフォンを使ったブール・ブランのソース。相性のよいノワイー酒でエシャロットを煮詰め、風味に複雑さをプラス。生クリームを加えて濃厚な旨みとのバランスをとる。

材料（でき上がり約300cc）
エシャロットのレデュクション　50g
- エシャロット　40g
- ノワイー酒（※）　80cc
- フュメ・ド・クラム（→57頁）　70cc
- サフラン　少量
- バター（スュエ用）　少量

生クリーム　100cc
バター（モンテ用）　200g
レモン汁　少量
ノワイー酒（※）　20cc
塩　少量
コショウ　少量

※ノワイー酒はヴェルモット（薬草やハーブで風味をつけたワイン）の代表銘柄「ノワイー・プラ」のこと。

作り方

■エシャロットのレデュクションを作る

1．鍋にバターを引き、エシャロットのアッシェを入れてゆっくりスュエする。充分に香りが出たらノワイー酒を加え、水分がなくなるまで弱火で煮詰める。フュメ・ド・クラムとサフランを加え、再び水分がなくなるまで煮る。

■ソースの仕上げ

1．鍋にレデュクションと生クリームを入れ、火にかけて軽く煮詰める。バターでモンテする。

2．エシャロットを軽くつぶしながらシノワで漉す。塩、コショウで味をととのえる。再度火にかけ、レモン汁とノワイー酒を加え、シノワで漉す。

用途・保存

淡白な白身魚のポワレのソースに。バターが分離するので保存不可。作りたてを使用する（レデュクションは2～3日間保存可能）。

ソース・オ・ブール・ダンショワ
sauce au beurre d'anchois

【アンチョビーバターのソース】

アンチョビーの合わせバターでモンテしたバターソース。豊かなアンチョビーの香りと、シブレットの爽やかさが特徴。魚のポワレやパイ包み焼きのソースに。

材料(でき上がり約300cc)
フュメ・ド・ポワソン(→54頁)　200cc
生クリーム　10cc
ブール・ダンショワ(→156頁)　60g
バター　180g
塩　適量
コショウ　適量
レモン汁　適量
シブレット　8g

作り方
1．鍋にフュメ・ド・ポワソンを入れ、弱火にかけて¼量まで煮詰める。生クリームを加えて軽く沸かす。
2．火からはずし、泡立て器で混ぜながらブール・ダンショワとバターを少しずつ加えていく。充分に乳化したら、火にかけてさっと沸かす。
3．塩、コショウで味をととのえ、シノワで漉す。レモン汁とシブレットのシズレを加え混ぜる。

用途・保存
魚のパイ包み焼きや白身魚のポワレのソースに。使うたびに作り、早めに使い切る。

ソース・オ・ブール・ダンショワを使って

サバのタルト、プロヴァンス風、2種のソース

*Tarte de maquereau à la provançale,
aux deux sauces*

青魚であるサバをパイ包みにし、アンチョビー風味のバターソースとソース・ヴェルト（→189頁）の二つのソースで味わう一皿。サバはフィレの皮を引き、フュメ・ド・ポワソンや白ワインでポシェしておく。フイユタージュ（パイ生地）を鉄板で挟み、色づけないように薄く焼く。これを丸く抜き、片面に魚のムースをぬり、ポシェしたサバをのせる。この上にブール・プロヴァンサル（→155頁）を散らし、ソース・トマト・ア・ラ・プロヴァンサル（→253頁）をぬってドーム状に形を整える。イタリアンパセリを貼りつけ、オーブンで香ばしく焼き上げる。焼きたてのパイにナイフを入れると、プロヴァンスの香りがふわっと立ち昇る。サバの独特の風味は、ソース・オ・ブール・ダンショワの香りとよく合う。

ブール・ド・シャンピニョン
beurre de champignons
【シャンピニョンバター】

3種類のキノコのアッシェをたっぷり混ぜ込んだバターは、そのまま肉のグリエに添えてソース代わりに。キノコは他にセープ茸、ジロール茸などをお好みで。

材料（でき上がり約300cc）

エシャロット　80g
シイタケ　100g
シャンピニョン・ド・パリ　100g
モリーユ茸（※）　80g
バター　160g
グラス・ド・ヴィアンド（→29頁）　適量
ジュ・ド・トリュフ（市販）　少量
ライム果汁　少量
塩　適量
コショウ　適量
バター（スュエ用）　20g
ピーナッツ油（スュエ用）　20cc

※モリーユ茸はできればフレッシュを使いたい。手に入らなければ、乾燥品を水でもどし、水気をきって使用する。

作り方

1. エシャロット、シイタケ、シャンピニョン・ド・パリ、モリーユ茸をそれぞれアッシェにする。バターは室温にもどし、ポマード状に柔らかくしておく。
2. 鍋にスュエ用のバターとピーナッツ油を引き、エシャロットを入れてゆっくりスュエする。
3. 香りが充分に出たらシイタケ、シャンピニョン・ド・パリ、モリーユ茸を加え、水分がなくなるまでスュエする。軽く塩、コショウで味をととのえ、室温で冷ましておく。
4. ボウルにポマード状のバターと3のキノコ類を入れ、温めて液体にもどしたグラス・ド・ヴィアンド、ジュ・ド・トリュフも加えてよく混ぜる。塩、コショウ、ライム果汁で味をととのえる。

用途・保存

肉のグリエやポワレにそのまま添える。でき上がったバターは、バットに移して表面を平らにし、冷蔵庫で冷やし固める。キノコの香りがとぶので、基本的にはすぐに使い切るが、真空包装して冷蔵すれば3日間ほど保存可能。

ブール・マルシャン・ド・ヴァン
beurre marchand de vins

【マルシャン・ド・ヴァンバター】

マルシャン・ド・ヴァンは「居酒屋」の意味で、エシャロットと赤ワインを使ったソースを指す。その名を掲げた合わせバターは、きれいな紫色と爽やかな酸味が特徴。

材料(でき上がり約500g)
エシャロット　15g
赤ワイン　900cc
グラス・ド・ヴィヤンド(→29頁)　70g
バター　450g
パセリ(※)　10g
レモン汁　30cc
塩　適量
コショウ　適量

※好みで普通のパセリ、イタリアンパセリのどちらを使っても構わない。

作り方

1. エシャロットとパセリの葉をそれぞれアッシェにする。バターを室温に置き、ポマード状にしておく。
2. 鍋にエシャロットと赤ワイン、グラス・ド・ヴィヤンドを入れて火にかける。水分がなくなるまでゆっくり煮詰め、粗熱をとる。
3. ボウルにバターと2、パセリ、レモン汁を入れて混ぜ合わせる。塩、コショウで味をととのえる。バットに移し、表面を平らにして冷蔵庫で冷やし固める。

用途・保存

牛フィレ肉やロース肉のポワレ、グリエにソース代わりに添える。基本的にすぐに使い切るが、真空包装して冷蔵すれば3日間ほど保存可能。

基本のソース

ブール・デスカルゴ
beurre d'escargots
【エスカルゴバター】

エスカルゴのブルゴーニュ風用の合わせバター。ニンニクやエシャロットの量は好みに応じて増減する。アーモンドやナッツメッグを加えてもおいしい。アワビやサザエにも合う。

材料（でき上がり約530g）
バター　1ポンド（約450g）
ニンニク　20g
エシャロット　16g
パセリ　40g
塩　適量
コショウ　適量
レモン汁　少量

1. ニンニク、エシャロット、パセリをそれぞれ2～3mmのアッシェに切る。ニンニクは必ず芯芽を取り除く。

2. バターを室温にもどしてポマード状にし、ニンニク、エシャロット、パセリを加える。

3. 木杓子でまんべんなく混ぜる。

4. 時々木杓子についたバターを落とし、混ざり具合が均一になるようにする。

5. 塩、コショウ、レモン汁を加え、混ぜる。これらは多めにふり、しっかり味を効かせたほうがおいしい。

6. バットに硫酸紙を敷き、5のバターを入れて表面を平らにする。トントンと叩いて空気を抜き、上からも硫酸紙をかぶせる。さらにラップ紙で巻いて空気が入らないようにし、冷蔵保存する（1週間保存可能）。

ブール・プロヴァンサル
beurre provençal
【プロヴァンサルバター】

ブール・デスカルゴよりも多くの種類のハーブを混ぜ込んだ、南仏風のバター。貝類やキノコ、グルヌイユなどの料理に、仕上げに加えて風味をつける。

材料(でき上がり約500g)
バター　1ポンド(約450g)
エシャロット　15g
ニンニク　1片
パセリ　13g
シブレット　3g
セルフイユ　2g
タイム　2g
レモン汁　15cc
塩、コショウ　各適量

作り方
1. バターをポマード状にし、エシャロット、ニンニク、パセリ、シブレット、セルフイユ、タイムのアッシェを混ぜる。塩、コショウ、レモン汁で調味する。
2. 硫酸紙を敷いたバットに入れ、トントンと打ちつけて空気を抜く。表面を平らにし、硫酸紙をかぶせる。

用途・保存
貝類やイカなどを炒めたり、料理の仕上げに加えて香りをつける。冷蔵で1週間、冷凍で2週間保存可能。

ブール・ド・ピストゥー
beurre de pistou
【ピストゥーバター】

松の実とバジル、オリーブ油を使ったピストゥー風の合わせバター。松の実はローストして香ばしく。もう一つくらいナッツを使うとさらにおいしくなる。パスタにも合う。

材料(でき上がり約550g)
バター　1ポンド(約450g)
松の実　35g
ニンニク　10g
バジル　25g
パセリ　10g
マスタード　5g
E.V.オリーブ油　15cc
塩　適量
コショウ　適量

作り方
1. 松の実をローストし、砕く。ニンニク、バジル、パセリを2mm程度のアッシェにする。
2. バターをポマード状にし、マスタードを加え、よく混ぜる。1と残りの材料を加え、味をととのえる。
3. 硫酸紙を敷いたバットに入れて上からもかぶせる。

用途・保存
魚のポワレやポシェ、グリエに添えて風味をつける。冷蔵で3日間、冷凍で2週間保存可能。

ブール・ダンショワ
beurre d'anchois
【アンチョビーバター】

アンチョビーを混ぜ込んだ合わせバター。魚のグリエや魚介類のパスタに風味づけに添える。汎用性を意識し、アンチョビーはおだやかに効かせて。レモンを搾ってキレをプラス。

材料（でき上がり約570g）
バター　1ポンド（約450g）
アンチョビー（フィレ）　110g
レモン汁　15cc
コショウ　適量

用途・保存
魚のグリルやポワレに添える。また、ソース・オ・ブール・ダンショワ（→150頁）のように、ソースのモンテにも。冷蔵で1週間、冷凍で2週間ほど保存可能。

作り方
1．バターを室温にもどしてポマード状にする。
2．アンチョビーの油をきり、分量の1/6程度のバターとともにフード・プロセッサーにかける。
3．2をボウルに移し、残りのバターを加えて泡立て器で混ぜ合わせる。タミで漉す。
4．レモン汁とコショウを加え、味をととのえる。
5．硫酸紙を敷いたバットに広げ、トントンと下に打ちつけて空気を抜いてから表面を平らにならす。表面にも硫酸紙をかぶせる。

ブール・デクルヴィス
beurre d'écrevisse
【エクルヴィスバター】

色が鮮やかなエクルヴィスの頭で作る合わせバター。風味づけやソースのモンテに使用。不純物を含まないブール・クラリフィエで作るため、加熱の際の油としても利用できる。

材料（でき上がり約500g）
エクルヴィスの頭　2.2kg
クール・ブイヨン（→53頁）　適量
ブール・クラリフィエ（澄ましバター）　650g
水　適量

用途・保存
グラタンの風味づけやソースのバターモンテ、エビ類を炒める際の油に使用。冷蔵で約3週間保存可能。

作り方
1．エクルヴィスの頭をクール・ブイヨンでポシェし、水気をよくきっておく。
2．1を鍋に入れ、ブール・クラリフィエを注ぐ。低温のオーブンに入れ、バターにとろみがつくまで2時間～2時間半加熱する。その間、時々かき混ぜる。
3．シノワで漉し、水を注いで冷蔵庫で冷やし固める（バターが固まり、水と分離する）。
4．分離したバターの塊を鍋に入れ、火にかける。アクを取り、布漉しする。

ブール・ド・トリュフ
beurre de truffe
【トリュフバター】

トリュフとジュ・ド・トリュフを加えた贅沢な合わせバター。ステーキに添えたり、ソースの風味づけやモンテに用いる。バターのまろやかさの後からトリュフがふわっと香る。

材料（でき上がり約520g）
バター　1ポンド（約450g）
トリュフ　50g
ジュ・ド・トリュフ（市販）　50cc
エシャロット　30g

作り方
1．トリュフとエシャロットを厚さ1mmのエマンセにする。バターを室温にもどし、ポマード状にする。
2．鍋に分量のバターの一部を溶かし、エシャロットをスュエする。トリュフとジュ・ド・トリュフを加え、水分がなくなるまで弱火で煮詰め、冷ます。
3．2とポマード状のバターを合わせ、フード・プロセッサーにかける。目の細かいタミで漉す。
4．硫酸紙を敷いたバットに広げ、トントンを打ちつけて空気を抜く。表面を平らにし、硫酸紙をかぶせる。

用途・保存
肉類のグリエやポワレに。ソースの風味づけやモンテにも使用。冷蔵で1週間、冷凍で約2週間保存可能。

ブール・ド・フォワ・ド・ジビエ
beurre de foie de gibier
【ジビエの肝入りバター】

ジビエの肝とフォワグラを使った濃厚な合わせバター。ソースの風味づけやモンテに用い、ジビエ料理に深みを与える。肝が傷みやすいので、冷凍で保存し、使う分だけを切り出す。

材料（でき上がり約1.3kg）
バター　450g
ジビエの肝（新鮮なもの※）　450g
フォワグラ　450g
※ジビエの肝はベルドローなど野鳥類のものを使用。

作り方
1．ジビエの肝とフォワグラをタミで漉す。バターは室温にもどしてポマード状にしておく。
2．ボウルに漉した肝とフォワグラ、バターを入れてよく混ぜ合わせる。円柱型にとり、ラップ紙で包んだらさらにアルミ箔で包む。冷凍し、冷やし固める。

用途・保存
野鳥類のサルミなどのソース（→209頁）に。肝は傷みやすいので必ず冷凍で保存。約1週間で使い切る。

ブール・ル・デュック
beurre "Le Duc"

【ル・デュック風バター】

修業先の「ル・デュック」で作っていた合わせバターは、バターとE.V.オリーブ油を同量ずつ合わせた軽い触感とオリーブ油の刺激が特徴。乾燥ハーブを使い、香りを強調する。

材料(でき上がり約1.35kg)
バター　1ポンド(約450g)
E.V.オリーブ油　450cc
アンチョビー(フィレ)　220g
ニンニク　160g
コニャック　30cc
パセリ　8g
タイム(フレッシュ)　8g
タイム(乾燥)　5g
オレガノ(乾燥)　5g
マジョラム(乾燥)　5g
塩　適量
コショウ　適量

作り方
1．アンチョビー、ニンニク、パセリ、タイムの葉を2mm程度のアッシェにする。
2．バターを室温にもどしてポマード状にする。E.V.オリーブ油を少しずつ加え、泡立て器で攪拌する。この作業はミキサーで行なってもよい。
3．2に1とコニャック、乾燥のタイム、オレガノ、マジョラムを加え、よく混ぜる。塩、コショウで味をととのえる。
4．硫酸紙を敷いたバットに入れ、トントンと打ちつけて空気を抜く。表面を平らにし、上からも硫酸紙をかぶせる。

用途・保存
魚介類のグラタンに添えたり、パンにぬってトーストに。パリのレストラン「ル・デュック」では、このトーストに魚のタルタルをのせで提供していた。冷蔵で3日間、冷凍で1週間保存可能。

アルコールベースのソース

Sauces à base d'alcool

ソース・ヴァン・ブラン
sauce vin blanc
【白ワインのソース】

ポシェやヴァプールなど魚介類の料理に欠かせない定番ソース。ワインの風味を全面に出すため、とろみが出るまでフュメやクリームと煮詰め、バターの量を抑えている。

材料(でき上がり約300cc)
白ワイン　300cc
エシャロット　200g
シャンピニオン・ド・パリ　200g
フュメ・ド・ポワソン(→54頁)　200cc
生クリーム　500cc
バター(モンテ用)　40g
レモン汁　少量
塩　適量
コショウ　適量
バター(スュエ用)　適量

作り方
1．エシャロットをアッシェに、シャンピニオン・ド・パリは厚さ2mmのエマンセにする。
2．鍋にバターを引き、エシャロットをスュエする。シャンピニオン・ド・パリを加えて軽く火が通ったら、白ワインを注ぎ入れる。アルコールをとばす。
3．フュメ・ド・ポワソンを加え、弱火で1/3量まで煮詰める。生クリームを加え、半量以下になり、液体にとろみがつくまでさらに煮詰める。
4．シノワで漉し、エシャロットを軽くつぶす。再度火にかけ、塩、コショウで味をととのえる。バターでモンテし、レモン汁を加えて仕上げる。

用途・保存
魚介類のポシェやヴァプールのソースに。風味がとびやすいため保存はせず、できるだけ早く使い切る。

ソース・オ・プイイ・フュメ
sauce au Pouilly-Fumé
【プイイ・フュメのソース】

プイイ・フュメは、フランス・ロワール川上流域で造られる辛口白ワイン。独特のフルーティで品のある香りが特徴。シンプルな料理に合わせ、その香りをストレートに味わいたい。

材料(でき上がり約300cc)
プイイ・フュメ　500cc
エシャロット　150g
ミニョネット(白)　適量
フュメ・ド・ポワソン(→56頁)　250cc
バター(モンテ用)　180g
レモン汁　少量
塩　適量
コショウ　適量
バター(スュエ用)　適量

作り方
1．エシャロットを厚さ2mmのエマンセにする。
2．鍋にバターを引き、エシャロットをスュエする。プイイ・フュメとミニョネットを加え、弱火で1/5量程度まで煮詰める。フュメ・ド・ポワソンを加え、さらに半量程度まで煮詰める。
3．バターでモンテする。シノワで漉し、エシャロットを軽くつぶす。再度火にかけ、塩、コショウで味をととのえる。レモン汁を加えて仕上げる。

用途・保存
魚介類のパイ包み焼きや、白身魚のポワレのソースに。風味がとびやすいので保存はせず、できるだけ早く使い切る。

ソース・オ・シャンパーニュ
sauce au Champagne
【シャンパンのソース】

サーモンやマスの風味はシャンパンと好相性。そのサーモンのアラをシャンパンで煮出し、贅沢に仕上げたソース。ぐっと煮詰めて味わいを凝縮させている。

材料(でき上がり約300cc)
サーモンのアラ　1kg
ミルポワ
├ タマネギ　100g
├ ニンジン　100g
├ ポワロー　50g
└ ニンニク(皮付き)　2片
シャンパン(辛口)　1.8ℓ
トマト　2個
パセリの軸　2本
ミニョネット(白)　少量
バター(モンテ用)　60g
粗塩　少量
塩　適量
コショウ　適量
オリーブ油　適量

※サーモンの代わりにマスを使ってもよい。

作り方

1．サーモンのアラを水洗いして汚れや血合いを落とし、10cm四方ほどに切る。タマネギ、ニンジン、ポワローは厚さ5mmのエマンセにし、トマトは湯むきして半分に切り、種を除く。ニンニクは軽くつぶす。

2．鍋にオリーブ油を引き、水気をよくきったサーモンのアラを入れ、きれいなキツネ色に焼く。

3．別鍋にオリーブ油とニンニクを入れ、香りが出てきたら残りのミルポワを入れてスュエする。2のアラを加え、全体を混ぜる。

4．シャンパンを注ぎ、トマト、パセリの軸、ミニョネット、粗塩を加える。弱火にし、アクを取りながら20分間ほど煮る。

5．シノワで漉し、液体を鍋に移して250ccくらいになるまで煮詰める。バターでモンテし、塩、コショウで味をととのえる。

用途・保存
サーモンやマスのポワレのソースに。風味がとびやすいので保存不可。使うたびに作り、早めに使い切る。

ソース・オ・ソーテルヌ
sauce au Sauternes

【ソーテルヌのソース】

ソーテルヌはフランス・ボルドー地方の甘口の白ワイン。フルーティで華やかな香りを生かすため、ミルポワを加えず、フュメと煮詰めてシンプルなソースに仕上げた。

材料（でき上がり約300cc）
ソーテルヌ　170cc
白ワイン　100cc
フュメ・ド・クラム（→57頁）　100cc
サフラン　少量
バター（モンテ用）　130g
レモン汁　1/3個分
塩　少量
コショウ　少量

作り方
1. 鍋にソーテルヌと白ワインを入れ、弱火にかけてアルコールをとばす。そのまま煮詰め、半量ほどになったら、フュメ・ド・クラムを加えて軽く煮詰める。
2. サフランを加え、バターでモンテする。塩、コショウで味をととのえ、レモン汁を加える。シノワで漉す。

用途・保存
ホタテやアワビ、エビ類のソテーやグリエのソースに。風味がとびやすいので保存はせず、できるだけ早く使い切る。

ソース・オ・ノワイー
sauce au Noilly

【ノワイー酒のソース】

食前酒やカクテルでおなじみのノワイー酒(ヴェルモット)を使ったソース。独特の薬草の香りは、煮詰めることで甘みを増し、ソースに穏やかな複雑みを与えてくれる。

材料(でき上がり約300cc)

ノワイー酒(※)　140cc
エシャロット　60g
フュメ・ド・ポワソン(→54頁)　100cc
生クリーム　300cc
バター(モンテ用)　15g
レモン汁　少量
塩　適量
コショウ　適量
バター(シュエ用)　適量

※ノワイー酒はヴェルモット(薬草やハーブで風味をつけたワイン)の代表銘柄「ノワイー・プラ」のこと。

作り方

1. エシャロットをミジンにする。
2. 鍋にバターを引き、エシャロットをシュエする。ノワイー酒を加え、弱火〜中火で水分がなくなるまで煮詰める。
3. フュメ・ド・ポワソンを注ぎ、さらに半量程度まで煮詰める。生クリームを加え、軽く煮詰める。
4. シノワで漉し、エシャロットを軽くつぶす。バターを加えてモンテし、再度火にかけて塩、コショウで味をととのえる。レモン汁を加えて仕上げる。

用途・保存

魚のクネルや白身魚のポシェ、スフレなどのソースに。風味がとびやすいので保存はせず、できるだけ早く使い切る。

ソース・ア・ランティボワーズ
sauce à l'antiboise
【アンティボワーズ地方のソース】

アンティボワーズは南仏・プロヴァンスの港町。この名のソースは、トマトやバジルを加えた爽やかな酸味が特徴だ。バターとオリーブ油でモンテするため、口当たりはサラサラ。

材料（でき上がり約300cc）
ノワイー酒　500cc
ミニョネット（白）　少量
トマト　60g
E.V.オリーブ油　25cc
バルサミコ酢　25cc
バター　30g
塩　適量
トリュフ　5g
バジル　1g
シブレット　1g

作り方
1．トマトを湯むきして種を取り除き、コンカッセにする。トリュフ、バジル、シブレットの葉はそれぞれアッシェにする。
2．鍋にノワイー酒を入れ、やや強めの火にかけてアルコールをとばす。ミニョネットを加え、中火に落として1/3量程度まで煮詰める。
3．2にトマト、E.V.オリーブ油、バルサミコ酢を加え、沸いたらバターを加えてモンテする。塩で味をととのえる。
4．火を止め、トリュフ、バジル、シブレットのアッシェを加える。

用途・保存
白身魚のグリエをはじめ、魚介料理のソースに広く使用。風味がとびやすいので、保存せず、できるだけ早く使い切る。

ソース・アグリューム
sauce agrumes
【柑橘類のソース】

ノワイー酒とフュメのベースに、柑橘の果汁を加えたソース。爽やかな酸味は甘みのある甲殻類の料理によく合う。バターを多めに加えてまろやかな仕上がりに。

材料（でき上がり約300cc）

ノワイー酒（※）　300cc
エシャロット　50g
コリアンダーシード（※）　少量
オレンジ果汁　180cc
グレープフルーツ果汁　50cc
フュメ・ド・ポワソン（→56頁）　80cc
フュメ・ド・クラム（→57頁）　40cc
バター　150g
塩　適量
コショウ　適量
コリアンダー（フレッシュ）　1g
ミント　1g
セルフイユ　1g

※ノワイー酒はヴェルモット（薬草やハーブで風味をつけたワイン）代表銘柄「ノワイー・プラ」のこと。
※コリアンダー（香菜）の種子を乾燥させたスパイス。甘く爽やかな香り。

作り方

1. エシャロットをアッシェにし、コリアンダーシードは軽く砕く。コリアンダー、ミント、セルフイユの葉はそれぞれアッシェにする。
2. 鍋にエシャロット、コリアンダーシード、ノワイー酒を入れ、弱火にかけて煮詰める。半量程度まで煮詰まったら、オレンジとグレープフルーツの果汁を加え、半量近くまで煮詰める。フュメ・ド・ポワソンとフュメ・ド・クラムを加え、さらに半量程度まで煮詰める。
3. シノワで漉し、エシャロットを軽くつぶす。再度火にかけ、塩、コショウで味をととのえる。バターを加えてモンテする。
4. 火を止め、コリアンダー、ミント、セルフイユの葉を加える。

用途・保存

オマール、伊勢エビ、車エビなどのポワレをはじめ、甲殻類の料理に使用。風味がとびやすいので、保存はせず、できるだけ早く使い切る。

ソース・クレーム・オ・シードル
sauce crème au cidre
【シードル風味のクリームソース】

ノルマンディの名産であるシードルを使った魚用のソース。途中ですりおろしたリンゴも加えて、フルーティな甘酸っぱさをプラス。アンコウなど旨みのある魚に合わせたい。

材料(でき上がり約300cc)
シャンピニョン・ド・パリ　120g
エシャロット　120g
シードル(辛口※)　400cc
ノワイー酒　200cc
シードルヴィネガー(※)　50cc
フュメ・ド・ポワソン(→54頁※)　800cc
リンゴ　1個
生クリーム　80cc
バター(モンテ用)　適量
レモン汁　少量
塩　適量
コショウ　適量
オリーブ油　適量

※シードルはリンゴ果汁を発酵させて作る発泡性の酒。フランス・ノルマンディの特産で辛口と甘口がある。
※シードルヴィネガーはシードル風味のヴィネガーのこと。
※フュメ・ド・ポワソンの代わりにフュメ・ド・クラムを使ってもよい。

作り方
1. シャンピニョン・ド・パリとエシャロットを厚さ2mmのエマンセにする。リンゴはすりおろす。
2. 鍋にオリーブ油を引き、シャンピニョン・ド・パリとエシャロットを入れてスュエする。シードル、ノワイー酒、シードルヴィネガーを注ぎ、弱火で1/3量まで煮詰める。
3. フュメ・ド・ポワソンを加え、いったん沸騰させてアクを取り除く。弱火にし、リンゴのすりおろしを加えて半量まで煮詰める。
4. シノワで漉す。液体を再度火にかけ、アクを取りながら軽く煮詰める。生クリームを加え、さらに半量ほど煮詰めてシノワで漉す。
5. バターでモンテし、塩、コショウで味をととのえる。レモン汁を加える。

用途・保存
アンコウやヒラメ、的鯛、ホタテなどのソテーやポワレに。風味がとびやすいので保存不可。使うたびに作り、早めに使い切る。

基本のソース

ソース・ボルドレーズ
sauce Bordelaise

【ボルドーの赤ワインソース】

フランス料理の代表的なソース。エシャロットをスュエして充分に風味を引き出す、しっかり煮詰めて赤ワインの旨みを凝縮する、など各プロセスをていねいに行なうことが大切。

材料（でき上がり約300cc）
エシャロット　200g
赤ワイン　1.5ℓ
フォン・ド・ヴォー（→24頁）　360cc
ブーケ・ガルニ　1束
バター（スュエ用）　30g
バター（モンテ用）　30g
塩　適量
コショウ　適量

1． 赤ワインはボルドーを使用。1本でも状態の悪いものが混じるとソースが台無しになるので、必ず1本ずつ味を確認してから使う。

2． 赤ワインを銅鍋に入れ、中火〜強火にかけてアルコールをとばす。この作業はあらかじめ行ない、冷ましておいてもよい。

3． エシャロットをシズレに切る。鍋にバターを溶かし、エシャロットを入れて弱火でゆっくりとスュエする。

4． エシャロットが透き通り、甘い香りが出てきたら赤ワインを注ぐ。

5． 弱火にかけて沸騰させる。アクが出てきたら取り除く。

6． ブーケ・ガルニを入れ、ミジョテ（液体の表面がわずかにポコポコと沸く程度）の状態でゆっくり煮詰める。この間、鍋肌についたエシャロットは随時落とし、こびりついたワインは焦げの原因になるので拭き取る。

7．1時間20分後の状態。水分がほとんどなくなるまで煮詰める。

8．フォン・ド・ヴォーを軽く温めて、注ぎ入れる。いったん沸騰させ、アクが出てきたら取り除く。

9．沸騰したら弱火にし、半量くらいになるまで30分間ほど煮詰める。

10．旨みや風味を出しきるように、エシャロットをつぶしながらシノワで漉す。シノワの外側に残った液体もしっかり落とす。

11．ソース・ボルドレーズのベースの完成。すぐに使わない場合は、そのまま冷蔵し、注文が入るたびにソース・モワル（骨髄のソース）などさまざまなソースに派生させる（ベースは冷蔵で3日間保存可能）。

12．ソースの仕上げ（シンプルに仕上げる例）。ソース・ボルドレーズを鍋に入れて火にかける。沸いたらバターを入れ、泡立て器でよく混ぜてモンテする。

13．塩、コショウで味をととのえ、シノワで漉す。このソースは牛フィレやロース肉のポワレ、グリエに添える。バターでモンテしたソースは保存不可。すぐに使うこと。

ソース・ボルドレーズを使って

牛フィレ肉のポワレ、ボルドレーズソース、
ブロッコリー入りポテトのピュレとクミン風味の人参添え

Filet de bœuf poêlé à la sauce Bordelaise,
purée de pommes de terre et de brocoli au fenouil, carotte au cumin

旨みが詰まった贅沢なソース・ボルドレーズは、シンプルな料理に添えてそのおいしさを存分に堪能したい。そこでバターで軽くモンテし、牛フィレ肉のグリエにたっぷり添えて、王道の組合せの一皿に仕立てた。付合せも、定番のものばかり。ニンジンはハチミツと砂糖でグラッセにし、クミンの香りをまとわせて。ジャガイモのピュレはブロッコリーを混ぜ、ワサビとフェンネルシードを加えて爽やかに仕立てた。グリーンアスパラガスはベーコンで巻き、パルミジャーノチーズを混ぜたベニエ生地にくぐらせ、サクッとした触感に揚げる。これらを盛り合わせ、フィレ肉にフルール・ド・セルとミニョネット、クレソンを添えて提供する。

ソース・マデール
sauce madère

【マデラ酒のソース】

クラシックなレシピではドゥミ・グラスを使用するが、ここではフォン・ド・ヴォーで重さを和らげる。タマネギとニンジンで甘みを補強。しっかり煮詰めてツヤのある仕上がりに。

材料（でき上がり約300cc）
マデラ酒　200cc
タマネギ　80g
ニンジン　50g
フォン・ド・ヴォー（→24頁）　1ℓ
ブーケ・ガルニ　1束
バター（モンテ用）　10g
塩　適量
コショウ　適量
バター（スュエ用）　少量

作り方
1．タマネギとニンジンをそれぞれアッシェにする。
2．鍋にバターを引き、タマネギとニンジンをスュエする。マデラ酒を加え、弱火にして水分がなくなるまで煮詰める。
3．フォン・ド・ヴォーを注いでいったん沸かす。アクを取り除き、ブーケ・ガルニを加えて弱火で1/3量強まで煮詰める。この間、アクが出たら随時取る。
4．シノワで漉し、バターを加えてモンテする。再度火にかけ、塩、コショウで味をととのえる。

用途・保存
牛や仔牛のフィレ肉のグリエやポワレのソースに。風味がとびやすいので、作ったらなるべく早く使い切るのが基本。ただし、バターをモンテする前の状態ならば、真空包装で2～3日間冷蔵保存可能。

ソース・オ・トリュフ
sauce aux truffes
【トリュフ風味のソース】

トリュフの風味を加えたソース・マデール。トリュフはバターでスュエして香りを充分に立たせてからソースと合わせる。仕上げにジュ・ド・トリュフも加えて香り高く。

材料（でき上がり約300cc）
トリュフ　50g
コニャック　10cc
マデラ酒　10cc
ソース・マデール（→171頁）　250cc
ジュ・ド・トリュフ（市販）　15cc
バター（モンテ用）　15g
塩　少量
コショウ　少量
バター（スュエ用）　少量

作り方
1．鍋にバターを引き、2mm角のブリュノワーズにしたトリュフを加えてスュエする。香りが立ってきたらコニャックでフランベし、マデラ酒を加えてアルコールをとばす。
2．ソース・マデールとジュ・ド・トリュフを加え、軽く火を通す。
3．バターを加えてモンテし、塩、コショウで味をととのえる。

用途・保存
主に牛肉のポワレのソースに使用。トリュフの香りがとびやすいので保存はせず、早めに使い切る。

ソース・ア・ラ・ムータルド
sauce à la moutarde

【マスタード風味のソース】

マスタードのピリッとした辛みと風味をプラスしたソース・マデール。マスタードはペーストタイプと粒タイプの2種類を使用。粒のプチプチ感と酸味がソースのアクセントに。

材料（でき上がり約300cc）

ソース・マデール（→171頁）　250cc
ディジョン・マスタード（※）　15g
ディジョン・マスタード（粒タイプ※）　30g
バター　15g
塩　適量
コショウ　適量

※フランス・ディジョン地方特産のマスタード。まろやかな辛さと上品な香りで人気が高い。粒タイプはマスタードの種子をつぶさず、形を残したもの。

作り方

1. 鍋にソース・マデールを入れ、軽く煮詰める。2種類のマスタードを加え、混ぜ合わせる。
2. バターでモンテし、塩、コショウで味をととのえる。

用途・保存

豚や仔牛を使った料理全般に使用。風味がとびやすいため、保存不可。使うたびに作り、早めに使い切る。

ソース・ア・ラ・ムータルドを使って

牛背ロース肉のポワレ、香草風味、マスタードソース、ポテトのグラタン添え

Entrecôte de bœuf poêlée aux fines herbes,
sauce à la moutarde et gratin de pomme de terre

塊のまま塩、コショウをした牛の背ロースは、時々休ませながらオーブンでゆっくり火を入れていく。焼くというより、肉を温めるような感覚で火を入れ、肉汁を中にとじ込める。この塊の一つの面に、2種類のディジョン・マスタード（ペーストタイプ、粒タイプ）とハチミツを混ぜ合わせたものをぬりつけ、シズレに切ったシブレットをふる。これをオーブンで軽く温めて香りを出し、取り出したら適宜の厚さに切り分ける。器にソース・ア・ラ・ムータルドを流し、牛ロース肉を並べる。付合せは、グラタン・ドフィノワ。ジャガイモに牛乳、生クリーム、卵、グリュイエールチーズのソースをかけてグラティネした、きわめてオーソドックスな付合せである。ほろ苦さがおいしいクレソンを添えて。

ソース・オ・ポルト
sauce au Porto

【ポルト酒のソース】

ポルト酒の甘みと凝縮した味わいが特徴のソース。口にした途端に、ポルトの香りが豊かに立ち昇る。凝縮した甘みとよく合う、フォワグラの料理の添えて。

材料（でき上がり約300cc）
ポルト酒（ルビー）　2ℓ
フォン・ド・ヴォライユ（→28頁）　750cc
グラス・ド・ヴィヤンド（→29頁）　適量
塩　適量
コショウ　適量

作り方
1. 鍋にポルト酒とフォン・ド・ヴォライユを入れ、弱火にかけて約1/10量になるまで静かに煮詰める。この時、けっして沸かさないこと。
2. グラス・ド・ヴィヤンドを加え、軽く煮る。
3. 塩、コショウで味をととのえ、シノワで漉す。

用途・保存
フォワグラの料理に添えるのが代表的な使い方。風味がとびやすいので保存不可。使うたびに使い、早めに使い切る。

ソース・オ・ヴァン・ルージュ
sauce au vin rouge

【赤ワイン風味のソース】

フォンを使った肉料理用の赤ワインソース。仕上げに加えるグラス・ド・ヴィヤンドは仔羊ならジュ・ダニョー、鴨にはジュ・ド・カナールというように料理に合わせて使い分ける。

材料(でき上がり約300cc)
赤ワイン(※)　1.5ℓ
エシャロット(スュエ用)　100g
エシャロット(コンフィ用)　200g
グラニュー糖　適量
ブーケ・ガルニ　1束
フォン・ド・ヴォー(→24頁)　350cc
グラス・ド・ヴィヤンド(→29頁)　少量
バター(モンテ用)　15g
塩　適量
コショウ　適量
バター(スュエ用)　30g

※赤ワインはフレッシュ感のあるコート・デュ・ヴァントーを使用。

作り方

1. エシャロットは、スュエ用はシズレにし、コンフィ用は皮付きのまま半割りにする。

2. コンフィ用のエシャロットの切り口に、グラニュー糖をまぶす。この面を下にして天板にのせ、180℃のオーブンで25分間ほど加熱する。

3. 鍋にバターを引き、エシャロットのシズレをスュエする。香りが出たら赤ワインを注ぎ、アルコールをとばす。アクを引き、ブーケ・ガルニと2のエシャロットのコンフィを入れ、水分がなくなるまで弱火で煮詰める。

4. フォン・ド・ヴォーを加え、アクを引きながら軽く煮詰める。シノワで漉し、シノワに残ったエシャロットは軽くつぶす。

5. 漉した液体を再度火にかけ、グラス・ド・ヴィヤンドを加える。バターを加えてモンテし、塩、コショウで味をととのえる。

用途・保存

牛肉、仔羊、鴨など肉料理全般に使用。作ったらなるべく早く使い切るのが基本だが、バターをモンテする前の状態ならば、真空包装で3日間冷蔵保存可能。

ソース・オ・ヴァン・ルージュ・プール・ポワソン
sauce au vin rouge pour poissons

【魚介料理用の赤ワインソース】

エクルヴィスや鯛の旨みを加えた、魚料理用の赤ワインソース。甲殻類と白身魚を組み合わせると味に広がりが出る。臭みが出ないよう、煮出す前に魚にしっかり火を通しておく。

材料(でき上がり約300cc)
エクルヴィス　12尾
ミルポワ
├ エシャロット　80g
├ ニンジン　50g
├ セロリ　30g
└ ニンニク(皮付き)　1片
鯛の頭　1尾分
強力粉　10g
コニャック　10cc
赤ワイン　3本(2.25ℓ)
グラス・ド・ヴィヤンド(→29頁)　30g
パセリの軸　1本
グラニュー糖　少量
バター(モンテ用)　適量
塩　適量
コショウ　適量
バター(スュエ用)　50g
オリーブ油　適量

作り方

1．エクルヴィスを殻付きのまま縦半分に切り、背ワタと砂袋を取り除いて塩、コショウをする。鯛の頭も半割りにし、エラと血合いを取り除いて水洗いする。ニンニクは軽くつぶし、エシャロット、ニンジン、セロリはそれぞれブリュノワーズに切る。赤ワインは火にかけてアルコールをとばし、そのまま15分間ほど煮立て、シノワで漉しておく。

2．鍋にバターとニンニクを入れ、香りが出たらエクルヴィスを加える。焼き色がついたら残りのミルポワを加え、さらに香ばしく焼き色をつける。コニャックをふり、アルコールをとばす。

3．鯛の頭に強力粉をふり、オリーブ油を引いたフライパンで全面に焼き色をつける。2の鍋に加える。

4．アルコールをとばした赤ワイン、グラス・ド・ヴィヤンド、パセリの軸、グラニュー糖を加え、いったん沸かしてアクを取り除く。弱火にし、アクを取りながら20分間ほど煮る。

5．シノワで漉し、ミルポワを軽くつぶす。バターを加えてモンテし、再度火にかけて塩、コショウで味をととのえる。

用途・保存

鯛のポワレのソースや、赤ワイン煮込みに使用。なるべく早く使い切るのが基本だが、バターをモンテする前の状態なら、真空包装で3日間冷蔵保存可能。

ソース・オ・ヴァン・ルージュ・プール・ピジョン
sauce au vin rouge pour pigeons
【ハト料理用の赤ワインソース】

炒めたハトとミルポワを、赤ワインとフォン・ド・ヴォライユでじっくり煮出したソース。仕上げに赤ワインヴィネガーのレデュクションを加え、凝縮した味わいにキレを与える。

材料(でき上がり約300cc)

ハト(骨付き)　600g
ミルポワ
　┌ タマネギ　80g
　│ ニンジン　80g
　│ ポワロー　80g
　│ セロリ　40g
　│ シャンピニオン・ド・パリ　40g
　└ ニンニク(皮付き)　1片
薄力粉　15g
赤ワイン　900cc
フォン・ド・ヴォライユ(→28頁)　900cc
ブーケ・ガルニ　1束
レデュクション(※)　25g
バター(モンテ用)　15g
塩　適量
コショウ　適量
バター(スュエ用)　30g
ピーナッツ油　30cc

※レデュクションは、エシャロットのエマンセ15g、赤ワインヴィネガー120cc、ミニョネット(黒)3gをすべて鍋に入れ、水分がなくなるまで煮詰めたもの。でき上がった全量を使用する。

作り方

1. ハトをさばき、骨付きのまま3cmほどのぶつ切りにする。タマネギ、ニンジン、ポワロー、セロリは1cm角のデに、シャンピニオン・ド・パリはカルティエに切る。ニンニクは軽くつぶしておく。
2. 鍋にバターとピーナッツ油を引き、ハトを入れて焼き色をつける。ミルポワを加え、さらに炒めて香ばしく色づける。ザルにあけてデグレッセする。
3. 2を鍋に戻し、薄力粉をふって全体をよく混ぜる。赤ワインを数回に分けて加え、デグラッセする。いったん沸かしてアルコールをとばし、フォン・ド・ヴォライユを加える。沸いたらアクを取り、ブーケ・ガルニを加える。弱火にして1〜2時間ほど煮出す。この間、アクを随時取り除く。
4. ハトやミルポワをつぶしながらシノワで漉す。漉した液体にレデュクションを加え、軽く火にかけて味をなじませる。
5. 再度シノワで漉し、塩、コショウで味をととのえ、バターでモンテする。

用途・保存

ハトのロティやパテ、パイ包み焼きのソースに。なるべく早く使い切るのが基本だが、バターをモンテする前の状態なら、真空包装で約3日間冷蔵保存可能。

ソース・ド・オマール・オ・ヴァン・ルージュ
sauce de homard au vin rouge

【赤ワインのオマールのソース】

オマールの上品な甘い香りは、赤ワインとも相性がよい。ミルポワと一緒に炒めて香りと旨みを充分引き出してから、赤ワインやフォンと煮出していく。どんな魚介にも合うソース。

材料（でき上がり約300cc）
オマール　300g
ミルポワ
　┌ エシャロット　100g
　│ ニンジン　50g
　│ ポワロー　30g
　└ ニンニク（皮付き）　1片
薄力粉　10g
赤ワイン　450cc
フォン・ド・ヴォー（→24頁）　300cc
フォン・ド・ヴォライユ（→28頁）　150cc
トマト　1個
ブーケ・ガルニ　1束
赤ワインヴィネガー　90cc
グラニュー糖　15g
バター（モンテ用）　15g
塩　適量
コショウ　適量
バター（スュエ用）　少量

作り方

1. オマールを殻付きのまま2～3cm幅の筒切りにする。エシャロット、ニンジン、ポワローはブリュノワーズにし、ニンニクは軽くつぶす。赤ワインは火にかけてアルコールをとばしておく。トマトは種を取り出す。

2. 鍋にバターを引き、オマールを入れて色づける。いったんオマールを取り出し、同じ鍋にミルポワを加えて表面に焼き色をつけたら、オマールを戻す。薄力粉をふり、全体を混ぜ合わせてから210～230℃のオーブンに3分間ほど入れ、粉気を抜く。

3. 2の鍋を取り出し、アルコールをとばした赤ワイン、フォン・ド・ヴォー、フォン・ド・ヴォライユを加えていったん沸かす。アクを取り除き、弱火にしてトマトとブーケ・ガルニを加え、静かに半量まで煮出す。

4. オマールと野菜を軽くつぶしながらシノワで漉す。漉した液体を火にかけ、赤ワインヴィネガーとグラニュー糖を加え、煮詰める。塩、コショウで味をととのえ、バターでモンテする。

用途・保存

魚や甲殻類のポワレのソース、赤ワイン煮込みに使用。なるべく早く使い切るのが基本だが、バターをモンテする前の状態なら、真空包装で3日間冷蔵保存可能。

ソース・ルアネーズ
sauce rouennaise

【ルーアン風ソース】

ルーアン地方は鴨の名産地。その名を冠したソースは、レバーでつないだ赤ワインソースを指す。ここでは鴨の血も加えてさらに濃厚な味わいに仕上げている。

材料(でき上がり約300cc)

鴨のガラ　400g
ミルポワ
- タマネギ　50g
- ニンジン　50g
- セロリ　25g
- ニンニク(皮付き)　1片

強力粉　少量
コニャック　20cc
赤ワイン(※)　750cc
ブーケ・ガルニ　1束
赤ワインヴィネガー　120cc
エシャロット　60g
白粒コショウ　2g
鴨の血(※)　少量
鶏レバー(または鴨レバー)のピュレ(※)　15g
バター(モンテ用)　少量
塩　適量
コショウ　適量
バター(スユエ用)　30g

※赤ワインはあらかじめ火にかけ、アルコールをとばしておく(750ccはアルコールをとばす前の量)。
※血は、鴨のガラをつぶしてとったもの。
※鶏レバーのピュレは、レバーをタミで裏漉ししたもの。

作り方

1. 鴨のガラを3cmほどのコンカッセにする。タマネギ、ニンジン、セロリは厚さ3mmのエマンセにする。ニンニクは軽くつぶす。
2. フライパンにバターを引き、鴨のガラを香ばしく色づける。ザルにあけてデグレッセし、鍋に移す。
3. 同じフライパンにバターを足し、ミルポワをこんがりと焼き色がつくまで炒める。鴨の鍋に移す。
4. 強力粉をふり入れ、220～240℃のオーブンに入れる。5分間ほど加熱し、粉気を抜く。鍋を取り出して火にかけ、コニャックをふってデグラッセする。
5. アルコールをとばした赤ワインを注ぎ入れ、ブーケ・ガルニも入れて沸かす。アクを引いて弱火にし、ミジョテの状態を保ちながら1時間半ほど煮る。この間、アクは随時取り除く。
6. 別鍋に赤ワインヴィネガー、エシャロットのアッシェ、白粒コショウを入れ、弱火にかけて半量まで煮詰める。これを5に加え、そのまま10分間ほど煮る。
7. ガラをつぶしながらシノワで漉す。液体に鴨の血を加え、つなぐ。火にかけて軽く温めたら目の細かいシノワで漉し、鶏レバーのピュレとバターを加えて濃度をつける。塩、コショウで味をととのえる。

用途・保存

鴨のロティや温かいパテのソースに。状態が変わりやすいので保存不可。使うたびに作り、早めに使い切る。

フォンとジュのソース（魚介）

Sauces à base de fonds et jus
pour poissons et fruits de mer

ソース・オマール
sauce homard
【オマールのソース】

オマールのフォンとトマトを煮詰めた、旨みたっぷりのソース。濃厚だが、質感は軽いビロード状で食べやすい。オマールをはじめ、さまざまな魚介類と相性がよい。

材料（でき上がり約300cc）
フォン・ド・オマール（→46頁）　750cc
トマト　1個
トマトペースト　少量
生クリーム　30cc
バター　30g
コニャック　少量
塩　適量
コショウ　適量

作り方
1．鍋にフォン・ド・オマール、トマト（皮を湯むきし、種を取り除く）、トマトペーストを入れ、弱火にかけて1/3量ほど煮詰める。
2．生クリームを加えて軽く煮詰め、バターを加えてモンテする。
3．塩、コショウで味をととのえ、コニャックをふって香りをつける。シノワで漉す。

用途・保存
甲殻類や魚介類を使った料理全般に。風味がとびやすいので保存不可。使うたびに作り、早めに使い切る。

ソース・オマールを使って

伊勢海老とほうれん草、トマトのショーソン、プロヴァンス風、エストラゴン風味のオマールのソース

Chausson de langouste aux épinards et tomate à la provençale, sauce homard à l'estragon

伊勢エビとホウレン草、トマトを包んだサクサクのパイに、エストラゴン風味のソース・オマールをたっぷり添えた一皿。伊勢エビは殻をむいて30gに切り分け、切り込みを入れて、そこにエストラゴンの葉を挟む。これにソース・トマト・ア・ラ・プロヴァンサル（→253頁）をぬり、下ゆでしたホウレン草の葉で巻き、さらにフイユタージュ生地で包む。形を整えてイタリアンパセリを貼ったら、230℃のオーブンでサクサクに焼き上げる。ソースは、ソース・オマールを温め、きざんだエストラゴンを加えて香りを立たせたもの。皿に盛り、油で揚げたエストラゴンとオマールの卵を散らす。

ソース・オマール・オ・キュリー
sauce homard au curry

【カレー風味のオマールソース】

ソース・オマールにカレー粉を加えた、じんわりスパイシーなソース。生クリームを加えることでまろやかさをプラス。最後にミキサーで泡立てるとさらりとした口当たりに。

材料（でき上がり約300cc）
エシャロット　15g
ニンニク　2g
カレー粉　5g
ソース・オマール(→182頁)　150cc
ソース・トマト(→254頁)　70cc
生クリーム　100cc
コニャック　少量
塩　適量
コショウ　適量
オリーブ油　少量

作り方
1．エシャロットをシズレに、ニンニクは芯芽を除いてアッシェにする。
2．鍋にオリーブ油とニンニクを入れ、弱火にかける。香りが出たら、エシャロット加えてスュエする。
3．カレー粉を加えてよくなじませる。ソース・オマール、ソース・トマト、生クリームを加え、軽く煮詰める。
4．シノワで漉し、エシャロットを軽くつぶす。再度火にかけ、塩、コショウで味をととのえ、少量のコニャックをふって香りをつける。

用途・保存
スパイスをきかせた甲殻類の料理と相性がいいソース。ハンドミキサーで軽く泡立てて使ってもよい。風味がとびやすいので、保存せずに早めに使い切る。

ソース・オマール・ア・ラ・クレーム
sauce homard à la crème
【クリーム仕立てのオマールソース】

オマールのフォンをぐっと煮詰めた、濃厚な風味のソース。バターの代わりにソース・サバイヨン（→128頁）でリエしたり、仕上げにオマール風味のオイル（→261頁）を加えてもよい。

材料（でき上がり約300cc）
フォン・ド・オマール（→46頁）　600cc
エシャロット　60g
トマトペースト　5g
生クリーム　140cc
バター（モンテ用）　15g
コニャック　少量
塩　適量
コショウ　適量
バター（スュエ用）　少量

作り方
1. エシャロットをアッシェにし、バターでスュエする。フォン・ド・オマールを加え、いったん沸かす。沸いたら弱火にし、$1/3$量までゆっくり煮詰める。
2. トマトペーストと生クリームを加え混ぜ、軽く煮詰める。
3. バターを加えてモンテする。塩、コショウで味をととのえ、シノワで漉す。仕上げにコニャックを加えて風味をつける。

用途・保存
ヒラメなど白身魚のポワレや、甲殻類のパイ包みのソースに。使うたびに作り、早めに使い切る。

ソース・ア・ラ・プロヴァンサル
sauce à la provençale

【プロヴァンス風ソース】

ラングスティーヌとオマールを煮出したベースを、ブール・プロヴァンサルでモンテし、コルニションとケイパーを散らして南仏風に。さまざまな要素が詰まった味わい深いソース。

材料（でき上がり約300cc）
ラングスティーヌの頭　6本分
オマールの頭　1本分
ミルポワ
　┌ タマネギ　25g
　│ ニンジン　25g
　│ セロリ　25g
　└ ニンニク（皮付き）　1片
コニャック　15cc
白ワインヴィネガー　15cc
マスタードのアパレイユ（※）　620g
フォン・ド・ラングスティーヌ（→49頁）　120cc
エストラゴン　1枝
コルニション（※）　8g
ケイパー（酢漬け）　12g
ブール・プロヴァンサル（→155頁）　35g
塩　適量
コショウ　適量
オリーブ油　少量

※マスタードのアパレイユは、マスタード100g、トマトペースト40g、白ワイン320cc、フュメ・ド・ポワソン（→54頁）160ccを混ぜ合わせたもの。
※コルニションはキュウリの酢漬け（ピクルス）。

作り方
1．ラングスティーヌとオマールの頭は洗い、水気をきっておく。タマネギ、ニンジン、セロリはブリュノワーズに切り、ニンニクは軽くつぶす。
2．フライパンにオリーブ油とニンニクを入れて火にかける。香りが出たら、ラングスティーヌとオマールの頭を入れ、表面に焼き色をつける。ミルポワを加え、同様に香ばしく焼き色をつける。ザルにあけ、デグレッセする。
3．2を鍋に移し、火にかける。コニャックでフランベし、白ワインヴィネガーを加える。マスタードのアパレイユとフォン・ド・ラングスティーヌを加え、いったん沸かしてアクを取る。弱火にしてエストラゴンを加え、ミジョテの状態で25分間ほど煮る。
4．シノワで漉し、頭やミルポワをつぶして旨みを出しきる。ブリュノワーズに切ったコルニションとケイパーを加え、ブール・プロヴァンサルでモンテする。塩、コショウで味をととのえる。

用途・保存
白身魚のポワレや貝類のソテーのソースに。風味がとびやすいので使うたびに作り、早めに使い切る。

ソース・ハタ・ア・ラ・クレーム
sauce "hata" à la crème

【ハタのクリームソース】

ハタは脂がのった高級魚。その旨みたっぷりのフォンを、生クリームでのばしてシンプルなソースに仕上げた。クリームが味をまろやかにし、ビロードのようななめらかさに。

材料（でき上がり約300cc）
フォン・ド・ハタ　480cc
（以下の材料ででき上がる量は約2ℓ。そのうち480ccを使用する）
- ハタのアラ　2kg
- タマネギ　100g
- ニンジン　100g
- セロリ　50g
- シャンピニョン・ド・パリ　200g
- ニンニク（皮付き）　1片
- 白ワイン　200cc
- フォン・ド・ラングスティーヌ（→49頁）　3ℓ
- フォン・ド・ヴォライユ（→28頁）　1ℓ
- トマト　2個
- ブーケ・ガルニ　1束
- ミニョネット（白）　少量
- オリーブ油　少量

生クリーム　120cc
塩　少量
コショウ　少量

作り方

■フォン・ド・ハタを作る

1．ハタのアラを水にさらし、水気を拭き取る。タマネギ、ニンジン、セロリを厚さ2mmのエマンセにし、シャンピニョン・ド・パリはカルティエにする。ニンニクは軽くつぶし、トマトは半分に切り、種を除く。

2．フライパンにオリーブ油を引き、ハタのアラに軽く焼き色をつける。ザルにあけてデグレッセする。

3．別鍋にオリーブ油とニンニクを入れて火にかけ、香りが出たらタマネギ、ニンジン、セロリ、シャンピニョン・ド・パリを加えて色づけないように炒める。

4．3にハタのアラを入れ、軽く火を通す。白ワインを加え、アルコールをとばす。フォン・ド・ラングスティーヌとフォン・ド・ヴォライユを注ぎ、いったん沸かしてアクを取り除く。弱火にし、トマト、ブーケ・ガルニ、ミニョネットを加え、ミジョテの状態で1～1時間半ほど煮出す。

5．シノワで漉す。

■ソースの仕上げ

1．鍋にフォン・ド・ハタ480ccを入れ、半分程度まで煮詰める。生クリームを加えて軽く煮詰め、塩、コショウで味をととのえる。

用途・保存

ハタのポワレのソースに。風味がとびやすいので保存不可。使うたびに作り、早めに使い切る。

ソース・オ・ゾリーヴ・ノワール
sauce aux olives noires
【黒オリーブのソース】

黒オリーブのピュレを加えて仕上げた、魚料理用のソース。白ワインと白ワインヴィネガーの酸味が、オリーブの香りをぐんと引き立てる。青魚をはじめ、どんな魚介類にも合う。

材料(でき上がり約300cc)
エシャロット　35g
ニンニク　5g
白ワイン　60cc
白ワインヴィネガー　30cc
ミニョネット(白)　適量
フュメ・ド・ポワソン(→56頁)　250cc
生クリーム　180cc
黒オリーブのピュレ(※)　15g
バター(モンテ用)　12g
ライム果汁　少量
塩　適量
コショウ　適量
バター(スュエ用)　適量

※黒オリーブのピュレは、塩漬けオリーブの種を除き、フード・プロセッサーにかけてから目の細かいタミで漉したもの。

作り方
1. エシャロットとニンニクをアッシェにする。
2. 鍋にバターを引き、エシャロットとニンニクをスュエする。白ワイン、白ワインヴィネガー、ミニョネットを加え、弱火で水分がなくなるまで煮詰める。
3. フュメ・ド・ポワソンを加え、そのまま半量程度まで煮詰める。生クリームを加えて全体を混ぜ、味をなじませる。
4. シノワで漉し、エシャロットは軽くつぶす。液体を火にかけ、黒オリーブのピュレを加え混ぜ、バターでモンテする。ライム果汁を加え、塩、コショウで味をととのえる。

用途・保存
アジ、サバ、サワラなど、青魚のポワレやパイ包み焼きのソースに。風味がとびやすいので保存不可。使うたびに作り、早めに使い切る。

ソース・ヴェルト・プール・ポワソン
sauce verte pour poissons
【魚介料理用グリーンソース】

鮮やかな緑のソースは、少量を添えるだけで皿のアクセントに。パセリとイタリアンパセリを同量ずつ使うことで、風味の鮮烈さと色合いのバランスをとっている。

材料（でき上がり約300cc）
フュメ・ド・ポワソン（※）　300cc
パセリの葉　30g
イタリアンパセリの葉　30g
ニンニク（皮付き）　1片
バター　60g
オリーブ油　60cc
塩　少量
コショウ　少量
生クリーム　20cc
バター（モンテ用）　15g

※このフュメ・ド・ポワソンは、54頁のルセットから水を6ℓに減らして煮出したフュメを、さらに半分ほど煮詰めた濃厚なもの。

作り方
1. 鍋にフュメ・ド・ポワソンを入れ、沸騰させる。
2. ミキサーにパセリとイタリアンパセリの葉、ニンニク、バター、オリーブ油を入れ、沸騰したフュメ・ド・ポワソンも加えて回す。なめらかなピュレ状になったらシノワで漉す。冷ましておく。
3. 提供時に必要な量を鍋にとって温め、生クリームを加え、バターでモンテする。塩、コショウで味をととのえ、シノワで漉す。

用途・保存
魚料理に味や色合いのアクセントとして少量を添える。色や風味がとびやすいので保存不可。作った当日中に使い切る。

ソース・オ・ザルグ
sauce aux algues
【アオサ海苔風味のソース】

生のアオサノリの鮮やかな色合いとフレッシュな香りを楽しむソース。味のベースとなるフュメ・ド・ポワソンは昆布とともに煮詰めて、アオサノリとの相性を高める。

材料(でき上がり約300cc)
フュメ・ド・ポワソン(→56頁)　400cc
エシャロット　40g
昆布　5g
ミニョネット(白)　少量
アオサノリ(生※)　80g
E.V.オリーブ油　20cc
バター　10g
レモン汁　少量
塩　適量
コショウ　適量

※生のアオサノリが入手しづらい場合は、乾燥品を水でもどし、充分に水気をきってから使用する。ただし、風味は若干劣る。

作り方
1．鍋にフュメ・ド・ポワソン、エシャロットのアッシェ、昆布、ミニョネットを入れ、火にかける。沸騰する直前に昆布を取り出し、そのまま半量まで煮詰める。シノワで漉す。
2．ミキサーに1の液体、アオサノリ、E.V.オリーブ油、バターを入れ、ピュレ状になるまで回す。
3．塩、コショウ、レモン汁で味をととのえる。

用途・保存
白身魚をワカメで巻いて蒸したものなど、海草を使った料理に使用。色と風味がとびやすいので保存不可。使うたびに作り、早めに使い切る。

ソース・ブイヤベース
sauce bouillabaisse

【ブイヤベースのソース】

ブイヤベース用のフュメ・ド・クラムで仕立てる、魚介類のスープや煮込み用のソース。メインとなる魚介類を引き立てるため、バターでモンテせず、キレのある味わいに仕立てる。

材料(でき上がり約1ℓ)
ミルポワ
- タマネギ 100g
- ニンジン 100g
- セロリ 60g
- ポワロー 100g
- シャンピニョン・ド・パリ 40g
- ニンニク(皮付き) 1片

フュメ・ド・クラム(ブイヤベース用→60頁) 1ℓ
サフラン 適量
ブーケ・ガルニ 1束
トマト(完熟) 2個
塩 少量
コショウ 少量
オリーブ油(ソテー用) 適量
E.V.オリーブ油 少量

作り方

1. タマネギとポワローを厚さ5mmの、ニンジンとセロリを厚さ3mmのエマンセにする。シャンピニョン・ド・パリは厚さ2mmのエマンセにし、トマトは皮を湯むきして種を除き、コンカッセにする。ニンニクは軽くつぶす。

2. 鍋にオリーブ油を引き、ミルポワを入れて色がつかないようにソテーする。フュメ・ド・クラムを注ぎ入れ、いったん沸かす。アクを取り、弱火にしてサフランとブーケ・ガルニを加える。アクを引きながら煮出し、野菜にある程度火が通ったらトマトを加え、軽く煮詰める。

3. 塩、コショウで味をととのえ、シノワで漉す。上質なE.V.オリーブ油を少量加え、香りを出す。

用途・保存

ブイヤベースやオマールの軽い煮込みのスープに使用。保存せず、使うたびに作り、早めに使い切る。

ソース・マルセイエーズ
sauce Marseillaise

【マルセイユ風ソース】

地中海に面したマルセイユをイメージし、甲殻類とタマネギやフヌイユ、トマト、サフランを使って仕立てたソース。甲殻類と野菜の甘み、触感が特徴で、淡白な魚に向く。

材料(でき上がり約300cc)
オマールの殻　200g
ミルポワ
　┌ タマネギ　30g
　│ ニンジン　30g
　│ フヌイユ　20g
　│ セロリ　10g
　│ シャンピニオン・ド・パリ　10g
　└ ニンニク　½片
コニャック　10cc
トマト　½個
トマトペースト　2g
ジャガイモ　50g
薄力粉　5g
フュメ・ド・クラム(→57頁)　480cc
オレンジ果汁　120cc
サフラン　少量
グランマルニエ　10cc
バター　適量
オリーブ油　30cc
仕上げ用野菜(ニンジン、フヌイユ、クールジェット、ポワロー)　各少量

作り方

1. オマールの殻を2cmのぶつ切りにする。タマネギ、ニンジン、セロリを1cmのデに切る。フヌイユは厚さ3mmのエマンセにし、シャンピニオン・ド・パリはカルティエに切る。トマトは種を除いて4等分に、ジャガイモは厚さ3mmのエマンセにする。
2. 鍋にバターを引き、ミルポワを入れてスュエする。
3. フライパンにオリーブ油とバターを引き、オマールの殻を入れる。殻が赤くなったらコニャックでフランベし、2の鍋に入れる。トマト、トマトペースト、ジャガイモも加え、さっと炒める。
4. 薄力粉をふり入れて全体を混ぜ、210〜230℃のオーブンにしばらく入れて粉気を抜く。
5. フュメ・ド・クラムとオレンジ果汁を加え、沸いたらアクを取り除く。弱火にし、ミジョテの状態で半分程度まで煮詰める。仕上がりの10分ほど前にサフランを加える。煮詰め終えたらシノワで漉し、ミルポワはつぶして漉しきる。
6. ニンジン、フヌイユ、クールジェット(ズッキーニ)、ポワローをブリュノワーズに切り、さっとブランシールする。これを5のソースに加え混ぜ、グランマルニエも加えて味をととのえる。

用途・保存
淡白な白身魚を使った皿のソースに。風味がとびやすいので保存不可。使うたびに作り、早めに使い切る。

ソース・ア・ラニス
sauce à l'anis

【アニス風味のソース】

エキゾチックなアニスは、フランスではおなじみの香り。フュメ・ド・サンジャックの甘みはアニスと好相性。そこにマヨネーズを合わせて味はおだやか、口当たりはなめらかに。

材料(でき上がり約300cc)
タマネギ　50g
フヌイユ　40g
フュメ・ド・サンジャック(→61頁)　80cc
生クリーム　70cc
サフラン　15本
スターアニス(八角)　2個
パスティス(※)　10cc
ソース・マヨネーズ(→116頁)　280g
塩　適量
コショウ　適量
オリーブ油　少量

※パスティスはアニスや甘草の風味をつけた甘苦いリキュール。「ペルノー」などが代表銘柄。

作り方
1．タマネギとフヌイユを厚さ2mmのエマンセにする。
2．鍋にオリーブ油を引き、タマネギとフヌイユをスュエする。火が通ったらフュメ・ド・サンジャック、生クリーム、サフラン、スターアニスを加え、弱火で10分間ほど煮込む。
3．シノワで漉し、野菜やサフランを軽くつぶして漉しきる。パスティスを加え、塩、コショウで味をととのえる。
4．粗熱をとり、冷ましてからソース・マヨネーズと混ぜ合わせる。

用途・保存
魚介類のテリーヌや、さまざまな冷製料理のソースに。風味がとびやすいので、保存不可。使うたびに作り、早めに使い切る。

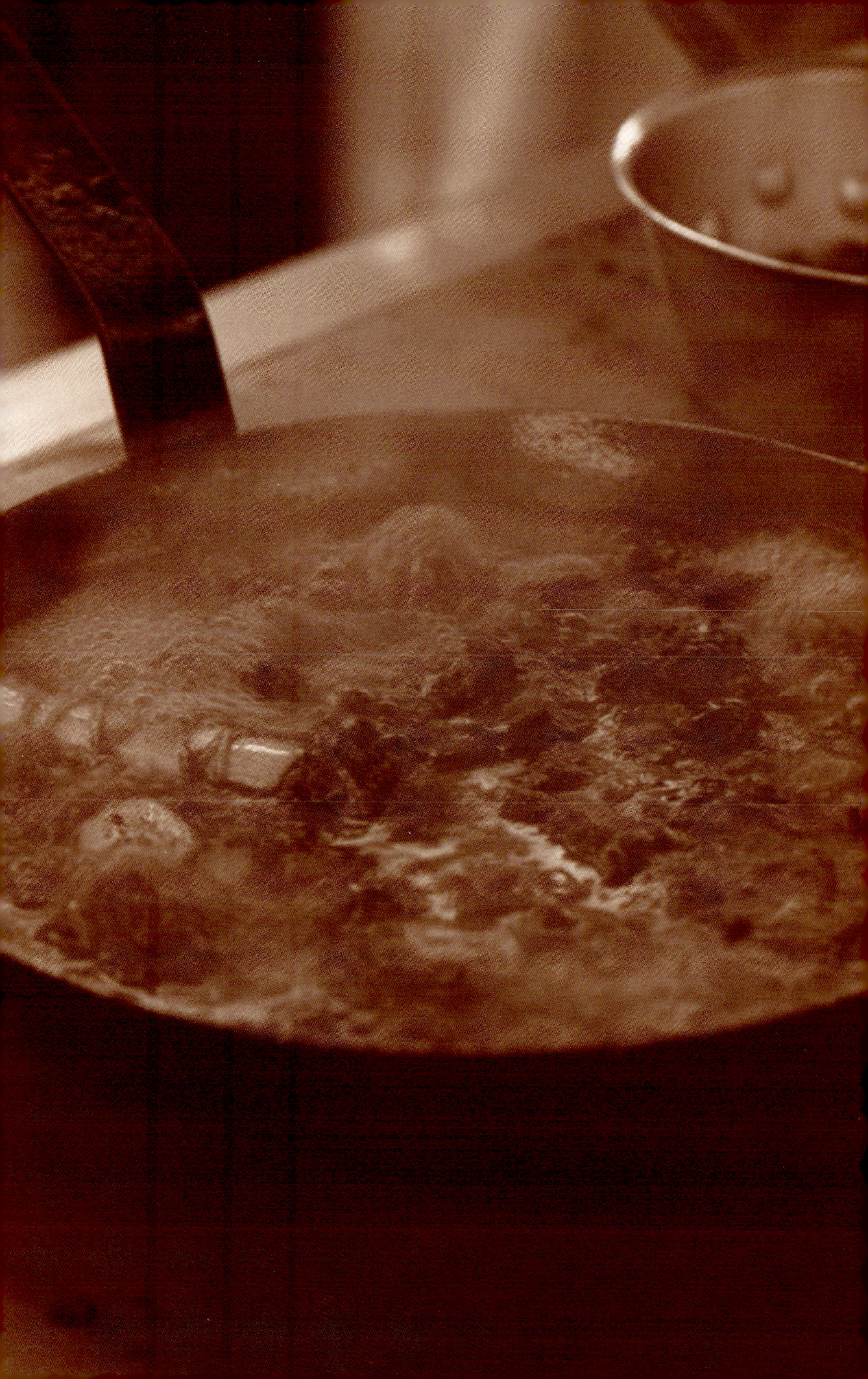

フォンとジュのソース（肉）
Sauces à base de fonds et jus
pour viandes

ジュ・ド・ヴォー・オ・ゾリーヴ
jus de veau aux olives
【オリーブ風味の仔牛のソース】

仔牛のジュをオリーブ油でモンテし、トマトや黒オリーブ、バジルを加えた具だくさんのソース。オリーブの酸味とコク、トマトとバジルの爽やかさが混じった複雑なおいしさ。

材料（でき上がり約300cc）
ジュ・ド・ヴォー（→65頁）　500cc
E.V.オリーブ油　25cc
塩　少量
コショウ　少量
トマト　50g
黒オリーブ（塩漬け）　30g
バジルの葉　適量

作り方
1．トマトは湯むきして種を取り除き、黒オリーブとともに5mm角のブリュノワーズに切る。バジルの葉も5mm程度にきざむ。
2．ジュ・ド・ヴォーを弱火〜中火にかけ、半量程度まで煮詰める。E.V.オリーブ油を少しずつ加えてモンテし、塩、コショウで味をととのえる。
3．鍋を火からはずし、トマト、黒オリーブ、バジルの葉を加え、混ぜ合わせる。

用途・保存
仔牛のロース肉やフィレ肉のグリエのソースに。風味がとびやすいので保存不可。使うたびに作り、早めに使い切る。

ジュ・ド・ブフ・ア・レストラゴン

jus de bœuf à l'estragon

【エストラゴン風味の牛肉のソース】

ジュ・ド・ブフを煮詰め、エストラゴンとジュ・ド・トリュフでシンプルに仕立てたソース。ゼラチンをたっぷり含むため、旨みの余韻が長い。エストラゴンの葉を散らして爽やかに。

材料（でき上がり約300cc）
ジュ・ド・ブフ（→66頁）　500cc
エストラゴン　1枝
エストラゴンの葉　3g
ジュ・ド・トリュフ（市販）　30cc
バター　20g
塩　適量
コショウ　適量

作り方
1．ジュ・ド・ブフとエストラゴンを弱火〜中火にかけ、半分近くまで煮詰める。
2．ジュ・ド・トリュフを加え、バターを加えてモンテする。シノワで漉す。
3．シズレにしたエストラゴンの葉を加え、塩、コショウで味をととのえる。

用途・保存
牛肉や仔牛のポワレのソースに。風味がとびやすいので保存不可。使うたびに作り、早めに使い切る。

ソース・ビガラード
sauce bigarade
【ビガラードソース】

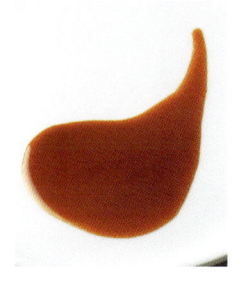

「ビガラード」は苦みのあるオレンジのこと。このオレンジの風味を効かせた甘酸っぱいソースと鴨の組合せは、フランス料理を代表する味。オーソドックスな作り方を紹介する。

材料(でき上がり約300cc)
グラニュー糖　30g
水　少量
白ワインヴィネガー　50cc
オレンジ果汁　120cc
レモン汁　40cc
ジュ・ド・カナール(→69頁)　600cc
グランマルニエ　40cc
バター　15g
塩　適量
コショウ　適量

作り方
1．鍋にグラニュー糖と少量の水(グラニュー糖全体が湿る程度)を入れ、中火にかける。カラメル状になったら白ワインヴィネガーとオレンジ果汁、レモン汁を加え、弱火で1/3量まで煮詰める。
2．ジュ・ド・カナールを注ぎ、アクを取り除きながら半量程度まで煮詰める。
3．グランマルニエを加え、軽く煮てからバターを加えてモンテする。塩、コショウで味をととのえ、シノワで漉す。濃度が足りなければ、水溶きコンスターチを小さじ1杯程度加えてもよい。

用途・保存
鴨のロティやポワレのソースに。風味がとびやすいので、保存不可。使うたびに作り、早めに使い切る。

ソース・カナール・ア・ロランジュ
sauce canard à l'orange
【オレンジ風味の鴨のソース】

鴨のソースのバリエーション。グラニュー糖をふってカラメリゼしたエシャロットを、オレンジ果汁や鴨のジュと煮詰めて複雑さをプラス。黒コショウでキレよく仕上げる。

材料
材料(でき上がり約300cc)
エシャロット　80g
グラニュー糖　5g
赤ワインヴィネガー　30cc
ミニョネット(黒)　少量
グランマルニエ　75cc
オレンジ果汁　120cc
ジュ・ド・カナール(→69頁)　500cc
オレンジ　¼個分
バター(モンテ用)　適量
塩　適量
コショウ　適量
バター(スュエ用)　10g

作り方
1．エシャロットを厚さ3mmのエマンセにし、グラニュー糖をふっておく。オレンジは皮をむき、薄めにスライスする。
2．鍋にバターを引き、グラニュー糖をまぶしたエシャロットを入れて軽くカラメリゼする。赤ワインヴィネガーでデグラッセし、ミニョネット、グランマルニエ(分量のうち60cc)、オレンジ果汁を入れ、弱火で⅓量まで煮詰める。
3．ジュ・ド・カナールを注ぎ入れ、オレンジのスライスも加え、アクを取りながらさらに半量まで煮詰める。
4．塩、コショウで味をととのえ、バターを加えてモンテする。シノワで漉し、エシャロットやオレンジのスライスは軽くつぶす。
5．残りのグランマルニエを加え、さっと沸かして香りを引き出す。

用途・保存
鴨胸肉のポワレやモモ肉のブレゼなど、鴨料理のソースに使用。風味がとびやすいので、保存不可。使うたびに作り、早めに使い切る。

ソース・カナール・オ・フランボワーズ
sauce canard aux framboises
【フランボワーズ風味の鴨のソース】

フランボワーズで作る鴨のソース。ガストリックを使わず、ヴィンコットの自然な甘みでフランボワーズの優しい甘酸っぱさを引き立てる。後に残らない、さらっとした口当たり。

材料(でき上がり約300cc)
エシャロット　60g
赤ワインヴィネガー　50cc
ポルト酒(ルビー)　80cc
ミニョネット(黒)　少量
ジュ・ド・カナール(→69頁)　500cc
フランボワーズ(ホール※)　60g
ヴィンコット(フランボワーズ風味※)　40cc
バター(モンテ用)　適量
塩　適量
コショウ　適量
バター(スュエ用)　10g
クレーム・ド・フランボワーズ(※)　20cc

※フレッシュのフランボワーズが入手できない場合は、冷凍を使用。
※ヴィンコットはブドウの圧搾汁を煮詰めたシロップ。バルサミコ酢に似た色と濃度で、イタリアで甘味料として使われる。ここではフランボワーズの果汁入りを使用。
※クレーム・ド・フランボワーズはフランボワーズのリキュールのこと。

作り方
1. エシャロットをアッシェにする。
2. 鍋にバターを引き、エシャロットをスュエする。赤ワインヴィネガー、ポルト酒、ミニョネットを加え、弱火～中火で1/3量まで煮詰める。
3. ジュ・ド・カナール、フランボワーズ、ヴィンコットを加え、アクを取りながら半量程度まで煮詰める。
4. 塩、コショウで味をととのえる。バターでモンテし、フランボワーズを軽くつぶしながらシノワで漉す。
5. 仕上げにクレーム・ド・フランボワーズを加え、さっと沸かして香りを引き出す。

用途・保存
鴨のポワレやロティ、フォワグラのソテーのソースに使用。風味がとびやすいので、保存不可。使うたびに作り、早めに使い切る。

ソース・カナール・オ・カシス
sauce canard au cassis
【カシス風味の鴨のソース】

カシスで仕立てた鴨のソースは、オレンジやフランボワーズとはまた異なる味わい。甘みを控えてすっきり食べやすく仕立て、甘いオレンジソースが苦手な人にも食べやすく。

材料（でき上がり約300cc）
エシャロット　125g
グラニュー糖　5g
赤ワインヴィネガー　50cc
ミニョネット（黒）　少量
クレーム・ド・カシス（※）　65cc
ジュ・ド・カナール（→69頁）　500cc
カシスのピュレ（※）　25g
バター（モンテ用）　15g
塩　適量
コショウ　適量
バター（スュエ用）　適量

※クレーム・ド・カシスはカシスのリキュールのこと。
※カシスのピュレは、フレッシュのカシスをフード・プロセッサーにかけたもの、または市販のピュレを使用。

作り方
1．エシャロットを厚さ3mmのエマンセにし、グラニュー糖をまぶしておく。
2．鍋にバターを引き、1のエシャロットを入れて軽くカラメリゼする。赤ワインヴィネガーを加えてデグラッセし、ミニョネット、クレーム・ド・カシス（分量のうち50cc）を入れて弱火〜中火で半量程度まで煮詰める。
3．ジュ・ド・カナールとカシスのピュレを加え、アクを取りながらさらに半量まで煮詰める。
4．塩、コショウで味をととのえ、バターでモンテする。カシスを軽くつぶしながらシノワで漉す。
5．仕上げに残りのクレーム・ド・カシスを加え、さっと沸かして香りを引き出す。

用途・保存
鴨のポワレやロティなどのソースに使用。風味がとびやすいので、保存不可。使うたびに作り、早めに使い切る。

ジュ・ド・カイユ・オ・レザン
jus de caille aux raisins
【レーズン入りウズラのソース】

巨峰のコンポートを使ったソース。ウズラの繊細ながらも凝縮した味わいを、巨峰の甘みで爽やかに引き立てる。果肉のフレッシュ感がソースのアクセント。

材料(でき上がり約300cc)
巨峰のコンポート(※)　20粒
巨峰のコンポートの煮汁(※)　250cc
ジュ・ド・カイユ(→72頁)　500cc
バター(モンテ用)　適量
塩　適量
コショウ　適量

※巨峰のコンポートと煮汁
(以下は作りやすい量。必要な分を取り出して使う)
- 巨峰　40粒
  赤ワイン　400cc
  水　150cc
  グラニュー糖　30g
- オレンジ　1/2個

作り方
■巨峰のコンポートを作る
1. 巨峰をさっとブランシールし、皮と種を取り除く。
2. 赤ワイン(アルコールをとばしておく)、水、グラニュー糖、オレンジ(スライス)を火にかけてグラニュー糖を溶かす。巨峰を入れ、沸いたら火からおろし、室温で冷ます。

■ソースの仕上げ
1. 巨峰のコンポートの煮汁を弱火〜中火にかけ、1/5量まで煮詰める。ジュ・ド・カイユを加え、アクを引きながらさらに半量近くまで煮詰める。
2. 塩、コショウで味をととのえ、バターでモンテする。シノワで漉す。
3. 仕上げに巨峰のコンポートを加える。

用途・保存
ウズラのソースやブレゼに使用(ブレゼの際は、リソレしたウズラをコンポートの煮汁やジュ・ド・カイユと一緒に煮て、ソースも同時に仕上げる)。風味がとびやすいので保存不可。使うたびに作り、早めに使い切る。

ジュ・ド・カイユ・オ・モリーユ
jus de caille aux morilles

【モリーユ茸入りウズラのソース】

フランスの春の味わい、モリーユ茸。その濃厚な香りと旨みは、ウズラの凝縮した味わいとよく合う。フレッシュならではの鮮烈な香りを求め、モリーユ茸の旬にだけ作るソース。

材料(でき上がり約300cc)
モリーユ茸(※)　20個
エシャロット　20g
マデラ酒　200cc
ジュ・ド・カイユ(→72頁)　500cc
生クリーム　50cc
バター(モンテ用)　適量
塩　適量
コショウ　適量
バター(スュエ用)　10g

※モリーユ茸は濃厚な香りを持つフランスの高級キノコ。春の一時期にだけフレッシュが出回り、他に乾燥品もある。このソースではフレッシュを使用。日本名はあみがさ茸。

作り方

1．モリーユ茸はかさを中心に掃除する。エシャロットはシズレにする。

2．鍋にバターを引き、エシャロットを入れてスュエする。モリーユ茸を加えて一度全体を混ぜたら、マデラ酒を注ぐ。弱火で¼量まで煮詰める。

3．ジュ・ド・カイユを加え、いったん沸かしてアクを引く。火を弱めて煮詰め、半量近くになったら生クリームを加え、ひと煮立ちさせる。塩、コショウで味をととのえ、バターでモンテする。

用途・保存

ウズラのロティのソースに。風味がとびやすいので保存不可。使うたびに作り、早めに使い切る。

ソース・ピジョン・オ・ゼピス
sauce pigeon aux épices
【スパイス風味のハトのソース】

ハトのジュを、粗く砕いたスパイスやショウガとともに煮詰めた甘酸っぱいソース。スパイスと相性のよいハチミツを加え、甘みとともにソースにコクとツヤを与える。

材料(でき上がり約300cc)
グラニュー糖　70g
水　少量
赤ワインヴィネガー　150cc
コリアンダー　5g
ミニョネット(黒)　5g
クミン　2g
スターアニス(八角)　1個
ジュ・ド・ピジョン(→70頁)　500cc
ハチミツ　25cc
ショウガ　10g
ジュ・ド・トリュフ(市販)　15cc
バター(モンテ用)　適量
塩　少量

作り方

1. コリアンダー、クミン、スターアニスを粗く砕いておく。ショウガは厚さ2mmのエマンセにする。
2. 鍋にグラニュー糖と少量の水を入れ、火にかけてカラメリゼする。赤ワインヴィネガーを加えてデグラッセし、コリアンダー、ミニョネット、クミン、スターアニスを加え、弱火で1/3量まで煮詰める。
3. ジュ・ド・ピジョンを注いで火を強め、沸いたらアクを取り除く。弱火にし、ハチミツとショウガを加えてさらに半量程度まで煮詰める。
4. ジュ・ド・トリュフを加え、塩で味をととのえる。バターでモンテし、スパイスやショウガを軽くつぶしながらシノワで漉す。

用途・保存

ハトのロティのソースに。鴨やジビエなど力強い味わいの肉のロティにも合う。風味がとびやすいので保存不可。使うたびに作り、早めに使い切る。

ソース・オ・トリュフ・リエ・オ・フォワ・グラ
sauce aux truffes lié au foie gras
【フォワグラでリエしたトリュフソース】

トリュフとフォワグラをふんだんに使ったリッチなソース。それぞれ別に仕立て、最後に合わせることで双方の風味を生かす。ハトの代わりに仔羊や鴨のジュで作ってもよい。

材料（でき上がり約300cc）
ジュ・ド・ピジョン（→70頁）　480cc
ソース・ヴァン・ルージュ（→176頁）　120cc
フォワグラ　60g
トリュフ　40g
コニャック　少量
マデラ酒　60cc
ジュ・ド・トリュフ（市販）　20cc
バター（モンテ用）　15g
塩　少量
コショウ　少量
バター（スュエ用）　5g

作り方
1．フォワグラをタミで裏漉しする。トリュフは2mm角のブリュノワーズに切る。
2．鍋にジュ・ド・ピジョンとソース・ヴァン・ルージュを入れ、弱火で約1/3量に煮詰める。
3．いったん鍋を火からはずし、フォワグラを加えてモンテする。シノワで漉す。
4．別鍋にバターを引き、トリュフをスュエする。コニャックとマデラ酒でデグラッセし、ジュ・ド・トリュフを加えて軽く煮詰める。
5．3のソースを4の鍋に入れ、混ぜる。バターでモンテし、塩、コショウで味をととのえる。

用途・保存
ベーコンを巻いたハトのロティや、ハトをフォワグラやトリュフとともにクレピネット（網脂）で巻いた料理に使用。風味がとびやすいので保存不可。使うたびに作り、早めに使い切る。

ソース・オ・ユズ・コショー
sauce au "Yuzu-Kosyou"

【ゆず胡椒風味のソース】

仔牛スジ肉とフォン・ド・ヴォーを煮詰めたベースに、仕上げにユズコショウを加えた爽やかな香りと鮮烈な刺激のソース。ロティなどシンプルに仕立てた肉類によく合う。

材料（でき上がり約300cc）
仔牛スジ肉　800g
エシャロット　80g
赤ワインヴィネガー　60cc
ミニョネット（黒）　少量
赤ワイン　240cc
ブーケ・ガルニ　1束
フォン・ド・ヴォー（→24頁）　480cc
バター（モンテ用）　15g
塩　適量
ユズコショウ（※）　少量
バター（スュエ用）　適量
ピーナッツ油　適量

※すりおろしたユズの皮にトウガラシや塩を混ぜ合わせたもの。大分県など九州の特産品で、薬味的に使う。

作り方

1．仔牛のスジ肉を3〜4cmのぶつ切りにする。エシャロットをシズレにする。

2．鍋にバターとピーナッツ油を引き、スジ肉を加えて焼き色をつける。途中でエシャロットを加え、一緒に色づける。脂がたくさん出てきたら、スジ肉とエシャロットをザルにあけてデグレッセし、鍋に戻す。

3．赤ワインヴィネガーを加えてデグラッセし、ミニョネットと赤ワインを注ぐ。沸いたらアクを取り除き、ブーケ・ガルニを加える。弱火で水分がなくなるまで煮詰める。フォン・ド・ヴォーを加え、さらに2/3量ほど煮詰める。

4．スジ肉を軽くつぶしながらシノワで漉す。塩、ユズコショウで味をととのえ、バターでモンテする。

用途・保存

牛肉や仔牛の背ロースのグリエ、鴨やホロホロ鳥のロティなどのソースに。風味がとびやすいので保存不可。使うたびに作り、早めに使いきる。

ソース・オ・レフォール
sauce au raifort
【西洋ワサビのソース】

爽やかな香りと刺激を持つレフォール（西洋ワサビ）を使ったソース。ローストビーフをはじめ、肉のおいしさをシンプルに味わう料理に添えて。どんな肉にもよく合う。

材料（でき上がり約300cc）
牛スジ肉　1kg
ミルポワ
　┌ タマネギ　80g
　│ ニンジン　80g
　│ セロリ　40g
　│ シャンピニョン・ド・パリ　10g
　└ ニンニク（皮付き）　½片
赤ワイン　120cc
フォン・ド・ヴォライユ（→28頁）　1.5ℓ
フォン・ド・ヴォー（→24頁）　375cc
トマト　1個
ブーケ・ガルニ　1束
レフォール（※）　10g
バター（モンテ用）　15g
塩　適量
コショウ　適量
ピーナッツ油　適量

※ホースラディッシュ、西洋ワサビのこと。

作り方

1. 牛スジ肉を約3cmのぶつ切りにする。タマネギ、ニンジン、セロリは1.5cm角のデに、シャンピニョン・ド・パリはカルティエに切る。ニンニクは軽くつぶす。トマトは湯むきして種を除き、コンカッセにする。レフォールは使う直前にすりおろす。

2. 鍋にピーナッツ油を引き、牛スジ肉を加えて表面に焼き色をつける。ミルポワを加え、さらに焼いて色づける。ザルにあけてデグレッセし、鍋を赤ワインでデグラッセする。

3. 牛スジ肉とミルポワを鍋に戻し、フォン・ド・ヴォライユとフォン・ド・ヴォーを注いで強火にかける。沸いたらアクを取り、弱火にしてトマトとブーケ・ガルニを加える。アクを取りながら、ミジョテの状態で約1時間煮出す。スジ肉やミルポワを軽くつぶしながらシノワで漉す。

4. 300ccほどになるまでさらに煮詰める。すりおろしたレフォールを加え、バターでモンテする。塩、コショウで味をととのえ、シノワで漉す。

用途・保存
牛や豚肉のポワレやローストビーフのソースに。レフォールの風味がとびやすいので、作り方3まで仕込んだものを冷蔵、または真空包装して冷凍でストックし、提供時に必要な量だけ温めてソースを仕上げる。

ソース・サルミ・プール・ピジョン
sauce salmis pour pigeons

【ハト用サルミソース】

ロティしたハトをさばき、そのガラで仕立てるのが本来のソース・サルミ。最後にガラをつぶしてエキスを出しきった、濃厚な風味が特徴。目の細かいシノワで漉してなめらかに。

材料（でき上がり約300cc）

ハトのガラ　600g
ミルポワ
├ エシャロット　60g
├ ニンジン　60g
├ セロリ　30g
├ シャンピニオン・ド・パリ　40g
└ ニンニク（皮付き）　1片
赤ワイン　300cc
フォン・ド・ヴォー（→24頁）　400cc
グラス・ド・ヴィヤンド（→29頁）　適量
ミニョネット（白）　少量
粗塩　適量
ブーケ・ガルニ　1束
バター　適量
塩　適量
コショウ　適量
ピーナッツ油　適量

作り方

1．ハトのガラを2cm程度のコンカッセにする。エシャロット、ニンジン、セロリは5mm角のブリュノワーズに、シャンピニオン・ド・パリはカルティエに切る。ニンニクは軽くつぶす。
2．鍋にピーナッツ油を引き、ニンニクとガラを加えて炒める。焼き色がついてきたらミルポワを加え、野菜にも香ばしく焼き色がつくようにさらに炒める。
3．2をザルにあけてデグレッセし、鍋に戻す。火にかけて赤ワインでデグレッセする。フォン・ド・ヴォーを注ぎ、いったん沸騰させてアクを引く。弱火にし、グラス・ド・ヴィヤンド、ミニョネット、粗塩、ブーケ・ガルニを加えて約30分間煮る。
4．目の細かいシノワで、ガラを押しつぶしながら漉す。漉した液体を再度火にかけ、軽く煮詰める。バターでモンテし、塩、コショウで味をととのえる。

用途・保存

ロティしたハトのソースに。風味や触感が損なわれるので保存不可。使うたびに作り、早めに使い切る。

ソース・サルミ・プール・ペルドロー
sauce salmis pour perdreaux

【山ウズラ用サルミソース】

ペルドロー（山ウズラ）を丸ごと調理し、さばいたガラで作るソース・サルミ。肉の力強さに合わせ、ジビエの肝とフォワグラ入りのバターでモンテした。ベカスの際も同様に仕立てる。

材料（でき上がり約300cc）
ペルドロー（骨、内臓付き）　3羽（約850g）
ミルポワ
┌ タマネギ　80g
│ ニンジン　80g
│ セロリ　25g
│ エシャロット　30g
│ シャンピニョン・ド・パリ　45g
└ ニンニク（皮付き）　1片
コニャック　30cc
白ワイン　200cc
フォン・ド・ジビエ（→38頁）　600cc
グラス・ド・ヴィヤンド（→29頁）　40g
ミニョネット（白）　少量
ジビエの肝入りバター（→157頁）　12g
塩　適量
コショウ　適量
ピーナッツ油　適量

作り方

1. タマネギ、ニンジン、セロリ、エシャロットを5mm角のブリュノワーズに切る。シャンピニョン・ド・パリをカルティエにし、ニンニクは軽くつぶす。

2. ペルドローは丸のまま塩をふり、ピーナッツ油を引いた鍋に入れる。表面をリソレし、オーブンに入れて中を半生に焼き上げる。

3. ペルドローをさばき、胸肉とモモ肉は別に保温しておく（後で料理に使用）。残りのガラと内臓（心臓とレバー）は2cm程度のコンカッセにする。

4. 別鍋にピーナッツ油を引き、ガラと心臓を入れて焼き色をつける。途中でミルポワを加え、同様に色づける。ザルにあけてデグレッセし、鍋に戻す。コニャックでフランベし、白ワインを加えてデグラッセする。

5. フォン・ド・ジビエを注いで強火にし、沸いたらアクを取り、弱火にする。グラス・ド・ヴィヤンドとミニョネットを加え、アクを取りながら半量程度まで煮詰める。

6. 目の細かいシノワで、ガラを押しつぶしながら漉す。漉した液体を再度火にかけ、軽く煮詰める。

7. ジビエの肝入りバターとペルドローのレバーでモンテし、塩、コショウで味をととのえる。

用途・保存

別に保温しておいたペルドローの胸肉、モモ肉にたっぷりと添えて提供する。料理とソースを同時に仕上げるため、保存不可。

ソース・ポワヴラード
sauce poivrade

【ポワヴラードソース】

ジビエのだしをベースに、コショウを効かせて仕上げたソース・ポワヴラードは、ジビエ料理の定番ソース。赤身のジビエに負けない力強さで、個性の強い肉を味わう。

材料（でき上がり約300cc）
ジビエのスジ肉やくず肉（※）　500g
コニャック　30cc
ミルポワ
　┌ タマネギ　40g
　│ ニンジン　40g
　│ セロリ　15g
　│ エシャロット　20g
　└ ニンニク（皮付き）　1片
赤ワイン　600cc
強力粉　大さじ1/2
赤ワインヴィネガー　70cc
フォン・ド・ヴォー（→24頁）　350cc
フォン・ド・ジビエ（→38頁）　350cc
タイム　2枝
ローリエ　1枚
パセリの茎　2本
ミニョネット（黒）　25粒分
バター（モンテ用）　12g
塩　適量
バター　適量
ピーナッツ油　適量

※鳥類、リエーヴル（野ウサギ）、イノシシ以外を使用。

作り方

1．ジビエのスジ肉とくず肉を6〜7cmのぶつ切りにする。タマネギ、ニンジン、セロリ、エシャロットを1cm弱のコンカッセに切る。ニンニクは軽くつぶす。

2．フライパンにバターとピーナッツ油を引き、スジ肉とくず肉を入れてしっかり焼き色をつける。ザルにあけてデグレッセする。フライパンをコニャックでフランベし、赤ワインを分量のうち適量注いでデグラッセする。この液体は漉しておく。

3．別鍋にバターとピーナッツ油を引き、ミルポワを入れて焼き色をつける。2のスジ肉とくず肉を加え、強力粉をふってよく混ぜる。250℃のオーブンに5分間ほど入れ、粉気を抜く。

4．鍋を取り出し、赤ワインヴィネガーを加えて弱火にかけ、1/3量まで煮詰める。残りの赤ワインと2のデグラッセした液体も加え、アルコールをとばしてから2/3量まで煮詰める。

5．フォン・ド・ヴォーとフォン・ド・ジビエを加え、いったん沸騰させてアクを取り除く。弱火にし、タイム、ローリエ、パセリの茎を入れ、アクを取りながら2/3量まで煮詰める。途中でミニョネットを加え、15分間ほど煮る（最初からミニョネットを入れるとえぐみが出てしまう）。

6．バターでモンテし、塩で調味する。シノワで漉す。

用途・保存
ジビエを使った料理全般に。風味がとびやすいので保存不可。使うたびに作り、早めに使い切る。

ソース・ポワヴラードを使って

蝦夷鹿のコートレット、ポワヴラードソース、カリンのカラメリゼと根セロリのピュレ添え

Côtellette de chevreuil d'Ezo poêlée avec sa sauce poivrade, coing caramélisé et purée de céleri-rave

エゾ鹿のコートレット（骨付き背肉）のシンプルなローストに、赤身のジビエととくに合うソース・ポワヴラードをたっぷり添えた、ジビエらしい一皿。エゾ鹿はたっぷりのバターでアロゼしながらゆっくり焼き上げ、充分に休ませてふっくらと仕上げる。付合せは、ジビエ料理の定番であるフルーツのカラメリゼと根セロリのピュレ。フルーツの甘酸っぱさはジビエの力強い風味と相性がよく、ピュレのやさしい味わいはジビエを引き立てる。カリンの仕上げにはミニョネットを加え、味のアクセントに。根セロリはピュレにバター、生クリーム、牛乳を加え、なめらかに仕上げる。また、バターでソテーしてからオーブンで焼いたオニオンヌーヴォー（葉タマネギ）も添えて。皿にたっぷりのソース・ポワヴラードを流し、これらを盛りつける。なお、ソース・ポワヴラードは鹿以外にイノシシや牛肉にもよく合う。

ソース・グラン・ヴヌール
sauce grand veneur

【グラン・ヴヌール風ソース】

ソース・グラン・ヴヌールもジビエの代表的なソースの一つ。グロゼイユの甘酸っぱさで、濃厚なソースを食べやすく。新鮮な豚の血が入る場合は、少量加えるとコクが出る。

材料（でき上がり約300cc）
ソース・ポワヴラード（→210頁）　400cc
グロゼイユのジュレ（※）　30g
生クリーム　90cc
バター　15g
塩　適量
コショウ　適量

※グロゼイユのジュレは自家製を使用。鍋にグロゼイユ250g、水300cc、砂糖5gを入れて蓋をして火にかけ、沸いたら火を止めて蓋をしたまま10分間置く。中身を布に取り、自然に落ちてくる液体を冷やす（分量は作りやすい量）。

作り方
1．鍋にソース・ポワヴラードを入れて弱火～中火にかける。沸いたらグロゼイユのジュレと生クリームを入れ、軽く煮詰める。
2．バターでモンテし、シノワで漉す。塩、コショウで味をととのえる。
＊新鮮な豚の血が手に入る場合は、30ccほどバターモンテの前に加えて仕上げる（なめらかに仕上げるため、火にかけすぎないこと）。

用途・保存
鹿や野ウサギなどジビエのソースに。風味がとびやすいので保存不可。使うたびに作り、早めに使い切る。

ソース・シュヴルイユ・オ・カシス
sauce chevreuil au cassis

【カシス風味の鹿のソース】

鹿肉をフォン・ド・シュヴルイユで煮出した、力強いソース。鹿の凝縮感のある風味とカシスは好相性。ソースの濃厚な旨みを、カシスの香りと酸味が爽やかに食べさせてくれる。

材料(でき上がり約300cc)

- 鹿のスジ肉とくず肉　500g
- 牛スジ肉　250g
- ミルポワ
  - タマネギ　50g
  - ニンジン　50g
  - セロリ　15g
  - エシャロット　40g
  - シャンピニョン・ド・パリ　30g
- カシスヴィネガー(※)　100cc
- 赤ワイン　375cc
- クレーム・ド・カシス(※)　75cc
- フォン・ド・シュヴルイユ(→41頁)　1ℓ
- カシスのピュレ　15g
- トマト　1個
- ブーケ・ガルニ　1束
- ミニョネット(黒)　少量
- バター(モンテ用)　15g
- 塩　適量
- バター(スュエ用)　適量

※カシスヴィネガーが手もとにない場合は、赤ワインヴィネガーで代用可能。
※クレーム・ド・カシスはカシスのリキュールのこと。

作り方

1. 鹿のスジ肉とくず肉、牛スジ肉は3cmほどのぶつ切りにする。タマネギ、ニンジン、セロリ、エシャロットは厚さ3mmのエマンセにし、シャンピニョン・ド・パリはカルティエに切る。トマトは皮を湯むきし、種を除いてからコンカッセにする。

2. 厚手のフライパンにバターを引き、鹿肉と牛スジ肉を入れて表面に焼き色をつける。ザルにあけてデグレッセし、別鍋に移す。同じフライパンにバターを足し、ミルポワをソテーして軽く焼き色をつける。ミルポワも肉を移した鍋に入れる。

3. フライパンをデグラッセし、カシスヴィネガーでデグラッセする。赤ワインとクレーム・ド・カシス(分量のうち60cc)を注ぎ、アルコールをとばす。肉とミルポワの入った鍋に入れ、そこにフォン・ド・シュヴルイユとカシスのピュレも加えて火にかける。

4. 沸いたらアクを取り、弱火にしてトマト、ブーケ・ガルニ、ミニョネットを加える。アクを取りながら、1/4量まで煮詰める。

5. ガラやミルポワを軽くつぶしながらシノワで漉す。塩で味をととのえ、バターでモンテする。仕上げに残りのクレーム・ド・カシスを加え、さっと沸かして香りを引き出す。

用途・保存

鹿のロティなどのソースに。風味がとびやすいので保存不可。使うたびに作り、早めに使い切る。

ソース・リエーヴル・オ・サン
sauce lièvre au sang
【野ウサギの血入りソース】

リエーヴル（野ウサギ）の旨みが凝縮したソース。リエーヴルの濃厚さに合わせて力強い赤ワイン、セージとクローヴの香りを効かせたブーケ・ガルニを使用し、キレよく仕上げる。

材料（でき上がり約300cc）
リエーヴルの骨、スジ肉、くず肉　500g
ミルポワ
　┌ タマネギ　80g
　│ ニンジン　80g
　│ エシャロット　50g
　│ セロリ　20g
　└ ニンニク（皮付き）　1片
赤ワイン（※）　200cc
フォン・ド・リエーヴル（→44頁）　200cc
ブーケ・ガルニ（※）　1本
粗塩　適量
バター（モンテ用）　少量
リエーヴルの血（※）　30～40cc
塩　適量
コショウ　適量
ピーナッツ油　適量

※赤ワインは、南西地方のカオールのように、力強い味わいで色も濃厚なものを使用。
※ブーケ・ガルニは通常のものにセージとクローヴを加えている。
※リエーヴルの血はガラを叩き、絞りとったもの。

作り方

1．リエーヴルの骨、スジ肉、くず肉を3cmほどのぶつ切りにする。タマネギ、ニンジン、エシャロット、セロリはそれぞれ1cm角のコンカッセに切り、ニンニクは軽くつぶす。

2．鍋にピーナッツ油を引き、骨、スジ肉、くず肉を入れて焼き色をつける。途中でミルポワを加え、一緒に色づけていく。ザルにあけてデグレッセする。

3．2の鍋に赤ワインを注ぎ、デグラッセする。デグラッセした液体は漉しておく。

4．鍋に2と3を入れ、フォン・ド・リエーヴル、ブーケ・ガルニ、粗塩も加えて火にかける。沸いたらアクを引き、弱火にして2/3量まで煮詰める。この間、アクを随時取り除く。

5．ガラをつぶしながらシノワで漉し、少量のバターとリエーヴルの血を加えてつなぐ。

6．軽く火にかけ、沸いたら火からはずして塩、コショウで味をととのえる。再度シノワで漉す。

用途・保存

リエーヴル（野ウサギ）を使った料理全般に使用。風味がとびやすいので保存不可。使うぶんだけ作り、早めに使い切る。

ソース・リエーヴル・オ・サンを使って

野ウサギ背肉のロティ、
リンゴ風味、血入りソース

*Rôti de râble de lièvre à la pomme,
avec sa sauce au sang*

　リエーヴルの代表的な料理であるシヴェ（ジヴェはジビエ類の煮込みの意味。赤ワインをベースにミルポワなどを加えて煮込み、最後に血でつないだもの）や、ロワイヤル（リエーヴルを丸ごとミルポワや赤ワインでマリネしてから腹にファルスを詰め、マリネ液や赤ワイン、フォン・ド・リエーヴルで煮込んだ料理）をイメージした料理。リエーヴルの背肉とフィレはピーナッツ油とバターでローストし、充分に休ませてから切り分ける。ソース・リエーヴル・オ・サンは、血でつなぐ前にリンゴのジャムを加え、濃厚さの中に甘みとまろやかさをプラスする。付合せは、リンゴのコンポートをフライパンでポワレしたものとリンゴジャム、リンゴのチップ。そして、トロンペット・デ・モール茸をバターソテーし、生クリームで軽く煮たものを添えて、重厚な印象を和らげる。

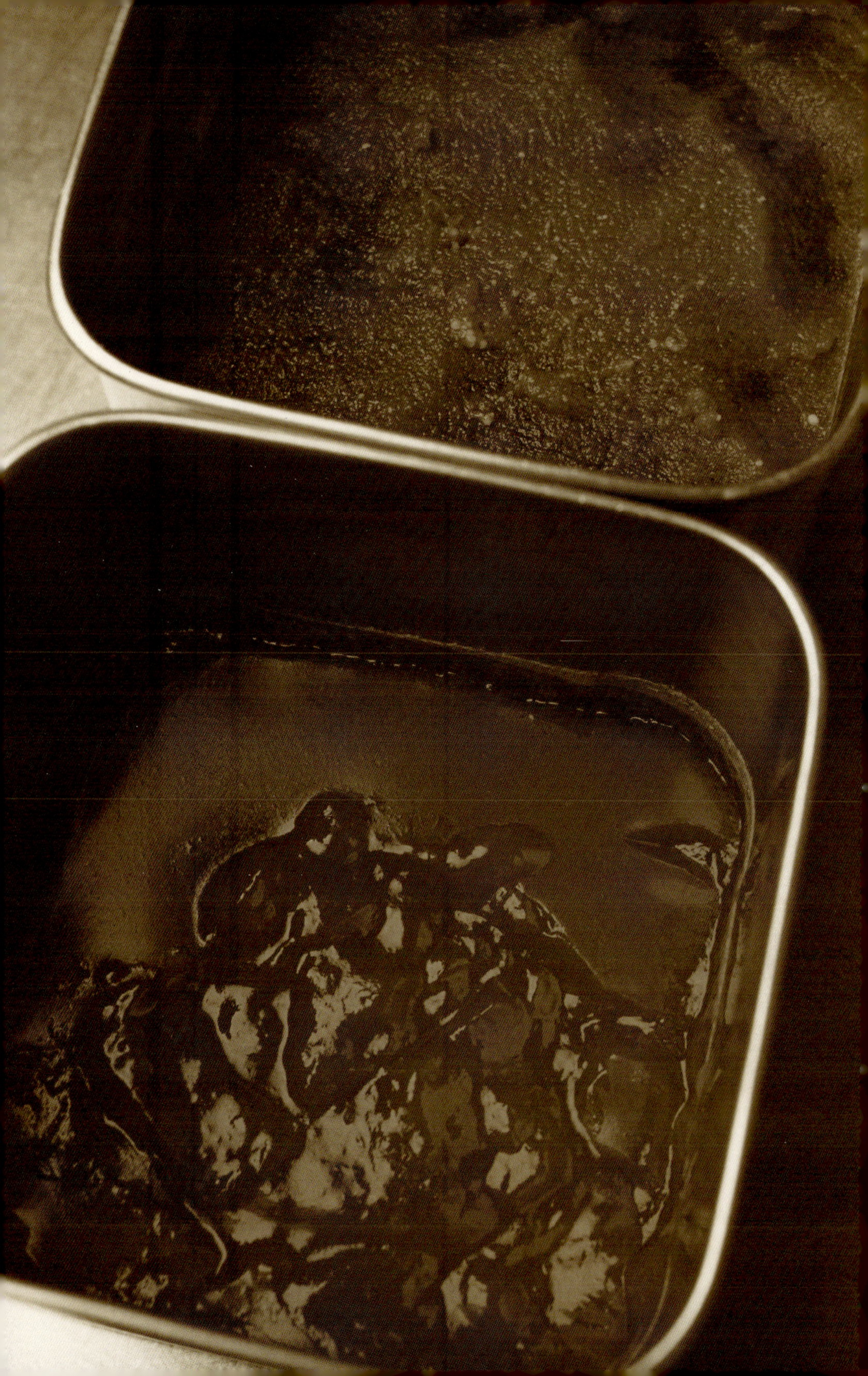

クラシックなソース
Sauces classiques

基本のソース

ソース・ベシャメル
sauce béchamel

【ベシャメルソース】

グラタンやソース・モルネーなどのベースに欠かせない、白いルゥを牛乳でのばしたソース。焦がさないようにしながらも充分に火を入れ、しっかり粉気を抜くことがポイント。

材料(でき上がり約300cc)
バター　35g
薄力粉　35g
牛乳　400cc
ローリエ　1/2枚
クローヴ　1本
塩　適量
コショウ　適量

1. 鍋を火にかけ、バターを溶かす。溶けたら薄力粉(ふるっておく)を一度に加える。

2. 弱火にし、勢いよく木杓子で混ぜ合わせる。焦げないように、時々鍋を火からはずしながら混ぜる。

3. 粉気が抜け、さらっとした状態になったら鍋を火からはずし、氷にあてて粗熱をとる。なめらかに仕上げるため、この時も絶えず混ぜる。

4. 木杓子を泡立て器に持ち替え、混ぜながら牛乳(温めておく)を加えていく。

5. 鍋を再度火にかけ、ローリエとクローヴを入れる。沸騰するまで泡立て器でよくかき混ぜる。

6. 沸騰したら弱火にし、再び木杓子に持ち替えてよく混ぜながら、しばらく煮て粉気を抜く。鍋肌についたソースは随時落とす。塩、コショウで味をととのえる。

7. 熱いうちに目の細かいシノワで漉す。シノワの外側に残ったソースもていねいに落とす。

8. バットに流し、表面をならす。トントンと打ちつけて空気を抜く。

9. 乾燥を防ぐために表面にバターをぬる。冷却し、必要なぶんだけ取り出して用いる。冷蔵で2〜3日間保存可能。

ソース・ベシャメルを使って

足赤海老とマカロニ、シャンピニョンのグラタン

Gratin de crevette et de macaroni aux champignons

ソース・ベシャメルの最もベーシックな使い方が、このグラタン。具材とともに加熱してからオーブンで焼くことで、一体感のある味わいに仕上げる。作り方は、タマネギとシャンピニョン・ド・パリをバターでスュエし、別にリソレした足赤エビと合わせる。ここにゆでたマカロニとたっぷりのソース・ベシャメルを加え、牛乳、生クリームを入れて全体をなじませ、塩、コショウで味をととのえる。これを、バターを薄くぬったグラタン皿に入れ、グリュイエールチーズをふってオーブンでこんがりと焼き上げる。仕上げにパセリとオマールの卵をふって完成。なお、足赤エビはクルマエビ科のエビで、一般に「クマエビ」と呼ばれるもの。

ソース・モルネー
sauce Mornay

【モルネーソース】

ソース・ベシャメルに卵黄とすりおろしたグリュイエールチーズを加えたものが、ソース・モルネー。グラタンなど、このソースをかけてグラティネする料理に用いる。

材料(でき上がり約300cc)
ソース・ベシャメル
　バター　60g
　強力粉　60g
　牛乳　400cc
卵黄　1個
グリュイエールチーズ　30g
ナッツメッグ　少量
バター　少量
塩　適量
コショウ　適量

作り方
1．強力粉はふるい、グリュイエールチーズはすりおろしておく。
2．バター、強力粉、牛乳を使い、218頁の要領でソース・ベシャメルを作る。
3．2を火にかけ、ポコポコと沸いた状態で3〜5分間加熱する。火からおろし、ほぐした卵黄とグリュイエールチーズを加え、泡立て器でよく混ぜ合わせる。
4．ナッツメッグとバターを風味づけに加え、塩、コショウで味をととのえる。シノワで漉す。

用途・保存
魚介類や野菜、ポーチ・ド・エッグなどを使ったグラタンに使用。卵黄が入っているので保存不可。使うたびに作り、早めに使い切る。

ソース・ナンテュア
sauce Nantua

【ナンテュア風ソース】

ナンテュアはブルゴーニュ地方の町。この名がついた料理には、エクルヴィスが使われる。ブール・デクルヴィス（エクルヴィスバター）を加え、甲殻類の風味と色合いをプラス。

材料（でき上がり約300cc）
ソース・ベシャメル
- バター　20g
- 強力粉　20g
- 牛乳　500cc

生クリーム　180cc
ブール・デクルヴィス（→156頁）　60g
レモン汁　少量
塩　適量
コショウ　適量

作り方
1．バター、強力粉、牛乳を使い、218頁の要領でソース・ベシャメルを作る。
2．1に生クリーム（分量のうち120cc）を加え、混ぜながら1/3の量まで煮詰める。熱いうちに目の細かいシノワで漉す。残りの生クリームを加え、泡立て器で混ぜ合わせる。
3．再度火にかけ、ブール・デクルヴィスを加えてモンテする。塩、コショウで味をととのえ、レモン汁を加えて仕上げる。

用途・保存
エクルヴィスを使った料理のソースに。風味がとびやすいので保存不可。使うたびに作り、早めに使い切る。

ソース・スピーズ
sauce Soubise
【スーピーズ風ソース】

炒めたタマネギにソース・ベシャメルを合わせたものが「スーピーズ」。白っぽく仕上げるため、タマネギは一度ブランシールし、甘みが出やすい状態にしてからスュエしている。

材料(でき上がり約300㏄)
タマネギ　250g
ソース・ベシャメル(→218頁)　250g
生クリーム　50㏄
バター(モンテ用)　40g
塩　少量
白粒コショウ　少量
グラニュー糖　少量
バター(スュエ用)　適量

作り方
1. タマネギを厚さ1㎜のエマンセにする。
2. タマネギを下ゆでし、水気をよく絞る。鍋にバターを引き、焼き色がつかないようにスュエする。
3. 2にソース・ベシャメル、塩、白粒コショウ、グラニュー糖を加え、混ぜ合わせる。180℃のオーブンに入れ、濃度が出るまで煮る(火にかける場合は弱火にし、焦げないように常に混ぜる)。
4. シノワで漉し、生クリームとバターを加えてよく混ぜ合わせる。

用途・保存
ポーチ・ド・エッグ、半熟卵、ココット焼きなどの卵料理に使用。密閉し、冷蔵で2日間ほど保存可能。

ソース・カルディナル
sauce Cardinal

【カーディナル風ソース】

「カルディナル」はカトリックの枢機卿の意。その服の色から、オマールを使った赤い料理に用いられる。これはオマールの卵とコライユで色をつけたソースで、ふんわり優しい味。

材料(でき上がり約300cc)
フュメ・ド・ポワソン(→54頁)　25cc
ジュ・ド・トリュフ(市販)　25cc
ソース・ベシャメル(→218頁)　250cc
生クリーム　50cc
ブール・ド・オマール(※)　35g
カイエンヌペッパー　少量

※ブール・ド・オマールは、オマールの卵とコライユ(ミソ)合わせて20gをフードカッター、または目の細かいタミですりつぶし、同量のバターを混ぜ合わせて裏漉ししたもの。

作り方
1. 鍋にフュメ・ド・ポワソンとジュ・ド・トリュフを入れ、弱火にかけて1/4量まで煮詰める。
2. ソース・ベシャメルを沸かし、1と生クリームを加えてよく混ぜ合わせる。
3. 鍋を火からおろし、ブール・ド・オマールを加えて混ぜ合わせる。仕上げにカイエンヌペッパーを加え、混ぜ込む。

用途・保存
ヒラメやスズキ、オマール、伊勢エビなどのポシェやクネルのソースに。風味がとびやすいので保存不可。使うたびに作り、早めに使い切る。

ソース・オ・ズュイットル
sauce aux huîtres

【カキ入りソース】

粉とバターを炒めたルゥで作る、なめらかな口当たりのクリームソース。ここにポシェしたカキを加えて魚のソースに。洋食のような懐かしい味わいは、万人に好まれるはず。

材料(でき上がり約300cc)
カキ　18個
クール・ブイヨン(→53頁)　適量
バター　30g
薄力粉　20g
生クリーム　150cc
牛乳　150cc
塩　適量
カイエンヌペッパー　少量

作り方
1．カキを殻からはずし、クール・ブイヨンでポシェしておく。
2．鍋にバターを溶かし、ふるった薄力粉を加え、粉気が抜けるまで弱火でゆっくり炒める。鍋底を氷にあてて粗熱をとる。
3．2に生クリームと牛乳を加えて火にかけ、沸いたら塩をふる。弱火にし、木杓子で混ぜながら10分間ほど煮る。
4．シノワで漉し、カイエンヌペッパーを加え混ぜる。1のカキを水気をきって加え、軽く温める。

用途・保存
魚のポシェ全般に使用。状態が変わりやすいので、保存不可。使うたびに作り、早めに使い切る。

ヴルーテ
velouté
【ヴルーテ】

仔牛や鶏、魚の白いだしにルゥでとろみをつけた、ヴルーテ(ビロード)のようななめらかなソース。色づかないようにしつつも、充分に粉気が抜けるまで炒めて軽い口当たりに。

材料(でき上がり約300cc)
ブール・クラリフィエ(※)　30g
薄力粉　30g
フォン・ブラン・ド・ヴォー(→34頁※)　400cc
生クリーム　10cc
塩　適量

※ブール・クラリフィエは澄ましバターのこと。
※フォン・ブラン・ド・ヴォーはフォン・ブラン・ド・ヴォライユ(→35頁)やフュメ・ド・ポワソン(→54頁)など、他の白いフォンに代用可能。

作り方
1. 鍋にブール・クラリフィエを入れて弱火にかける。ふるった薄力粉を加え、木杓子で混ぜながら色づけないように炒める。粉気が抜けたら、鍋底を氷にあてて粗熱をとる。
2. フォン・ブラン・ド・ヴォーを沸かし、1に少しずつ注ぎ、ダマができないように泡立て器で混ぜ合わせていく。すべて加えたら、時々かき混ぜながら軽く煮詰める。
3. 火を止める直前に生クリームを加え、全体を混ぜたらシノワで漉す。塩で味をととのえる。

用途・保存
鶏や仔牛のフリカッセや各種ソースのベースに使用。冷蔵で3日間ほど保存可能。

ソース・ノルマンド
sauce Normande
【ノルマンディ風ソース】

ヴルーテに魚やシャンピニオンのフォン、卵黄、クリームを加えたクリーミーなソース。一見濃厚だが、サバイヨンを思わせるふわっと軽い口当たりで、どんな料理にも合う。

材料（でき上がり約300cc）
ヴルーテ（→225頁※）　250cc
フォン・ド・シャンピニオン（→50頁）　35cc
フュメ・ド・ポワソン（→54頁※）　70cc
ムール貝の蒸し汁（※）　35cc
レモン汁　適量
卵黄　1個
生クリーム　70cc
バター　40g
クレーム・ドゥーブル　35cc
塩　適量
コショウ　適量

※ヴルーテはフュメ・ド・ポワソンで仕立てたものを使用。
※フュメ・ド・ポワソンに関して、エスコフィエの『ル・ギード・キュリネール』には「舌平目でとったもの」との記述があるが、ここでは54頁のフュメ・ド・ポワソンを使用。
※ムール貝の蒸し汁は、ムール貝を白ワインとフュメ・ド・ポワソン、または白ワインのみで蒸した時の液体を使用。

作り方
1. 鍋にヴルーテ、フォン・ド・シャンピニオン、フュメ・ド・ポワソン、ムール貝の蒸し汁、レモン汁を入れ、混ぜ合わせる。
2. 1を中火にかけて沸騰させ、生クリームで溶いた卵黄を加え混ぜる。弱火にして$\frac{1}{3}$量まで煮詰める。
3. シノワで漉し、バターとクレーム・ドゥーブルを加える。塩、コショウで味をととのえ、火にかけて軽く温める。

用途・保存
舌ビラメのポシェをはじめ、舌ビラメや白身魚を使った料理のソースに。卵黄を使っているので保存不可。使うたびに作り、早めに使い切る。

ソース・スュプレーム
sauce suprême
【スュプレームソース】

「スュプレーム」は家禽の胸肉のこと。脂肪の少ない肉をしっとり食べるための白いソースで、鶏とキノコの旨みをたっぷり含む。仕上げにジュ・ド・トリュフを加えてもよい。

材料(でき上がり約300cc)
ヴルーテ(→225頁※)　300cc
フォン・ド・ヴォライユ(→28頁)　300cc
フォン・ド・シャンピニョン(→50頁)　30cc
生クリーム　60cc
バター　25g
塩　適量
コショウ　適量

※ヴルーテはフォン・ド・ヴォライユで仕立てたものを使用。

作り方
1. 鍋にヴルーテ、フォン・ド・ヴォライユ、フォン・ド・シャンピニョンを入れ、混ぜながら中火にかける。
2. 沸いたら生クリームを少量ずつ加え、絶えず混ぜる。弱火で1/3量まで煮詰める。
3. シノワで漉し、バターを加えてモンテする。再度火にかけ、塩、コショウで味をととのえる。

用途・保存
鶏のポシェやクネルのソースに。バターでモンテする前の状態ならば、密閉して冷蔵で3日間ほど保存可能。バターを加えたものは当日中に使い切る。

ソース・アルビュフェラ
sauce Albuféra

【アルビュフェラ風ソース】

仕上げに加えた赤ピーマンの合わせバターの香りが、食欲をそそるソース。このソースを使ったクラシックな料理に、米やフォワグラ、トリュフを詰めた鶏のポシェがある。

材料（でき上がり約300cc）

ソース・スュプレーム（→227頁）　250cc
グラス・ド・ヴィヤンド（→29頁）　50cc
ブール・ド・ピメント（※）　12g

※ブール・ド・ピメントは、赤ピーマン10gを水（またはフォン・ド・ヴォライユ）で煮て粗熱を取り、バター25gとともにフード・プロセッサーにかけ、裏漉ししたもの。

作り方

1．ソース・スュプレームを火にかけ、グラス・ド・ヴィヤンドを加え混ぜる。仕上げにブール・ド・ピメントを混ぜ合わせる。

用途・保存

鶏のポシェやブレゼのソースに。風味がとびやすいので保存不可。使うたびに作り、早めに使い切る。

ソース・アメリケーヌ
sauce Américaine
【アメリケーヌソース】

オマールで作る魚介の代表的なソースで、オマールの濃厚な旨みが特徴。エスコフィエのルセットではブール・マニエでソースをつなぐが、バターとコライユで仕上げてもよい。

材料(でき上がり約300cc)
オマール(殻付き) 1kg
ミルポワ
　タマネギ　100g
　ニンジン　100g
　セロリ　30g
　ポワロー　40g
　シャンピニョン・ド・パリ　30g
　ニンニク(皮付き)　½片
コニャック　少量
白ワイン　150cc
フュメ・ド・ポワソン(→54頁)　1.8ℓ
トマト　1個
トマトペースト　少量
ブーケ・ガルニ　1束
ミニョネット(白)　少量
カイエンヌペッパー　ごく少量
粗塩　少量
コライユ入りブール・マニエ(※)　70g
オリーブ油　適量

※コライユ入りブール・マニエは、ポマード状に柔らかくしたバター30gに薄力粉30g、オマールのコライユ(ミソ)10gを加え、混ぜ合わせたもの。

作り方

1. オマールを殻ごと3cmほどのぶつ切りにし、頭を縦に2等分し、砂袋を取り除く。タマネギ、ニンジン、セロリ、ポワローは1cm角のデに切り、シャンピニョン・ド・パリはカルティエに、ニンニクは皮付きのまま軽くつぶす。トマトは皮を湯むきし、種を取り除いてコンカッセに切る。

2. 鍋にオリーブ油を引き、オマールを強火で炒める。色が赤くなったらザルにあけてデグレッセし、同じ鍋にミルポワを入れて炒める。

3. ミルポワがきれいに色づいたら、オマールを戻す。コニャックをふってフランベし、白ワインを入れてアルコールをとばす。フュメ・ド・ポワソンを注ぎ、沸いたらアクを取り除く。弱火にし、トマト、トマトペースト、ブーケ・ガルニ、ミニョネット、カイエンヌペッパー、粗塩を加える。アクを除きながら、ミジョテの状態で30分間ほど煮出す。

4. オマールや野菜を軽くつぶしながら、シノワで漉す。コライユ入りブール・マニエでモンテする。火にかけ、塩、コショウで味をととのえる。シノワで漉す。

用途・保存

オマールをはじめ、甲殻類の料理に使用。コライユ(ミソ)でソースをつなぐので保存不可。使うたびに作り、早めに使い切る。ブール・マニエでモンテする前の状態ならば、冷蔵で2～3日間保存可能。

ソース・オリエンタル
sauce Orientale

【オリエンタル風ソース】

甲殻類と相性のよいカレー粉を加えた、ソース・アメリケーヌの応用例。スパイスの刺激がアメリケーヌの濃厚さを和らげる。生クリームを加えてなめらかな仕上がりに。

材料（でき上がり約300cc）
ソース・アメリケーヌ（→229頁）　340cc
カレー粉　2g
生クリーム　100cc

作り方
1．鍋にソース・アメリケーヌを入れて火にかけ、沸いたらカレー粉を加えてよく混ぜる。弱火にし、2/3量近くまで煮詰める。
2．火からおろして生クリームを加え、よく混ぜる。再度火にかけ、さっと沸かす。

用途・保存
オマールのロティや白身魚のグリエのソースとして。カレーの風味がとびやすいので保存不可。使う分だけ作り、早めに使い切る。

ソース・ニューバーグ（オマール）
sauce New-burg avec homard cru
【オマールを添えたニューバーグ風ソース】

「ニューバーグ」の名はこのソースを編み出した店があった町名から。ソース・アメリケーヌの派生形で、オマールの身が添えてある。液体はさらっとしているが、旨みは濃厚だ。

材料（でき上がり約300cc）
オマール（殻付き）　800g
コニャック　30cc
マデラ酒またはマルサラ酒　200cc
生クリーム　200cc
フュメ・ド・ポワソン（→54頁）　200cc
カイエンヌペッパー　適量
塩　適量
コショウ　適量
バター（合わせバター用）　30g
バター（スュエ用）　40g
オリーブ油　大さじ4

作り方
1. オマールを殻付きのまま筒切りにする。コライユを取り出し、バターとともにフード・プロセッサーにかけ、裏漉ししておく。身には塩とカイエンヌペッパーをふっておく。
2. 鍋にバターとオリーブ油を引き、筒切りにしたオマールを入れて中火で炒める。殻が赤くなったらザルにあけてデグレッセし、オマールは別にとりおく。鍋をコニャックでフランベし、マデラ酒を加えて1/3量まで煮詰める。
3. 生クリームとフュメ・ド・ポワソンを加え、弱火でしばらく煮る。火を止める直前にオマールを戻し、8～9分通り火を通す。オマールを取り出し、殻をはずして1.5cm角のデに切る。
4. 3の液体に1のコライユの合わせバターを加え、いったん煮立たせてコライユに完全に火を通す。シノワで漉し、デに切ったオマールを戻し入れる。塩、コショウで味をととのえる。

用途・保存
オマールや舌ビラメをはじめ、さまざまな甲殻類や魚のソースに使用。コライユを使っているので保存不可。使うたびに作り、早めに使い切る。

ソース・エスパニョル
sauce Espagnole
【エスパニョルソース】

茶色のフォンとルゥにミルポワやトマトを加えて煮出した、褐色ソースの基本。ここから多くのソースが生まれた。作る機会は減ったが、料理人として知っておきたいソース。

材料(でき上がり約300cc)
- 強力粉　10g
- ラード(※)　10g
- フォン・ド・ヴォー(→24頁)　500cc
- フォン・ド・ヴォライユ(→28頁)　100cc
- 牛スネ肉　120g
- ベーコン　20g
- ミルポワ
  - タマネギ　20g
  - ニンジン　20g
  - シャンピニョン・ド・パリ　2個
  - ニンニク(皮付き)　1片
- トマト　1/2個
- トマトペースト　8g
- ブーケ・ガルニ　1束
- 塩　少量
- コショウ　少量
- サラダ油　少量

※ラードの代わりにサラダ油などを使用してもよい。

作り方

1. 牛スネ肉をこぶし大のぶつ切りにする。ベーコン、タマネギ、ニンジンを1.5cm角のデに切り、シャンピニョン・ド・パリはカルティエにする。ニンニクは軽くつぶし、トマトは種を除いてコンカッセにする。
2. ラードを鍋に溶かし、ふるった強力粉を一度に入れる。焦がさないようにじっくり炒め、茶色いルゥを作る。
3. フォン・ド・ヴォーとフォン・ド・ヴォライユを軽く温め、2に加えてよく混ぜる。
4. フライパンにサラダ油を引き、牛スネ肉を入れて表面を焼く。色づいてきたらベーコンとミルポワを加え、全体にしっかり焼き色をつけてデグレッセする。
5. デグレッセした4を3に加え、トマトとトマトペーストも加えていったん沸騰させる。アクを取り除き、弱火にしてブーケ・ガルニを加える。ミジョテの状態で約2時間煮出す。この間、アクは随時取り除く。
6. スネ肉やミルポワを軽くつぶしながらシノワで漉す。塩、コショウで味をととのえる。

用途・保存

肉類の煮込みや、肉類全般のソースのベースに。真空包装すれば冷蔵で3日間ほど保存可能。

ソース・ピカント
sauce piquante
【ピクルス入り辛いソース】

「ピカント」はピリッとした刺激を表す言葉。エシャロットと白ワイン、ヴィネガーを煮詰めた酸味と、仕上げに加えたコルニションやハーブの爽やかさが持ち味のソース。

材料(でき上がり約300cc)
エシャロット　120g
白ワイン　180cc
白ワインヴィネガー　180cc
ソース・エスパニョル(→232頁)　360cc
コルニション(※)　2g
イタリアンパセリ　1g
エストラゴン　1g
セルフイユ　1g
塩　適量
コショウ　適量

※キュウリの酢漬け(ピクルス)

作り方
1．エシャロットを2㎜ほどのアッシェにする。コルニション、イタリアンパセリ、エストラゴン、セルフイユの葉もアッシェにする。
2．鍋にエシャロットと白ワイン、白ワインヴィネガーを入れて火にかけ、半量まで煮詰める。
3．ソース・エスパニョルを加え、さらに半量近くまで煮詰める。エシャロットを軽くつぶしながらシノワで漉す。
4．コルニションとハーブ類を加え、塩、コショウで味をととのえる。

用途・保存
豚肉や牛肉のパネ(パン粉焼き)やグリエのソースに。風味がとびやすいので、保存不可。使うたびに作り、早めに使い切る。

ソース・ドゥミ・グラス
sauce demi-glace
【ドゥミグラスソース】

フォンやマデラ酒を加えた、上等なソース・エスパニョル。かつてフランス料理のソースの主流だったドゥミ・グラスも今や重いと敬遠されるが、洋食メニューには不可欠なソース。

材料(でき上がり約300cc)
シャンピニョン・ド・パリ　60g
マデラ酒　50cc
ソース・エスパニョル(→232頁)　450cc
フォン・ド・ヴォー(→24頁)　300cc
フォン・ド・ヴォライユ(→28頁)　80cc
シェリーヴィネガー　10cc
塩　適量
コショウ　適量
バター　適量

作り方
1．シャンピニョン・ド・パリを厚さ2〜3mmのエマンセにする。
2．鍋にバターを引き、シャンピニョン・ド・パリを入れてスュエする。マデラ酒(分量のうち40cc)を加え、水分がなくなるまで煮詰める。
3．ソース・エスパニョル、フォン・ド・ヴォー、フォン・ド・ヴォライユを加え、弱火で1/3量まで煮詰める。
4．仕上げに残りのマデラ酒とシェリーヴィネガーを加え、塩、コショウで味をととのえる。シャンピニョン・ド・パリをつぶしながらシノワで漉す。

用途・保存
鶏や仔牛、豚肉料理のソースのベースに。ソース・エスパニョルは保存可能だが、ドゥミ・グラスに仕上げたものは保存せず、なるべく早く使い切る。

ソース・リヨネーズ
sauce Lyonnaise

【リヨン風ソース】

「リヨネーズ」は、じっくり炒めたタマネギを使ったものに用いる表現。たっぷりのタマネギの甘さを白ワインとヴィネガーで引き締めた、甘酸っぱいソース・ドゥミ・グラス。

材料（でき上がり約300cc）
タマネギ　280g
白ワイン　90cc
白ワインヴィネガー　90cc
ソース・ドゥミ・グラス（→234頁）　340cc
バター　適量

作り方
1. タマネギをアッシェにする。鍋にバターを引いてタマネギを入れ、キツネ色になるまで弱火でじっくり炒める。
2. 白ワインと白ワインヴィネガーを加え、$2/3$量まで煮詰める。ソース・ドゥミ・グラスを加え、アクを取り除きながら弱火で5〜6分間煮る。
3. タマネギを軽くつぶしながら、目の細かいシノワで漉す。

用途・保存
鶏肉や牛肉のソテーやポワレのソースに。使うたびに作り、早めに使い切る。

ソース・ディヤブル
sauce Diable

【悪魔風ソース】

ピリッと辛みのあるソースは、エスコフィエの手法に添って作ったもの。エシャロットとトウガラシを炒め、辛さを引き出してからフォンなどで煮詰めて漉すと、さらに力強い味に。

材料(でき上がり約300㏄)

エシャロット　150g
白ワイン　360㏄
ソース・ドゥミ・グラス(→234頁)　240㏄
カイエンヌペッパー(※)　適量
塩　適量
コショウ　適量

※カイエンヌペッパーの量はお好みで。ピリッと刺激があるほうがおいしいので、少し多めに加えるとよい。

作り方

1．エシャロットを2㎜ほどのアッシェにする。鍋にエシャロットと白ワインを入れ、弱火〜中火にかけて1/3量まで煮詰める。
2．ソース・ドゥミ・グラスを加え、軽く煮詰める。
3．カイエンヌペッパー、塩、コショウで味をととのえる。
＊エスコフィエの『ル・ギード・キュリネール』では漉さずに仕上げるが、なめらかに仕上げたい場合は適宜シノワで漉す。

用途・保存

鶏肉、仔牛、豚肉をはじめ、鳥系のジビエなどさまざまな肉類のソースに。真空包装して冷蔵すれば、3日間ほど保存可能。

ソース・ロベール

sauce Robert

【ロベール風ソース】

マスタードや白ワインヴィネガーで酸味をプラスする点が、ソース・ロベールの特徴。マスタードは風味がとびやすいので、必ず火を止めてから加える。豚肉によく合うソース。

材料(でき上がり約300cc)
タマネギ　180g
白ワイン　120cc
ソース・ドゥミ・グラス(→234頁)　180cc
グラニュー糖　少量
マスタード　10g
塩　適量
コショウ　適量
バター　適量

作り方
1．タマネギをアッシェにする。鍋にバターを引き、タマネギをじっくりスュエする。
2．白ワインを注ぎ、弱火で2/3量まで煮詰める。ソース・ドゥミ・グラスを加えて、そのまま10分間ほど煮込む。
3．タマネギを軽くつぶしながらシノワで漉す。鍋を火からおろし、塩、コショウで味をととのえる。仕上げにグラニュー糖とマスタードを加える。マスタードの風味を生かすため、マスタードを入れたら火にかけないこと。

用途・保存
豚肉のグリエのソースに。マスタードの風味がとびやすいので保存不可。使うたびに作り、早めに使い切る。

ソース・シャスール
sauce chasseur

【狩人風ソース】

ソース・ドゥミ・グラスにシャンピニョン・ド・パリを加えた「ソース・シャスール」。白ワインとソース・トマトを使った懐かしいおいしさ。仕上げにハーブを加えて爽やかに。

材料(でき上がり約300㏄)
シャンピニョン・ド・パリ　60g
エシャロット　15g
白ワイン　120㏄
ソース・トマト(→254頁)　120㏄
ソース・ドゥミ・グラス(→234頁)　80㏄
バター(モンテ用)　60g
塩　適量
コショウ　適量
バター(スュエ用)　適量
セルフイユ　1g
エストラゴン　1g

作り方
1．シャンピニョン・ド・パリを厚さ3〜4mmのエマンセに切る。エシャロットはアッシェにし、セルフイユとエストラゴンはシズレにする。
2．鍋にバターを引き、シャンピニョン・ド・パリをスュエする。エシャロットを加え、さらにスュエする。
3．白ワインを加え、中火で半量程度まで煮詰める。ソース・トマトとソース・ドゥミ・グラスを加え、弱火で軽く煮込む。
4．塩、コショウをし、バターでモンテする。仕上げにセルフイユとエストラゴンのシズレを加える。

用途・保存
鶏肉、仔牛、豚肉のソテーをはじめ、肉類全般のソースに。風味が損なわれるので保存不可。使うたびに作り、早めに使い切る。

ソース・ペリグー
sauce Périgueux

【ペリグー風ソース】

ペリグー地方の名産であるトリュフをたっぷり使ったソース。手間をかけたグラン・キュイジーヌにたっぷりと添えて。ドゥミ・グラスを使うぶん、豊かなゼラチンの濃厚な味に。

材料（でき上がり約300cc）
ソース・ドゥミ・グラス（→234頁※）　250cc
ジュ・ド・トリュフ（市販）　50cc
トリュフ　35g

※ソース・ドゥミ・グラスはあらかじめ火にかけ、軽く煮詰めて味と濃度を高めておく。

作り方
1．ソース・ドゥミ・グラスを火にかけ、温める。
2．ジュ・ド・トリュフとアッシェにしたトリュフを加え、さっと沸かす。

用途・保存
肉類のタンバル仕立てやパイ包み焼きなどのソースに。トリュフの風味がとびやすいので保存不可。使うたびに作り、早めに使い切る。

ソース・シャトーブリヤン
sauce Chateaubriand
【シャトーブリアン風ソース】

本来はソース・ドゥミ・グラスのような濃厚なものと白ワインを合わせたソースを指すが、ジュ・ド・ヴォーを使って軽やかに仕立てた。仕上げにエストラゴンを加えて爽やかに。

材料(でき上がり約300cc)
白ワイン　240cc
エシャロット　100g
シャンピニオン・ド・パリ(※)　25g
タイム　1本
ローリエ　1/2枚
ジュ・ド・ヴォー(→65頁)　240cc
メートル・ドテル・バター(※)　150g
塩　適量
コショウ　適量
エストラゴン　2g

※シャンピニオン・ド・パリは余った切れ端などを使用。
※メートル・ドテル・バターは、ポマード状に柔らかくしたバター150gにパセリのアッシェ3g、塩5g、コショウ少量、レモン汁1/6個分を加え、混ぜ合わせたもの。

作り方
1．エシャロットとエストラゴンをアッシェにする。
2．鍋に白ワイン、エシャロット、シャンピニオン・ド・パリ、タイム、ローリエを入れて弱火にかけ、2/3量まで煮詰める。
3．ジュ・ド・ヴォーを加え、さらに半量まで煮詰める。シノワで漉す。
4．メートル・ドテル・バターを加えてモンテし、塩、コショウで味をととのえる。エストラゴンを加える。

用途・保存
イノシシなどのジビエ類や牛肉のグリエに。風味がとびやすいので保存不可。使うぶんだけ作り、早めに使い切る。

その他のソース
Variations

ソース・シャンティイ
sauce Chantilly

【ホイップクリームのソース】

ホイップした生クリームのソースは、コクと真っ白な色が持ち味。塩とレモンを効かせてクリームのコクを引き立てる。オリーブ油の代わりにマヨネーズを加えると分離しにくい。

材料(でき上がり約300cc)
生クリーム(乳脂肪47%)　290cc
E.V.オリーブ油　10cc
レモン汁　少量
塩　適量
コショウ　適量

作り方
1．ボウルに塩、コショウを入れ、生クリームを注ぎ入れる。7分立てまで泡立てる。
2．E.V.オリーブ油とレモン汁を一度に加え、混ぜ合わせる。レモン汁を加えた後は、混ぜすぎると分離してしまうので注意。
＊仕上げにアッシェにしたセルフイユやエストラゴン、トマト、トリュフ、レモンの皮のすりおろしなどを加えてアレンジしてもよい。

用途・保存
サヤインゲンやアーティチョークのシンプルなサラダに。クリームのふんわり感が持ち味なので、使うたびに作り、すぐに使い切る。

ソース・エイグレット
sauce aigrette

【エイグレットソース】

「エイグレット」は酸味のある、の意味。生クリームとヨーグルトを合わせたベースに、ハーブやケイパーなどを加えて爽やかさをプラス。魚介や野菜を使った料理に添えて。

材料（でき上がり約300cc）
生クリーム（乳脂肪47％）　160cc
ヨーグルト（プレーンタイプ）　70cc
トマトケチャップ　12g
エストラゴン　2g
シブレット　2g
ケイパー　12g
コルニション（※）　12g
レモン汁　15cc
コニャック　15cc
タバスコ　少量
塩　適量
コショウ　適量

※キュウリの酢漬け（ピクルス）。

作り方
1．エストラゴン、ケイパー、コルニションをアッシェにする。シブレットはシズレに切る。
2．生クリームを8分立てに泡立てる。ヨーグルトとトマトケチャップを加え、混ぜ合わせる。
3．エストラゴン、シブレット、ケイパー、コルニションを加え、混ぜ込む。レモン汁、コニャック、タバスコを加え、塩、コショウで味をととのえる。

用途・保存
魚介類のテリーヌのソースや野菜のサラダ、サーモンのサンドイッチの味つけに。状態が変わりやすいので保存不可。使うたびに作り、早めに使い切る。

アイヨリ
ailloli

【アイヨリ】

ニンニクをベースに、オリーブ油で乳化したプロヴァンス地方のソース。一般的にニンニクは生をすりつぶして用いるが、牛乳やクールブイヨンで下ゆですると風味がまろやかに。

材料（でき上がり約300cc）
ニンニク　30g
牛乳　適量
卵黄　2個分
オリーブ油　240cc
レモン汁　25cc
塩　適量
コショウ　適量

作り方
1．ニンニクの粒を縦半分に切り、芯芽を取り除く。牛乳で柔らかく煮て臭みを抜き、細かくすりつぶす。
2．1をボウルに入れ、卵黄を加えて混ぜる。オリーブ油を少しずつ加えながら攪拌し、乳化させる。
3．レモン汁を加え、塩、コショウで味をととのえる。

用途・保存
ゆでた野菜や、白身魚（鯛、ヒラメ、スズキなど）やエビ類のポシェに添える。卵黄を使っているので、冷蔵して2日間前後で使い切る。

ルイユ
rouille
【ルイユ】

ルイユはプロヴァンス地方のソース。ニンニクのインパクトのある味が特徴で、主にブイヤベースに添え、スープに溶かしたり、パンにつけながら食べるなど、薬味的に用いる。

材料(でき上がり約300cc)
ニンニク　1片
エシャロット　15g
アンチョビー(フィレ)　2尾
トマトペースト　18g
ゆで卵の黄身(※)　2個分
卵黄　1個分
マスタード　20g
サフラン　ごく少量
フュメ・ド・クラム(ブイヤベース用→60頁)　30cc
白ワインヴィネガー　30cc
オリーブ油　200cc
塩　適量
コショウ　適量
カイエンヌペッパー　ごく少量
レモン汁　少量

※ゆで卵の黄身の代わりにゆでたジャガイモや食パンを使ってもよい。

作り方
1．ニンニクの粒を縦半分に切り、芯芽を取り除く。フード・プロセッサーにニンニク、エシャロット、アンチョビー、トマトペースト、ゆで卵の黄身を入れ、ピュレ状になるまで回す。タミで漉す。
2．1を再度フード・プロセッサーに移す。卵黄、マスタード、サフランの汁(サフランをフュメ・ド・クラムで煮出したもの)、白ワインヴィネガーを加え、さっと回す。オリーブ油を少しずつ加え、なめらかな状態になるまで回す。
3．塩、コショウ、カイエンヌペッパーで味をととのえ、仕上げにレモン汁を加える。

用途・保存
ブイヤベースをはじめ、魚介を使った濃厚なスープに添える。風味がとびやすいので保存不可。使うたびに作り、早めに使い切る。

ルイユ・オ・クラム
rouille au clam

【貝風味のルイユ】

魚介をたっぷり使い、そのおいしさを強調したブイヤベースに合うよう、卵黄を使わずにさっぱりした口当たりに仕上げたルイユ。フュメ・ド・クラムを加えてなめらかな触感に。

材料(でき上がり約300cc)
パン粉　150g
カイエンヌペッパー　5g
フュメ・ド・クラム(ブイヤベース用→60頁)　180cc
ニンニク　60g
サフラン(粉末)　少量
塩　適量
コショウ　適量

作り方
1．塩、コショウ以外のすべての材料をフード・プロセッサーにかけ、なめらかなピュレ状にする。
2．目の細かいタミで漉し、塩、コショウで味をととのえる。

用途・保存
味のアクセントとしてブイヤベースに添える。冷蔵で2日間ほど保存可能。

ルイユ・オ・ユズ・コショー
rouille au "Yuzu-Kosyou"

【ゆず胡椒風味のルイユ】

ユズコショウは九州特産の香辛料。ユズ皮にトウガラシや塩を混ぜたもので、鮮烈な香りと辛みが特徴。これを加えたルイユは通常よりも爽やかな風味で、日本人になじむ。

材料(でき上がり約300cc)
パン粉　120g
ニンニク　50g
ユズコショウ(※)　20g
フュメ・ド・クラム(ブイヤベース用→60頁)　180cc
サフラン(粉末)　少量
塩　適量
コショウ　適量

作り方
1．塩、コショウ以外のすべての材料をフード・プロセッサーにかけ、なめらかなピュレ状にする。
2．目の細かいタミで漉し、塩、コショウで味をととのえる。

用途・保存
味のアクセントとしてブイヤベースやスープに添える。冷蔵で2日間ほど保存可能。

ルイユを使って

長崎産魚介類の
ブイヤベース

Bouillabaisse de Nagasaki

鯛やスズキをはじめ、カサゴ、イサキ、アワビ、足赤エビなど、地元の長崎で獲れる魚介類をたっぷり使ったブイヤベース。ルイユ・オ・クラムとユズコショウ風味の、風味の異なる2種類のルイユを添えて、スープに溶かし、味の変化を楽しみながら食べてもらう。ブイヤベースの作り方は、アワビ以外の魚介をオリーブ油でポワレし、炒めたミルポワと合わせる。フュメ・ド・クラム、トマト、サフランを加えて煮込み、アワビと別にフュメ・ド・クラムで煮たジャガイモを加え、さらに煮込む。塩、コショウで味をととのえて完成。器に盛ってシブレット、ディル、セルフイユなどのハーブを散らし、2種類のルイユを添えてすすめる。

ソース・タプナード
sauce tapenade
【タプナードソース】

オリーブ、ケイパー、アンチョビーなどをすりつぶし、オリーブ油でのばしたペースト状のソース。濃厚な味わいで、プロヴァンス料理などに添えて薬味や付合せの役割を果たす。

材料（でき上がり約300cc）
黒オリーブ（塩漬け）　200g
ニンニク　½片
アンチョビー（フィレ）　2本
ケイパー（酢漬け）　40g
バジル　4枚
タイム、ローズマリー　各1g
E.V.オリーブ油　60cc〜
カイエンヌペッパー　ごく少量
塩、コショウ　各適量

作り方
1．フード・プロセッサーに黒オリーブ、ニンニク、アンチョビー、ケイパー、バジル、タイム、ローズマリーの葉を入れて回し、ピュレ状にする。
2．E.V.オリーブ油を加えて固さを調整する。カイエンヌペッパー、塩、コショウで味をととのえる。

用途・保存
魚介・甲殻類、仔羊料理のソースや付合せに。また、温野菜のソースに。密閉すれば冷蔵で3日間保存可能。

ムース・ド・タプナード
mousse de tapenade
【タプナードのムース】

ソース・タプナードに5分立ての生クリームを加え、さらにムース状にかき立てたソース。タプナードの濃厚なコクや酸味を、生クリームが和らげて食べやすくなる。

材料（でき上がり約300cc）
ソース・タプナード（上記のもの）　100g
生クリーム　200cc
塩　適量
コショウ　適量

作り方
1．ソース・タプナードをフード・プロセッサーにかけてクリーム状にする。
2．5分立てにした生クリームを加え、さらに角が立つまでかき混ぜる。塩、コショウで味をととのえる。

用途・保存
魚介類や生野菜を使った前菜に添えて。気泡が消えやすいので、使うたびに作り、早めに使う。

ソース・タプナードを使って

アワビのソテーと赤座海老のカレー風味、フヌイユのコンフィ添え、タプナードとトマトソース

Sauté d'ormeau, langoustines au curry,
fenouil confit à la tapenade et à la sauce tomate

夏に旬を迎えるアワビを主役に、トマトやフヌイユを使って、南フランス色を打ち出した一皿。アワビは殻付きのままダイコンおろしと蒸し上げ、薄く切ってトマトのコンフィと交互に重ねる。ニンニクとブール・プロヴァンサル（→155頁）をのせ、オーブンで焼き上げる。アカザエビ（ラングスティーヌ）は殻をはずし、塩、コショウをしたら背にカレー粉やキャトル・エピスなどのスパイスをつけ、オリーブ油で焼く。これらに合わせるソースは、南フランスの香りたっぷりのソース・タプナードとソース・トマト（→254頁）。これらを皿に十字に流し、アワビとラングスティーヌを盛りつける。グラニュー糖をふってコンフィにしたフヌイユや、イタリアンパセリ、乾燥させて粉末にしたアワビの肝を添えて。

ソース・タプナード・オ・フリュイ・ド・メール
sauce tapenade aux fruits de mer
【海の幸のタプナードソース】

アワビやオマールの肝を加えた、海の香り豊かなタプナード。魚介を使った冷製料理に用いる。味わいが濃厚なので、アクセントとして少量を皿に添えて。

材料

材料(でき上がり約300cc)
アワビの肝　80g
オマールのコライユ(ミソ)　80g
ニンニク　2片
タマネギ　10g
黒オリーブ(酢漬け)　20g
E.V.オリーブ油　120cc
イタリアンパセリ　3g
シブレット　3g
カイエンヌペッパー　少量
レモン汁　1/2個分
ユズの皮　1/2個分
塩　少量
コショウ　少量

作り方

1．タマネギ、黒オリーブ、イタリアンパセリ、シブレットをそれぞれアッシェにする。ニンニク(芯芽を取り除く)とユズの皮はすりおろす。
2．アワビの肝とオマールのコライユを蒸すかオーブンで焼き、中まで火を入れる。タミで裏漉しする。
3．ボウルに2を入れ、ニンニク、タマネギ、黒オリーブ、E.V.オリーブ油、イタリアンパセリ、シブレット、カイエンヌペッパーを加えて混ぜ合わせる。
4．塩、コショウで軽く味をととのえ、レモン汁とユズの皮のすりおろしを加え、混ぜる。

用途・保存

アワビやサザエなど貝類の冷製料理に。また、魚介類のテリーヌのソースに。密閉して冷蔵すれば3日間ほど保存可能。

ソース・オ・ピストゥー
sauce au pistou

【ピストゥーソース】

すりつぶしたバジルやニンニクをオリーブ油でのばしてペースト状にした、プロヴァンス地方のソース。野菜のスープやパスタなどに、香りと色みのアクセントとして使用する。

材料

材料(でき上がり約300cc)
バジル　35g
パセリ　15g
ニンニク　10g
松の実(※)　15g
パルミジャーノチーズ　5g
アンチョビー(フィレ)　2尾
E.V.オリーブ油　240cc
塩　適量
コショウ　適量

※松の実はローストしたものを使用。

作り方

1. バジル、パセリ、松の実、アンチョビーをすり鉢に入れ、充分にすりつぶす。ニンニクは芯芽を取り、すりおろす。
2. ボウルに1とすりおろしたパルミジャーノチーズを入れ、混ぜ合わせる。E.V.オリーブ油を注ぎ、よく混ぜる。塩、コショウで味をととのえる。

用途・保存

魚介や甲殻類を使った料理のアクセントに。また、甲殻類のパスタや、野菜や甲殻類のスープに使用。密閉して冷蔵すれば2〜3日間は保存可能。

クーリ・ド・トマト
coulis de tomate

【トマトのクーリ】

「クーリ」は野菜やフルーツのジュを漉したものや、ピュレを表す言葉。ミキサーにかけただけの状態を指すことも多いが、下記のように派生しやすいよう調味したものも含む。

材料（でき上がり約300cc）
トマト(完熟)　500g
ニンニク　10g
タイム　3枝
塩　適量
コショウ　適量
オリーブ油　30cc

作り方
1．トマトの皮を湯むきし、半分に切って種を取り除く。調理する直前に塩、コショウをふる。ニンニクはアッシェにする。
2．鍋にオリーブ油を引き、ニンニクを入れて炒める。香りが出てきたらトマトを加え、全体をさっと混ぜる。タイムを加えて蓋をし、弱火で煮る。
3．トマトが煮崩れたらタミやシノワで漉す。

用途・保存
トマトのムースやジュレのベース、またはソースに。トマトと相性がよい冷製料理全般のソースに。密閉して冷蔵すれば2～3日間保存可能。

ソース・トマト・ア・ラ・プロヴァンサル
sauce tomate à la provençale

【プロヴァンス風トマトソース】

トマトの水分をとばすように煮て、味と濃度をぎゅっと凝縮したソース。メリハリのある甘酸っぱい風味は、少量添えるだけで皿のアクセントになる。甲殻類や魚料理によく合う。

材料（でき上がり約300cc）
トマト（完熟）　15個（約2kg）
ニンニク　30g
タイム　3枝
ローリエ　1枚
塩　適量
コショウ　適量
オリーブ油　適量

作り方
1. トマトの皮を湯むきして半分に切り、種を取り除く。調理の直前に塩、コショウをふる。ニンニクは芯芽を除き、アッシェにする。
2. 鍋にオリーブ油を引き、ニンニクを炒めて香りを出す。トマトを入れ、弱火で煮る。
3. トマトが煮崩れてきたらタイムとローリエを加え、そのまま水分がなくなるまで煮る。

用途・保存
サバのタルト、プロヴァンス風（→151頁）のように、魚を使ったタルトやショーソンに添える。密閉して冷蔵すれば、2～3日間保存可能。

ソース・トマト
sauce tomate

【トマトソース】

ソース・トマトは、トマトをさっと加熱したものから、野菜やフォンと煮出したものまでさまざま。いずれもトマトの風味を生かしつつ、汎用性の高い状態に仕上げる点がポイント。

材料（でき上がり約300cc）
トマト（完熟）　600g
ベーコン　60g
タマネギ　90g
ニンニク　15g
トマトペースト　15g
フォン・ド・ヴォライユ（→28頁）　240cc
ブーケ・ガルニ　1束
塩　適量
コショウ　適量
オリーブ油　60cc

作り方

1．トマトは皮を湯むきし、半分に切って種を取り除く。ベーコンはブリュノワーズに切る。タマネギとニンニクはアッシェにする。

2．鍋にオリーブ油を引き、ニンニクとベーコンを入れて炒める。香りが出てきたらタマネギを加え、しんなりするまで炒める。トマトを加え、全体に塩、コショウをふる。

3．しばらく弱火にかけ、トマトが煮崩れてきたら、トマトペースト、フォン・ド・ヴォライユ、ブーケ・ガルニを加える。蓋をして弱火で煮込む。

4．トマトが完全に煮崩れたら、塩、コショウで味をととのえる。シノワで漉す。

用途・保存
イカの煮込みのベースやパスタのソース、仔牛のパン粉焼きなどのソースに。密閉して冷蔵すれば、2～3日間保存可能。

ソース・プール・エスカベシュ
sauce pour escabèche

【エスカベーシュのソース】

油で揚げた魚を甘酢に漬けた「エスカベーシュ」に用いる、マリネ液兼ソース。細長く切り揃えた野菜を入れて、風味と彩りを豊かに。野菜の水気をきって付合せに使っても。

材料(でき上がり約300cc)
タマネギ　40g
ニンジン　30g
セロリ　20g
ポワロー　20g
赤ピーマン　20g
ニンニク　1片
赤トウガラシ　½本
グラニュー糖　6g
白ワイン　90cc
リンゴ酢　60cc
白ワインヴィネガー　20cc
タイム　1枝
ローリエ　1枚
レモン汁　20cc
レモン(スライス)　4枚
オリーブ油　160cc
塩　適量
コショウ　適量

作り方
1．タマネギとセロリ、ニンニクを厚さ1mmのエマンセに、ニンジン、ポワロー、赤ピーマンを2mm幅のジュリエンヌに切り揃える。
2．鍋にオリーブ油(分量のうち20cc)を入れ、ニンニクと赤トウガラシを入れて香りを出す。タマネギ、ニンジン、セロリ、ポワロー、赤ピーマンを加え、塩、コショウをふってから弱火でさっと火を入れる。
3．グラニュー糖、白ワイン、リンゴ酢、白ワインヴィネガー、タイム、ローリエを加え、強火にして沸騰させる。
4．沸いたら火を弱め、レモン汁、レモンスライス、残りのオリーブ油を加え、全体にからめて仕上げる。

用途・保存
アジとマティニョン・レギュームのミルフイユ(→257頁)のように、魚のエスカベーシュに使用。野菜の細切りは付合せとしても用いてもよい。冷蔵で2日間ほど保存可能。

ソース・オ・ロックフォール
sauce au Roquefort

【ロックフォールチーズのソース】

フランス修業時代に食べた、チーズとハチミツとヴィネガーで作るドレッシングをアレンジしたもの。ロックフォールの風味を生かすため、淡白な素材に合わせたい。

材料(でき上がり約300cc)
ロックフォールチーズ　150g
マスタード　25g
ホワイトバルサミコ酢　20cc
オリーブ油　150cc
コショウ　適量
ライム果汁　少量

作り方
1. ロックフォールチーズをタミで裏漉しする。マスタードとホワイトバルサミコ酢を加え、なめらかになるまで混ぜる。
2. オリーブ油を少しずつ加え、泡立て器で混ぜ合わせる。コショウとライム果汁を加え、味をととのえる。

用途・保存
鶏や白身魚など淡白な素材の冷製料理に。サラダにも合う。冷蔵で3日間ほど保存可能。

ソース・オ・ロックフォールを使って

アジとマティニョン・レギュームのミルフイユ、木の芽の香り

Mille-feuilles de chinchard et matignon
de légume parfumé à la jeune pousse "Kinomé"

アジのエスカベーシュをアレンジした夏らしい一皿。ロックフォールチーズのソースのコクとインパクトのある香りは、酸味の強いエスカベーシュとよく合う。作り方は、アジをフィレにおろし、塩、コショウ、強力粉をまぶして油で揚げる。これをソース・プール・エスカベシュ（→255頁）に入れ、漬ける。器にアジとソース・エスカベシュに入っているニンジンや赤ピーマンなどの野菜をミルフイユ状に重ね、周囲にソース・オ・ロックフォールを流す。全体に木の芽を散らして仕上げる。

クーリ・ド・トリュフ
coulis de truffes

【トリュフのクーリ】

たっぷりの黒トリュフをマデラ酒やフォンで煮詰めた、つややかなソース。ていねいに漉してなめらかな口当たりに。温かい料理に添えて、トリュフの香りを存分に強調する。

材料(でき上がり約300cc)
トリュフ　150g
コニャック　10cc
マデラ酒　50cc
ジュ・ド・トリュフ(市販)　75cc
フォン・ド・ヴォライユ(→28頁)　180cc
塩　適量
コショウ　適量
バター　少量

作り方
1．トリュフをエマンセに切り、バターでスュエする。コニャックをふり、香りをつける。
2．マデラ酒を加えて半量程度まで煮詰める。さらにジュ・ド・トリュフとフォン・ド・ヴォライユを加え、軽く煮詰める。
3．粗熱がとれたら、ミキサーにかけてピュレ状にする。目の細かいタミでていねいに漉し、塩、コショウで味をととのえる。

用途・保存
肉や白身魚を使った温かい料理のソースに。香りを逃さないように真空包装すれば2〜3日間保存可能。

基本のソース

ユイル・オ・バジリック
huile au basilic

【バジルのオイル】

バジルがしっかり香る油は、65～70℃の場所に半日おいてゆっくり風味を抽出する。こうした油は加熱ではなく、香りづけに使用。保存がきくので、まとめて仕込んでおきたい。

材料（でき上がり約300cc）
E.V.オリーブ油　360cc
バジルの葉　30g
黒粒コショウ　約10粒

1． バジルは葉のみを使用。きれいに水洗いしてから、水気を充分にぬぐっておく。

2． 鍋にバジルの葉とE.V.オリーブ油、黒粒コショウを入れる。コショウを加えるのは、オイルに軽くスパイシーさをつけるため。

3． 鍋をストーブの端など、熱すぎない場所（65～70℃）に置き、12時間ほどおいて香りをアンフュゼ（抽出）する。

4． 12時間後の状態。葉は沈み、オイルには緑色がつく。火からはずし、そのまま室温に冷ます。

5． 冷めたら布漉しする。

6． でき上がったバジルオイル。魚介類のサラダやパスタ、魚のポシェやポワレなどの香りづけに。室温で1ヵ月間ほど保存可能。

ユイル・オ・ゼルブ
huile aux herbes
【香草のオイル】

数種類のハーブを使い、香りをつけた油。バジルのオイル（→259頁）よりもクセがなく、風味や色のアクセントとしてさまざまな料理に使用できる。ハーブの種類はお好みで。

材料（でき上がり約300cc）
オリーブ油　300cc
ニンニク（皮付き）　2片
赤トウガラシ　1/2本
バジル　10g
タイム　5g
エストラゴン　8g
イタリアンパセリ　3g
ミニョネット（白）　少量

作り方
1. ハーブ類はきれいに水洗いし、充分に水気をきっておく。鍋にすべての材料を入れ、70℃くらいの場所に10～12時間置く。
2. ハーブの風味が油に移ったら、そのまま室温で冷ます。布を敷いたシノワで漉す。

用途・保存
青魚のポワレの加熱油や、スープやサラダ、冷製パスタのアクセントに。密閉すれば1～2週間保存可能。

ユイル・オ・セープ
huile aux cèpes
【セープ茸のオイル】

キノコの中で最も香りと旨みが凝縮しているセープ茸をアンフュゼしたオイル。キノコと相性のよいクルミ油を使用したが、オリーブ油でも可。シイタケでも作ることができる。

材料（でき上がり約300cc）
クルミ油　300cc
セープ茸（乾燥）　40g
ニンニク（皮付き）　1/2片
赤トウガラシ　1/2本

作り方
1. 鍋にすべての材料を入れ、70℃くらいの場所に10～12時間置く。
2. セープ茸の香りが移ったら、そのまま室温で冷ます。布を敷いたシノワで漉す。

用途・保存
キノコのソテーやクリーム煮、スープなどの香りづけに加える。キノコを加熱する際の油にも使える。密閉すれば1～2週間保存可能。

ユイル・オ・オマール
huile au homard

【オマールのオイル】

オマールの殻をアンフュゼした、鮮やかな色と香りのオイル。フレッシュのハーブで臭みを和らげつつ、オマールの旨みを引き出す。オマール以外のエビ類で作ってもよい。

材料(でき上がり約300cc)
オマールの殻(※)　80g
コニャック　少量
オリーブ油　350cc
ニンニク(皮付き)　1/2片
タイム　1/2枝
エストラゴン　1/2枝
ローリエ　1/2枚
赤トウガラシ　1/2本

※殻付きのままポシェ(ゆでる)し、身を取り出した後のオマールの殻を使用。鮮やかな色に仕上がるよう、赤い部分だけを使う。

作り方
1. オマールの殻を約2cm角に切る。天板に並べ、220℃のオーブンに入れて乾かすように焼く。焼き上がりに少量のコニャックをふり、香りをつける。
2. 鍋に1を入れ、オリーブ油を注ぐ。ニンニク、ハーブ類、赤トウガラシを加え、75〜80℃の場所に置いて5時間ほどアンフュゼする。
3. 布を敷いたシノワで漉す。

用途・保存
オマールのサラダやスープをはじめ、甲殻類の料理に少量たらして風味をプラスする。香りがとばないように密閉すれば1週間ほど保存可能。

ユイル・オ・オマールを使って

ブルターニュ産オマールと季節野菜の冷たいスープ、柑橘類の香り

Soupe froide de homard breton et de légumes de saison,
parfumée au jus d'agrume

暑い季節に喜ばれる冷製のスープ。クリアーな味わいに仕立てることが冷たいスープのポイントだが、ともすると味が単調になりやすいため、香りをつけたオイルをたらして風味のアクセントとする。スープはブイヨン・ド・レギュームに生ハムを入れ、静かに煮出してからクラリフィエしたもの。シノワで漉してから冷まし、脂が浮いてくるので布漉しする。これを塩、コショウで味をととのえ、カボスを搾って香りをつける。クール・ブイヨン（→53頁）でポシェしたオマールとクネル（オマールとホタテをベースにしたムースをクネル型にとり、オマールの卵をまぶす）、下ゆでしたアスパラガスやサヤインゲン、トマト、カボチャなどの野菜と生のトマトを器に盛り、スープを注ぐ。ジュリエンヌに切ったミョウガとキュウリを盛り、周りにユイル・オ・オマールをたらす。

デザートのソース
Sauces pour desserts

基本のソース

ソース・アングレーズ
sauce Anglaise

【アングレーズソース】

牛乳と卵の定番ソース。卵に充分火を入れ、コクをしっかり引き出す。ここではレストランのデザート向きに、最後に泡立てた生クリームと合わせて、軽く仕上げる方法を紹介。

材料（でき上がり約500cc）
牛乳　250cc
ヴァニラビーンズ（タヒチ産）　1/4本
卵黄　4個
グラニュー糖　60g
生クリーム（乳脂肪36%）　100cc

1. 鍋に牛乳とヴァニラビーンズ（サヤに切り込みを入れる）、少量のグラニュー糖を入れ、火にかける。グラニュー糖を入れるのは、鍋底に膜ができて焦げるのを防ぐため。

2. ボウルに卵黄と残りのグラニュー糖を入れ、すり混ぜる。たっぷり空気を含ませるように混ぜるのがポイント。空気がクッションになり、熱が入ってもすぐには固まらない。

3. 牛乳が沸騰したら2に少しずつ加え、よく混ぜ合わせる。

4. 鍋に戻し、弱火にかける。ヘラ（写真は耐熱性のゴムベラ）で絶えずかき混ぜながら、約83℃まで加熱する。卵の凝固作用で次第にとろみがついてくる。

5. ヘラですくったソースを指でなぞった時に、跡がくっきり残れば、卵に充分火が入ってとろみがついたしるし。

6. ヴァニラビーンズをつぶしながらシノワで漉し、氷水にあてて粗熱をとる。

7. 生クリームを6分立てにし、そこに6のソースを少しずつ加え、そのつどていねいに混ぜ込む。

8. ソース・アングレーズの完成。生クリームが入っているぶん、軽くてまろやかなので食後のデザート向き。ソース以外に、アイスクリームやバヴァロワのベースにも用いる。このソースは作った当日中に使い切る。

ソース・アングレーズを使って

リンゴのキャラメリゼのタルト、2種のソース添え

Tarte aux pommes caramélisées aux deux sauces anglaise et caramel

ソース・アングレーズをデザートのソースに使う例。リンゴのタルトとアイスクリームに、ソース・アングレーズとソース・オ・キャラメル（→272頁）を添えたオーソドックスなデザート。どちらのソースも、どんなデザートにもよく合う。リンゴのタルトは、くし型に切ったリンゴをブール・クラリフィエとヴァニラビーンズでソテーし、シナモンシュガーを加えてカラメリゼする。レモン汁を加えて冷まし、セルクルに詰めてオーブンで焼く。これに薄くのばしたパート・ブリゼ（練り込みパイ生地）をかぶせ、さらに焼く。これを皿に盛り、リンゴのチップを刺す。手前に薄く焼いたチョコレート生地を置き、ミカンのシャーベット、カルヴァドス風味のアイスクリーム、タイム風味のリンゴのコンフィチュールをのせて。ソースにミントの葉を散らす。

ソース・アングレーズ
sauce Anglaise
【アングレーズソース（クリームなし）】

クリームを加えない、卵の風味とコクが豊かなベーシックなアングレーズ。デザートのソースに使う以外に、さまざまなクリームやムースのベースにもなる、基本のソース。

材料（でき上がり約400cc）
牛乳　250cc
ヴァニラビーンズ（タヒチ産）　¼本
卵黄　4個
グラニュー糖　60g

用途・保存
ウフ・ア・ラ・ネージュをはじめさまざまなデザートに。卵を使っているため保存不可。当日中に使い切る。

作り方
1．鍋に牛乳、ヴァニラビーンズ（サヤを裂く）、分量の一部のグラニュー糖を入れ、火にかける。
2．ボウルに卵黄と残りのグラニュー糖を入れ、白っぽくなるまですり混ぜる。
3．1が沸いたら少しずつ2に入れ、よく混ぜる。鍋に戻して火にかけ、約83℃まで絶えず混ぜながら加熱する。指でなぞると跡がつく状態になればよい。
4．シノワで漉し、氷水にあててすばやく冷ます。

ソース・アングレーズ・オ・コワントロー
sauce Anglaise au Cointreau
【コアントロー風味のアングレーズソース】

コアントローで風味をつけた、ソース・アングレーズ。まろやかさの中にオレンジの香りがふっとただよう。オレンジをはじめ、柑橘類を使ったデザートのソースに。

材料（でき上がり約400cc）
ソース・アングレーズ（→264頁）　400cc
コアントロー（※）　15cc
※フランス・コアントロー社製のオレンジ風味のリキュール。

用途・保存
柑橘類を使ったババロワ、ムース、アイスクリームのソースに。作った当日中に使い切る。

作り方
1．ソース・アングレーズにコアントローを加え、かき混ぜて味をなじませる。

ソース・アングレーズ・オ・カフェ
sauce Anglaise au café
【コーヒー風味のアングレーズソース】

インスタントコーヒーで風味をつけた、ソース・アングレーズのバリエーション。仕上げにオー・ド・ヴィを加え、さらに奥行きのある味わいに。

材料（でき上がり約500cc）
牛乳　250cc
ヴァニラビーンズ（タヒチ産）　¼本
卵黄　4個
グラニュー糖　60g
インスタントコーヒー　6g
生クリーム（乳脂肪36%）　100cc
フィーヌ・シャンパーニュ（※）　6cc

※フランス・コニャック地方の上質なコニャック。デリケートな香りと豊かな風味を持つ。

作り方
1．インスタントコーヒーを、卵黄、グラニュー糖とともに白っぽくなるまですり混ぜる。それ以外は、264頁の要領でソース・アングレーズを仕立てる。
2．シノワで漉し、氷水で冷ましたら、6分立ての生クリームとフィーヌ・シャンパーニュを加え混ぜる。

用途・保存
バヴァロワやムース、アイスクリームのベースやソースに。作った当日中に使い切る。

ソース・アングレーズ・オ・テ
sauce Anglaise au thé
【紅茶風味のアングレーズソース】

牛乳とヴァニラビーンズを火にかける際に、紅茶の葉を加えて香りをつけたソース・アングレーズ。茶葉は華やかな香りのアールグレイを使い、しっかり風味を強調する。

材料（でき上がり約500cc）
牛乳　250cc
ヴァニラビーンズ（タヒチ産）　¼本
卵黄　4個
グラニュー糖　60g
生クリーム（乳脂肪36%）　100cc
紅茶の葉（アールグレイ）　5g

作り方
1．牛乳とヴァニラビーンズ、グラニュー糖少量を火にかける。沸いたら紅茶の葉を加え、そのまま冷まし、シノワで漉す。残りは264頁の要領でソース・アングレーズを作る。シノワで漉し、氷水で冷ます。
2．6分立ての生クリームを加え混ぜる。

用途・保存
バヴァロワやムース、アイスクリームのベースやソースに。作った当日中に使い切る。

ソース・オ・ノワゼット
sauce aux noisettes
【ノワゼット風味のソース】

ノワゼット（ハシバミ）のペーストを加えたアングレーズソース。卵黄や生クリームを控えめにし、ノワゼットの風味を強調する。仕上げにもう一度シノワで漉してなめらかに。

材料（でき上がり約400cc）
牛乳　240cc
グラニュー糖　45g
卵黄　3個
ノワゼットのペースト（無糖）　30g
生クリーム（乳脂肪36%）　40cc

作り方
1．牛乳、グラニュー糖、卵黄で、264頁の要領でソース・アングレーズを作る。
2．シノワで漉し、氷水で粗熱を取る。ノワゼットのペーストに少しずつ加え、ダマにならないように混ぜる。シノワで漉し、6分立ての生クリームを加える。

用途・保存
ナッツ類を使ったデザート全般のソースに。作った当日中に使い切る。

ソース・オ・ピスターシュ
sauce aux pistaches
【ピスタチオ風味のソース】

ヴァニラとピスタチオは、お互いの風味を邪魔しない相性のいい組合せ。その爽やかな香りと色合いは、チョコレートやベリー類をはじめ、さまざまな素材によく合う。

材料（でき上がり約500cc）
牛乳　250cc
ヴァニラビーンズ（タヒチ産）　½本
卵黄　4個
グラニュー糖　60g
ピスタチオのペースト（無糖）　40g
生クリーム（乳脂肪36%）　70cc

作り方
1．牛乳、ヴァニラビーンズ、卵黄、グラニュー糖を使い、264頁の要領でソース・アングレーズを作る。
2．シノワで漉し、氷水で粗熱を取る。ピスタチオのペーストに少しずつ加え、ダマにならないように混ぜる。シノワで漉し、6分立ての生クリームを加える。

用途・保存
チョコレートやベリー類を使ったデザートによく合う。作った当日中に使い切る。

ソース・オ・シャンパーニュ
sauce au Champagne
【シャンパン風味のソース】

シャンパンの香りを生かすため、ベースにはしっかり砂糖を効かせるのがポイント。泡立てた生クリームを多めに加え、シャンパンを思わせるふわっと軽い口当たりに。

材料(でき上がり約550cc)
卵黄　4個
グラニュー糖　130g
シャンパン(辛口)　200cc
レモン汁　20cc
生クリーム(乳脂肪36％)　100cc
コアントロー　40cc

作り方
1．卵黄とグラニュー糖をすり混ぜ、シャンパンを沸かして加える。火にかけ、混ぜながら約83℃まで加熱する。とろみがついたら、氷水にあてて粗熱をとる。
2．レモン汁を加え、6分立ての生クリームを加え混ぜる。コアントローを加えて風味をつける。

用途・保存
ムースやバヴァロワなどのソースに。保存せず、作った当日中に使い切る。

ソース・オ・マルサラ
sauce au Marsala
【マルサラ風味のソース】

イタリアの甘いデザートワイン・マルサラ酒を使ったアングレーズ風のソース。白ワインも併せて使い、味わいに複雑さをプラス。見た目よりもさらっと軽やかな口当たり。

材料(でき上がり約400cc)
卵黄　6個
グラニュー糖　90g
マルサラ酒(※)　80cc
白ワイン　120cc
ミネラルウォーター　40cc
※イタリアのシチリア島で作られるデザートワイン。

作り方
1．ボウルに卵黄とグラニュー糖を入れてすり混ぜる。
2．マルサラ酒、白ワイン、ミネラルウォーターを沸かし、1に少しずつ加える。鍋に戻し、混ぜながら約83℃まで熱する。指でなぞって跡がつく程度にとろみがつけばよい。シノワで漉し、氷水にあて冷ます。

用途・保存
イチジクのロティなどしっかりした味のデザートに。作った当日中に使い切る。

ソース・サバイヨン・オ・ヴァン・ブラン
sauce sabayon au vin blanc
【白ワイン風味のサバイヨンソース】

卵黄とグラニュー糖を温めながら混ぜ、アルコールでのばしたソース・サバイヨン。気泡を作って軽い口当たりに。白ワインの代わりにシャンパンを使ったシャンパン風味も有名。

材料（でき上がり約900cc）
卵黄　10個
グラニュー糖　160g
白ワイン（※）　180cc
※白ワインの代わりにシャンパンを使ってもよい。

作り方
1．ボウルに卵黄とグラニュー糖を入れ、白っぽくなるまですり混ぜる。
2．湯煎にかけ、泡立て器で攪拌しながら卵に火を入れる。白ワインを少しずつ加え混ぜる。湯煎からはずし、泡立て器でさらにかき立てる。

用途・保存
フルーツにかけてグラチネしたり、フルーツのコンポートのソースに。使うたびに作り、早めに使い切る。

ソース・サバイヨン・ア・ロランジュ
sauce sabayon à l'orange
【オレンジ風味のサバイヨンソース】

オレンジの皮をすりおろして加えたソース・サバイヨン。皮のほろ苦さが、しっかり甘いサバイヨンのアクセントに。仕上げにグランマルニエを加えて香りに奥行きを。

材料（でき上がり約900cc）
卵黄　10個
グラニュー糖　160g
オレンジの皮（※）　2個分
白ワイン　160cc
グランマルニエ　20cc
※オレンジの皮は内側の白い部分を取り除いた、オレンジ色の部分のみを使用。

作り方
1．ボウルに卵黄、グラニュー糖、すりおろしたオレンジの皮を入れ、白っぽくなるまですり混ぜる。
2．湯煎にかけ、泡立て器で攪拌しながら卵に火を入れる。白ワインを少しずつ加える。グランマルニエを加えて湯煎からはずし、泡立て器でさらにかき立てる。

用途・保存
フルーツにかけてグラチネしたり、フルーツのコンポートのソースに。使う分だけ作り、早めに使い切る。

ソース・オ・パン・デピス
sauce au pain d'épices
【パンデピス風味のソース】

ハチミツとスパイスが詰まった菓子「パンデピス」を使ったソース。穏やかに感じるスパイスの風味は、さまざまな皿のアクセントになる。パスティスを加えていっそう香り高く。

材料(でき上がり約400cc)
牛乳　250cc
ヴァニラビーンズ（タヒチ産）　1/4本
シナモンスティック　5g
グラニュー糖　60g
卵黄　4個
パンデピス（※）　20g
パスティス　5cc

※ハチミツとスパイスをたっぷり使った発酵生地の菓子。フランス・ディジョン地方のものを使用。

作り方
1．鍋に牛乳とヴァニラビーンズ（サヤを裂く）、シナモンスティック、分量の一部のグラニュー糖を入れ、火にかける。
2．ボウルに卵黄と残りのグラニュー糖を入れ、白っぽくなるまですり混ぜる。
3．1が沸いたら2に少しずつ加え、よく混ぜ合わせる。鍋に戻し、火にかける。混ぜながら約83℃まで加熱し、指でなぞった時に跡がつく程度のとろみをつける。
4．火からはずしてパンデピスを加え、フード・プロセッサーにかける。
5．シノワで漉し、氷水にあてて冷ます。充分に冷えたらパスティスを加える。

用途・保存
チョコレートやリンゴ、洋梨など、スパイスと相性がいい素材を使ったデザートに。使うたびに作り、早めに使い切る。

ソース・オ・キャラメル
sauce au caramel
【キャラメルソース】

グラニュー糖を焦がした香ばしいキャラメルは、デザートに欠かせないソース。用途や好みに応じて焦がし具合を調整し、最後にお湯を加えて使いやすい濃度に仕上げる。

材料（でき上がり約400cc）
グラニュー糖　400g
湯　約160cc

作り方
1. 鍋にグラニュー糖を入れ、中火にかける。
2. キャラメル状になったら、湯を加え、かき混ぜて濃度を調整する。

用途・保存
イル・フロッタントやプディングなどのソースに。冷蔵で2〜3日間保存可能。

ソース・キャラメル・ア・ラ・クレーム
sauce caramel à la crème
【クリーム風味のキャラメルソース】

グラニュー糖を焦がしたキャラメルを、お湯ではなく生クリームでのばしたソース。まろやかな口当たりだが、仕上げに香り豊かなコニャックを加えて大人の味わいに。

材料（でき上がり約400cc）
グラニュー糖　200g
生クリーム(乳脂肪36%)　280cc
フィーヌ・シャンパーニュ(※)　30cc
※フランス・コニャック地方の上質なコニャック。デリケートな香りと豊かな風味を持つ。

作り方
1. 鍋にグラニュー糖を入れ、中火にかけてキャラメルを作る。別鍋に生クリームを入れ、温めておく。
2. キャラメルに生クリームを加え、混ぜ合わせる。粗熱がとれたら、フィーヌ・シャンパーニュを加える。

用途・保存
アイスクリームやリンゴのパイのソースに。冷蔵で2〜3日間保存可能。

ソース・キャラメル・オ・ショコラ
sauce caramel au chocolat
【チョコレート風味のキャラメルソース】

チョコレート風味のキャラメルソース。チョコレートはカカオ分が多いとキャラメルの風味が引き立たないので、ミルクタイプを使用。クリームをたっぷり加え、優しい触感に。

材料(でき上がり約400cc)
グラニュー糖　120g
生クリーム(乳脂肪36%)　280cc
ヴァニラビーンズ(タヒチ産)　½本
クーベルチュール(ミルクタイプ)　60g

用途・保存
チョコレートを使ったデザートやババロワのソースに。冷蔵で2〜3日間保存可能。

作り方
1. 鍋に生クリームとヴァニラビーンズ(サヤを裂く)を入れ、沸かす。
2. 別鍋にグラニュー糖を入れ、中火にかけてキャラメルを作る。
3. 2に1を加え、混ぜ合わせる。
4. ボウルにクーベルチュール(溶けやすいよう、きざんでおく)を入れ、3を加え、混ぜ合わせる。シノワで漉す。

ソース・オ・キャラメル・ブール・サレ
sauce au caramel beurre salé
【塩バター風味のキャラメルソース】

塩とバターを加えた、ほのかに甘じょっぱい塩キャラメル風味のソース。グラニュー糖と水飴を同量ずつ使い、のびのある仕上がりに。デザートに添えて意外な味わいを演出。

材料(でき上がり約400cc)
グラニュー糖、水飴　各100g
生クリーム(乳脂肪36%)　250cc
ヴァニラビーンズ(タヒチ産)　½本
バター　24g
塩　ひとつまみ

用途・保存
リンゴや洋梨のタルトや、チョコレートケーキなどに。冷蔵で2〜3日間保存可能。

作り方
1. 鍋に生クリームとヴァニラビーンズ(サヤを裂く)を入れ、沸かす。
2. 別鍋にグラニュー糖と水飴を入れ、中火にかけてキャラメルを作る。
3. 2に1を少しずつ加え、よく混ぜる。シノワで漉し、塩とバターを加えてよく混ぜ合わせる。

ソース・オ・フレーズ
sauce aux fraises

【イチゴのソース】

イチゴのピュレで作る、シンプルなソース。仕上げにキルシュを加え、香りと味の奥行きをプラス。他にフランボワーズやカシスなど好みのピュレとアルコールを使ってアレンジを。

材料（でき上がり約400cc）
イチゴのピュレ（※）　400g
グラニュー糖　55g
レモン汁　1/2個分
キルシュ（※）　20cc

※イチゴのピュレはフランス産の冷凍品を使用。加糖10%。
※キルシュはサクランボのブランデー。

作り方
1．鍋にイチゴのピュレとグラニュー糖を入れ、火にかける。絶えず混ぜながら加熱する。
2．沸騰したらシノワで漉し、氷水にあてて冷ます。レモン汁とキルシュを加え、味をととのえる。

用途・保存
イチゴを使ったムースやバヴァロワ、ミルフイユ、アイスクリームのソースに。冷蔵で3日間保存可能。

ソース・オ・フレーズを使って

苺のミルフイユとシャンパンのエスプーマ、オレンジ風味のマリアージュ

Mille-feuilles aux fraises et espumas de champagne à l'orange

イチゴのミルフイユは定番のデザート。レストランで提供する場合は、フレッシュのフルーツを添えたりソースや盛りつけを工夫して印象的に仕上げたい。ミルフイユは、パート・フイユテ（折り込みパイ生地）を薄くのばし、底用はピケをし、重しをして薄く焼き上げる。上にかぶせるほうはそのままに焼き、ともに丸く抜く。底用の生地にイチゴを並べ、クリーム（同量ずつ合わせたクレーム・パティシエールとクレーム・シャンティイに、キルシュを加えたもの）を絞り、上から生地をかぶせる。ソースはイチゴのソースとシャンパンのエスプーマ（→286頁）の2種類。イチゴのソースはスライスした生のイチゴの横に流し、ソースの凝縮した風味と生の爽やかさを対比させて。エスプーマは、口にしたとたんにシュワシュワと溶ける軽い触感と、ふわっと香るシャンパンの風味が特徴。これを添えるだけでインパクトのある一品になる。

クーリ・ド・フレーズ
coulis de fraises
【イチゴのクーリ】

クーリは野菜や果物のゆるいピュレのこと。ここでは加熱せず、フレッシュ感たっぷりのソースに仕上げた。水分が少ない果物の場合は、シロップやリキュールで濃度調整をする。

材料(でき上がり約500cc)
イチゴ　650g＋10粒
粉糖　70g
キルシュ(※)　40cc
ミントの葉　30枚分
※サクランボのブランデー。フランス・アルザス産。

作り方
1．イチゴ650gをタミで裏漉しする。10粒分はブリュノワーズに切る。ミントの葉はシズレにする。
2．裏漉ししたイチゴに粉糖、キルシュ、ブリュノワーズに切ったイチゴ、ミントの葉を加え混ぜる。粉糖が溶けたら冷やす。

用途・保存
イチゴのムースやバヴァロワ、ミルフイユなどのソースに。使うたびに作り、早めに使い切る。

ソース・フリュイ・ルージュ
sauce fruits rouges
【赤いフルーツのソース】

フリュイ・ルージュ(赤いベリー類)の酸味と鮮やかな色が特徴。フルーツは湯煎にかけ、自然に落ちたジュを使ってピュアな味わいに。冷凍フルーツを使うと味が安定する。

材料(でき上がり約400cc)
イチゴ　600g
フランボワーズ　240g
ミュール(ブラックベリー)　240g
粉糖　40g
コーンスターチ　15g

作り方
1．ボウルにイチゴ、フランボワーズ、ミュールを入れ、湯煎にかけてしみ出したジュをとる(材料表の分量で約400ccとれる。フルーツはつぶさない)。フルーツはフレッシュでも冷凍でも可。
2．コーンスターチに1のジュの一部を加え、混ぜ合わせておく。
3．鍋に残りのジュと粉糖を入れ、火にかける。沸いたら2のコーンスターチを加え、ひと煮立ちさせる。シノワで漉し、冷やす。

用途・保存
プレーン、またはベリー系のムースやバヴァロワのソースに。冷蔵で3日間保存可能。

ソース・フランボワーズ
sauce framboise

【フランボワーズのソース】

さまざまなデザートに合うフランボワーズのソース。材料をさっと火にかけて合わせるが、煮詰めず、フレッシュ感を残すのがポイント。ほわんと口に残る爽やかな酸味が持ち味。

材料（でき上がり約400cc）
フランボワーズのピュレ（※）　290cc
グラニュー糖　60g
レモン汁　1/3個分
ミネラルウォーター　90cc
コーンスターチ　6g

※加糖10％の市販品を使用。

作り方
1．コーンスターチに少量のミネラルウォーターを加え、混ぜ合わせておく。
2．鍋にフランボワーズのピュレ、グラニュー糖、レモン汁、残りのミネラルウォーターを入れ、火にかける。沸いたら1を加え、再度沸騰させる。
3．シノワで漉し、冷ます。

用途・保存
ピーチ・メルバや洋梨のシャルロットなどのソースに。冷蔵で2日間ほど保存可能。

ソース・オ・フリュイ・トロピコー
sauce aux fruits tropicaux

【トロピカルフルーツのソース】

トロピカルフルーツのソースは鮮やかな色と香りが特徴。一つのフルーツではなく、何種類かを組み合わせることで、エキゾチックな印象が増す。暑い時季に使いたいソース。

材料(でき上がり約400cc)
パイナップルのピュレ(※)　110g
パッションフルーツのピュレ(※)　85g
マンゴーのピュレ(※)　85g
ミネラルウォーター　85cc
グラニュー糖　50g
コーンスターチ　6g

※ピュレは市販の冷凍品を使用。商品によって甘さが異なるので、味をみてグラニュー糖の量を調整する。

作り方
1．コーンスターチを少量のミネラルウォーターで溶いておく。
2．鍋にパイナップル、パッションフルーツ、マンゴーのピュレ、残りのミネラルウォーター、グラニュー糖を入れ、火にかける。
3．沸騰したら1を加え、よく混ぜ合わせる。
4．シノワで漉し、冷ます。

用途・保存
トロピカル系のフルーツを使ったムース、ババロワ、アイスクリームに。冷蔵で2日間保存可能。

ソース・ア・ロランジュ

sauce à l'orange

【オレンジのソース】

マンダリン(ミカン)のピュレをベースに、フレッシュのオレンジを皮ごと加えて煮詰めた甘苦いソース。水飴を加え、ジャムのようなとろみをプラス。チョコレートのデザートに。

材料(でき上がり約400cc)
オレンジ　4個
グラニュー糖　200g
水飴　160g
マンダリンのピュレ(冷凍・加糖10％)　300g
マンダリンナポレオン(オレンジリキュール)　60cc

用途・保存
チョコレート系のムースやバヴァロワ、クレープのソースに。冷蔵で4～5日間保存可能。

作り方
1. オレンジは丸ごとのまま3回ゆでこぼす。4等分にし、厚さ2mmのエマンセにする。
2. 別鍋にグラニュー糖、水飴、マンダリンのピュレ、1のオレンジを入れ、火にかける。沸いたら中火にし、アクを取りながらとろみがつくまで煮詰める。
3. 冷めたらマンダリンナポレオンを加え混ぜ、シノワで漉す。

ソース・パンプルムース

sauce pamplemousse

【グレープフルーツのソース】

グレープフルーツの搾り汁でのばした、つややかなソース。ナパージュは加熱が不要のため、しっかりした甘みの中にグレープフルーツの爽やかさを感じるソースになる。

材料(でき上がり約400cc)
グレープフルーツ果汁　120cc
ヴァニラビーンズ(タヒチ産)　1本
ハチミツ　48g
ナパージュ(透明※)　240g

※つやだしや上がけに使うジャム状の素材。甘みと少しの酸味がある。ナパージュは加熱する必要がないため、フルーツの味がストレートに表現できる。

作り方
1. グレープフルーツ果汁をシノワで漉す。ヴァニラビーンズを裂き、種子をこそげ取る。
2. グレープフルーツの果汁、ヴァニラビーンズ、ハチミツ、ナパージュをボウルに入れ、混ぜ合わせる。冷やす。

用途・保存
柑橘系のムースやバヴァロワのソースに。風味がとぶので保存不可。使うたびに作り、早めに使い切る。

ソース・ポム・ヴェール・オ・タン
sauce pomme vert au thym

【タイム風味の青リンゴソース】

青リンゴのピュレを使用した、きれいなグリーンのソース。加熱しないため、すりおろしリンゴのようなやさしい触感に。アンフュゼしたタイムの風味が爽やかさを演出。

材料（でき上がり約500cc）
グラニュー糖　75g
ハチミツ（アカシア）　17g
ミネラルウォーター　100cc
タイム（フレッシュ）　2g
青リンゴのピュレ（※）　380g

※フランス産冷凍ピュレを使用。加糖10％。

作り方
1. 鍋にグラニュー糖、ハチミツ、ミネラルウォーターを入れて火にかけ、シロップを作る。
2. タイムを加え、そのまま冷まして香りを移す。
3. 青リンゴのピュレを加え、よく混ぜ合わせる。

用途・保存
リンゴを使用したムースやババロワのソースに。シロップは冷蔵で4～5日間保存可能。風味がとびやすいので、当日中に使い切る。

ソース・ダナナ・オ・バジリック
sauce d'ananas au basilic
【バジル風味のパイナップルソース】

噛むごとにパイナップルを感じる、夏向けのソース。バジルとミニョネットを加え、爽快感のある仕上がりに。パイナップルは濃度がつきにくいので、ペクチンを加えている。

材料（でき上がり約400cc）
パイナップル　380g
ミネラルウォーター　70cc
グラニュー糖　40g
ペクチン　2g
バジル　2g
ミニョネット（黒）　少量

作り方
1．パイナップルのうち、130g分を1.5cm角のデに切る。残りをミキサーにかけ、ピュレ状にする。
2．ペクチンはグラニュー糖と混ぜ合わせておく。
3．鍋に1のパイナップルとミネラルウォーターを入れ、火にかける。沸騰したら2を加え、よく混ぜ合わせる。
4．火からはずして粗熱を取る。アッシェにしたバジルとミニョネットを加え、冷ます。

用途・保存
ブランマンジェやバヴァロワのソースに。バジルとミニョネットを加える前の状態は、冷蔵で2日間ほど保存可能。加えた後は当日中に使い切る。

ソース・フランボワーズ・ペパン
sauce framboise-pépin
【フランボワーズのペパン】

フランボワーズの種のプチプチ感が特徴のソース。しっかり加熱して味を凝縮させておき、使う段階でオー・ド・ヴィを加え、濃度を調整しつつ、風味に奥行きを与える。

材料(でき上がり約400g)

フランボワーズ(フレッシュ)　400g
グラニュー糖　230g
水飴　80g
ミネラルウォーター　30cc
ペクチン　16g
レモン汁　25cc
オー・ド・ヴィ(フランボワーズ)　適量

※フランボワーズは冷凍も使用可。
※オー・ド・ヴィは蒸留酒のこと。ここではフランボワーズのオー・ド・ヴィを使用。

作り方

1．ペクチンはグラニュー糖(分量のうち90g)とよく混ぜ合わせておく。
2．鍋に残りのグラニュー糖(140g)、水飴、ミネラルウォーターを入れ、火にかけて131℃まで加熱する。
3．131℃になったらフランボワーズを加え、混ぜ合わせる。1のペクチンとグラニュー糖を加え、混ぜながらひと煮立ちさせる。鍋を火からはずし、粗熱が取れたらレモン汁を加える。
4．使用時にフランボワーズ風味のオー・ド・ヴィでのばす。

用途・保存

チョコレート系のムースやバヴァロワ、アイスクリームに。冷蔵で4日間ほど保存可能。

シロ・ド・グロゼイユ
sirop de groseille

【グロゼイユのシロップ】

グロゼイユ（スグリ）をシロップでさっと加熱したソース。甘酸っぱさの中に、オレンジの皮のほろ苦さを感じる大人っぽい味。さまざまなデザートの色と風味のアクセントに。

材料（でき上がり約400cc）
グロゼイユ（ホール※）　250g
ポルト酒（ルビー）　83cc
グラニュー糖　200g
ミネラルウォーター　83cc
オレンジの皮（※）　1/2個

※グロゼイユは冷凍品を解凍して使用。
※オレンジの皮は内側の白い部分を取り除いた、オレンジ色の部分のみを使用。

作り方
1. オレンジの皮をよく洗い、水気をきっておく。
2. 鍋にグロゼイユ、ポルト酒、グラニュー糖、ミネラルウォーター、オレンジの皮を入れ、火にかける。沸騰し、グラニュー糖が溶けたら火からはずす。
3. シノワで漉し、冷やす。

用途・保存
ムースやババロワのソースに。冷蔵で4日間ほど保存可能。

ジュレ・ア・ラニス・エトワレ
gelée à l'anis etoilé

【アニス風味のジュレ】

なめらかな喉ごしのジュレは、ソースとしても活用できる。柑橘の風味を軽く加えた薄いシロップに、アニスとミントの香りを抽出。甘さを抑え、スパイスを爽やかに効かせて。

材料（でき上がり約600g）
ミネラルウォーター　470cc
オレンジ果汁　35cc
レモン汁　35cc
グラニュー糖　95g
スターアニス（八角）　5g
ミント（フレッシュ）　5g
板ゼラチン　6g

作り方
1．鍋にミネラルウォーター、オレンジ果汁、レモン汁、グラニュー糖を入れて沸騰させる。
2．沸いたら火を止め、スターアニスとミントを入れ、蓋をして5分間アンフュゼする。
3．2に水でふやかした板ゼラチンを加え、混ぜる。シノワで漉し、バットなどに流して冷やし固める。

用途・保存
フルーツのコンポートやグラニテに添えて。冷蔵で2日間ほど保存可能。

ジュレ・ド・マンダリーヌ

gelée de mandarine "Saikai"

【ミカンのジュレ】

フルーツのジュレは用途が広く、何かと重宝する。凝固剤にはアガー類を使うと、みずみずしくつるりとした喉ごしに。他の柑橘の搾り汁を使えば、バリエーションが広がる。

材料（でき上がり約600g）
ミカン果汁（※）　500cc
ヴァニラビーンズ（タヒチ産）　1/2本
グラニュー糖　60g
カラギーナン（※）　11g
マンダリンナポレオン（オレンジリキュール）　50cc

※ミカンは甘みと味が凝縮したものを用意する（ここでは、地元の「西海みかん」を使用）。
※カラギーナンは海藻を原料とする凝固剤。製品によって凝固具合が異なるので、適宜調整のこと。

作り方
1．鍋に少量のミカン果汁（分量の1/3ほど）とヴァニラビーンズ（サヤを裂く）を入れ、沸騰させる。
2．グラニュー糖とカラギーナンを混ぜ合わせ、1に加える。完全に溶かしたら鍋を火からはずし、残りのミカン果汁とマンダリンナポレオンを加え、混ぜる。
3．シノワで漉し、バットなどに流して冷やし固める。

用途・保存
柑橘類を使ったデザート全般のソースに。冷蔵で2日間保存可能だが、なるべく早く使い切る。

エスプーマ・ド・シャンパーニュ・ア・ロランジュ
espumas de Champagne à l'orange
【シャンパンのエスプーマ、オレンジ風味】

ガスを充填したサイフォンで絞り出すと、アングレーズがふんわり軽いムース状に。口の中で泡が消えると同時にシャンパンとオレンジがふっと香る、ユニークなソースになる。

材料(でき上がり約400cc)
シャンパン(辛口)　150cc
グラニュー糖　75g
卵黄　4個
生クリーム(乳脂肪36％)　150cc
オレンジ果汁　90cc
グランマルニエ　30cc

作り方
1．ボウルにグラニュー糖と卵黄を入れ、白っぽくなるまですり混ぜる。
2．シャンパンを沸かし、1に少しずつ加え混ぜる。これを鍋に移して火にかけ、混ぜながら約83℃まで加熱する。とろみがついたら氷水にあて、粗熱をとる。シノワで漉し、冷ましてアングレーズソースとする。
3．2に生クリーム、オレンジ果汁、グランマルニエを加え、混ぜ合わせる。よく冷やしておく。
4．3をサイフォンに入れ、提供直前までよく冷やしておく。ガスを充填して絞り出す。
＊サイフォンは液体にガス(亜酸化窒素)を注入することで、絞り出すと液体がムース状になる調理器具。

用途・保存
オレンジやチョコレートを使ったデザートのソースに。風味がとびやすいので保存不可。使うたびに作り、早めに使い切る。

エスプーマ・ド・ポム・オ・カルヴァドス
espumas de pomme au Calvados
【リンゴのエスプーマ、カルバドス風味】

見た目のボリュームとごく軽い触感のギャップが、食べ手に強いインパクトを与える。口にすると気泡がすっと消え、そのたびにカルヴァドスの香りが立つ印象的なソース。

材料(でき上がり約400cc)

牛乳　200cc
ヴァニラビーンズ(タヒチ産)　1/2本
卵黄　2個
グラニュー糖　35g
紅玉リンゴのすりおろし　200cc
生クリーム(乳脂肪36%)　50cc
カルヴァドス(※)　50cc

※カルヴァドスはシードルを蒸留したブランデー。フランス・ノルマンディ地方の特産。

作り方

1. ボウルに卵黄とグラニュー糖を入れ、白っぽくなるまですり混ぜる。
2. 牛乳とヴァニラビーンズ(サヤを裂く)を火にかけ、沸いたら1に少しずつ加え混ぜる。
3. 2を鍋に戻し、混ぜながら83℃前後まで加熱する。とろみがついたら火からはずし、シノワで漉す。氷水にあてて冷ます。
4. 3に紅玉リンゴのすりおろし、生クリーム、カルヴァドスを加え、混ぜ合わせる。よく冷やしておく。
5. 4をサイフォンに入れ、提供直前までよく冷やしておく。ガスを充填して絞り出す。

用途・保存

リンゴを使ったデザート全般のソースに。風味がとびやすいので保存不可。使うたびに作り、早めに使い切る。

基本のソース

ソース・オ・ショコラ
sauce au chocolat

【チョコレートのソース】

さまざまな場面で使えるチョコレートソースは、用意しておきたいアイテム。ココア以外にクーベルチュールを使い、風味とコクを主張する。良質なクーベルチュールを使いたい。

材料(でき上がり約400cc)
牛乳　160cc
生クリーム(乳脂肪36％)　80cc
グラニュー糖　140g
ココア　50g
クーベルチュール(カカオ70％)　100g

1. 鍋に牛乳と生クリームを入れ、グラニュー糖(分量の半分)を加える。火にかけ、沸騰させて砂糖を溶かす。

2. ボウルに残りのグラニュー糖とココアを入れ、ヘラでさっくりと混ぜ合わせる。

3. 2に1を一気に加える。すぐに泡立て器で混ぜ合わせる。鍋に戻す。

4. 鍋を中火にかけ、沸騰するまで絶えず混ぜながら加熱する。この作業は、クーベルチュールを溶かし、ソースにとろみをつけることと殺菌が目的。

5. 沸騰したらシノワで漉す。

6. ソース・オ・ショコラの完成。つやとなめらかな触感が成功の目安。クレープやプロフィトロール、洋梨のコンポートなどに添えて。風味がとびやすいのでできるだけ当日中に使い切るが、2日間ほど冷蔵保存可。

ソース・オ・ショコラを使って

ホワイトチョコレートの軽いクリーム、チョコレートのソースと共に

Crème légère de chocolat blanc aux framboises et à la sauce au chocolat

ホワイトチョコレートの軽いクリームの白いドームにソース・オ・ショコラを添えた、白と黒のコントラストが美しいデザート。ホワイトチョコレートのクリームは、ソース・アングレーズにゼラチンとホワイトタイプのクーベルチュールを混ぜ、泡立てた生クリームと合わせて軽い触感に仕上げたもの。ドーム型の内側にこれをぬり、フランボワーズのホールとイチゴのピュレで作る爽やかなジュレを流す。フランボワーズのオー・ド・ヴィとシロップを浸したビスキュイ・ジョコンド（スポンジ生地）で蓋をし、冷やし固める。型からはずし、表面にホワイトチョコレートをピストレし、ソース・オ・ショコラとともに皿に盛りつける。白と茶のチョコレートのスパイラルを添えて。食後でもスムーズに食べられるよう、ホワイトチョコレートのクリームもソース・オ・ショコラもなめらかに仕立てるのがポイント。

ソース・オ・ヴィネーグル・バルサミック
sauce au vinaigre balsamique
【バルサミコのソース】

上質なバルサミコ酢をヴァニラビーンズとともに煮詰めた、非常につややかなソース。しっかり凝縮した酸味と味が特徴。フレッシュのフルーツなど、爽やかなデザートに添えて。

材料(でき上がり約400cc)
バルサミコ酢(※)　420cc
ヴァニラビーンズ(タヒチ産)　1本
ハチミツ(アカシア)　280g
※バルサミコ酢は長年熟成させた上質なものを使用。

作り方
1. 鍋にバルサミコ酢とヴァニラビーンズ(サヤを裂く)を入れ、中火にかけて$\frac{1}{3}$量まで煮詰める。
2. 火を止め、ハチミツを加え混ぜる。シノワで漉す。

用途・保存
フレッシュのベリー類やヴァニラ・アイスクリームに添えて。また、ガナッシュのかくし味に。冷蔵で4〜5日間保存可能。

ソース・オ・レ・コンダンセ
sauce au lait condensé
【コンデンスミルクのソース】

コンデンスミルクを使った、どこか懐かしい味のソース。泡立てた生クリームで口当たりを軽やかにし、オー・ド・ヴィで味わいに深みを与える。皿に映える真っ白な色も特徴。

材料(でき上がり約400cc)
コンデンスミルク　210g
生クリーム(乳脂肪36％)　210g
オー・ド・ヴィ(フランボワーズ※)　10cc
※フランボワーズの蒸留酒。

作り方
1. 生クリームを5分立て程度に泡立てる。
2. ボウルにコンデンスミルク、生クリーム、オー・ド・ヴィを入れ、混ぜ合わせる。シノワで漉す。

用途・保存
フレッシュのベリー類やムース、バヴァロワのソースに。使うたびに作り、早めに使い切る。

コンフィテュール・ド・レ
confiture de lait

【牛乳のコンフィテュール】

牛乳を104℃まで熱して凝縮させたソースは、とろりとなめらかな触感が特徴。やさしいミルクの味わいは、どんな素材やデザートにも合う。

材料(でき上がり約400cc)
牛乳　500cc
グラニュー糖　375g
ヴァニラビーンズ(タヒチ産)　¼本
オレンジの皮(※)　¼個分
コアントロー　15cc

※オレンジの皮は、内側の白い部分を取り除いた、オレンジ色の部分のみを使用。

作り方
1．鍋に牛乳、グラニュー糖、ヴァニラビーンズ(サヤを裂く)、オレンジの皮を入れ、火にかける。
2．104℃まで加熱して400ccほどになったら、シノワで漉す。氷水にあて粗熱をとる。
3．冷めたらコアントローを加え、風味をつける。

用途・保存
生のベリー類や各種ムース、バヴァロワ、アイスクリームに添えて。冷蔵で4〜5日間保存可能。

クレーム・ブランシュ・オ・ザマンド
crème blanche aux amandes

【アーモンド風味の白いソース】

アーモンドエッセンスの香りが鮮やかなソース。ヴァニラビーンズとオレンジの皮も使い、奥行きのある贅沢な味わいに。コーンスターチを加えて、まったり余韻の長い口当たりに。

材料(でき上がり約400cc)
牛乳　230cc
生クリーム(乳脂肪36%)　200cc
ヴァニラビーンズ(タヒチ産)　½本
オレンジの皮(※)　½個分
卵白　60g
グラニュー糖　60g
コーンスターチ　7g
アーモンドエッセンス(※)　少量

※オレンジの皮は内側の白い部分を取り除いた、オレンジ色の部分のみを使用。
※アーモンドエッセンスはビタータイプを使用。

作り方
1．鍋に牛乳、生クリーム、ヴァニラビーンズ(サヤを裂く)、オレンジの皮を入れ、火にかける。
2．卵白とグラニュー糖をボウルで混ぜ(泡立てない)、コーンスターチを加えて混ぜ合わせる。
3．1を2に少しずつ加え、混ぜ合わせる。これを鍋に戻し、再度火にかける。
4．沸いたらシノワで漉す。アーモンドエッセンスを加え、冷ます。

用途・保存
アンズや桃を使ったタルトやパイのソースに。風味がとぶので保存不可。使う分を作り、早めに使い切る。

スープ・ド・ココ
soupe de coco
【ココナッツのスープ】

ココナッツの風味はブランマンジェやトロピカルフルーツのデザートによく合う。ココナッツはピュレを使うことでコクのある味わいに。提供時に泡立てて、軽い触感に仕上げる。

材料(でき上がり約400cc)
生クリーム(乳脂肪36％)　110cc
牛乳　110cc
グラニュー糖　25g
ココナッツのピュレ(※)　170g
ココナッツリキュール　7cc

※フランス産の冷凍ピュレ。加糖10％。

作り方
1．鍋に生クリーム、牛乳、グラニュー糖、ココナッツのピュレを入れ、火にかける。
2．沸いたらシノワで漉し、氷水にあてて粗熱をとる。冷めたらココナッツリキュールを加え、風味をつける。
3．提供時にハンドミキサーで泡立てる。

用途・保存
トロピカルフルーツのムースやバヴァロワのソースに。泡立てたものはすぐに使い切る。

スープ・ド・フリュイ
soupe de fruits

【フルーツのスープ】

フルーツたっぷりのサラダやスープ用のシロップ。シナモンやヴァニラなどのスパイスと柑橘、ミントの香りをおだやかに効かせて。フルーツの味を生かすため、甘さは控えめに。

材料（でき上がり約400cc）
ミネラルウォーター　400cc
グラニュー糖　80g
シナモンスティック　2g
スターアニス（八角）　2個
ヴァニラビーンズ（タヒチ産）　1/2本
レモン汁　5cc
オレンジ（スライス）　2枚
ミントの葉（フレッシュ）　2枚

作り方
1．鍋にミネラルウォーターとグラニュー糖、シナモンスティック、スターアニス、ヴァニラビーンズ（サヤを裂く）を入れ、火にかける。
2．沸騰したら火を止め、レモン汁とオレンジスライス、ミントの葉を入れる。そのまま10分間おいてアンフュゼ（抽出）する。シノワで漉す。

用途・保存
フルーツのスープやサラダに。冷蔵で2日間ほど保存可能。

スープ・ド・フリュイを使って

夏のフルーツのスープとヨーグルトのシャーベット

*Soupe de fruits d'été
avec sorbet au yaourt*

さまざまなフルーツにスープ・ド・フリュイを注ぎ、さっぱり食べやすく仕立てたデザート。ヘルシーで、食後でもするするとお腹におさまるレストラン向きの一皿だ。ここで使ったフルーツは、アップルマンゴー、オレンジ、パイナップル、パパイヤ、メロン、ブドウ、フランボワーズ。フランボワーズは切らずにそのまま使い、ブドウは皮をむき、その他のフルーツは1cm角に切る。これらを色合いを考慮しつつ器に盛り、スープ・ド・フリュイをそっと流す。そこに、爽やかなヨーグルトのシャーベットと、サクッと軽い触感のシガレットを添えて。シャーベットにはノワゼットのプラリネをまぶしてある。フルーツはシーズンごとにいろいろ組み合わせ、旬の味を楽しみたい。すべて同じ大きさに切り揃えるのではなく、丸ごと味わうものも混ぜて、イキイキとした印象を与えるデザートに。

ソースに使う器具の紹介
Les ustensiles pour la préparation des sauces

鍋
長時間火にかけるフォンやジュには、写真のような銅鍋か寸胴鍋を使用する。とくに銅鍋は熱伝導がよく、火のあたりも柔らかいため素材の持ち味を存分に引き出してくれる。鶏を丸ごと煮出すような場合は、容量が大きい寸胴鍋（マルミットmarmite）を使う。

ソース用鍋
主にソトゥーズ（sauteuse）と呼ばれる、鍋底から口にかけて広がった片手鍋を使用。ソテー用だが、木杓子や泡立て器を入れやすいのでソースにも向く。やはり火のあたりがよい銅鍋がベスト。サイズをいくつか用意し、仕込む量に応じて使い分けること。

レードル
レードル（玉杓子。フランス語でルーシュlouche）はフォンやソースをすくったりかき混ぜたり、アクを引くのに使う。鍋の大きさに合わせていくつかサイズを揃えたい。右の穴のあいたものは、エキュモワール（écumoire）といってアク取り用。

シノワ
シノワ（chinois）は金属製の逆円錐形の漉し器。右は薄い金属板に細かな目があけてあり、中央は網が張ってある。ジュのように2枚漉しにする場合もあるので、目の粗さの異なるものを2個は用意したい。左は茶漉し。少量のものを漉す際に便利。

木杓子
鍋の中の材料を混ぜたり、ガラやミルポワを焼いた後の鍋に液体を注ぎ、デグラッセする際などに活躍。鍋の大きさに合わせていくつかサイズを用意したい。フランス語でスパテュール・アン・ボワ(spatule en bois)。

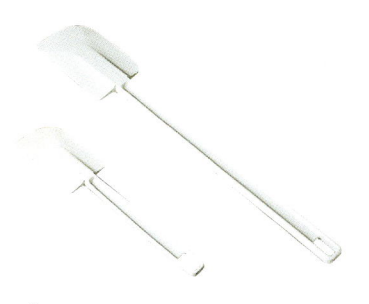

ゴムベラ
弾力性があるため、ボウルやミキサーに残った液体なども残らずこそげ落とせる。ブール・コンポゼやデザート用のソースなど、柔らかいものを混ぜる場合にも使いやすい。シリコン製もあり、最近は耐熱加工してあるものもある。マリーズ(maryse)。

泡立て器
ヴィネガーと油を乳化させたり、ソース・オランデーズのように勢いよく泡立てて気泡を作ったりと、ソースに不可欠。とくにバターモンテの際には、鍋と泡立て器の大きさのバランスが大切。しっかり撹拌できるか否かが仕上がりのなめらかさを左右する。フェ(fouet)。

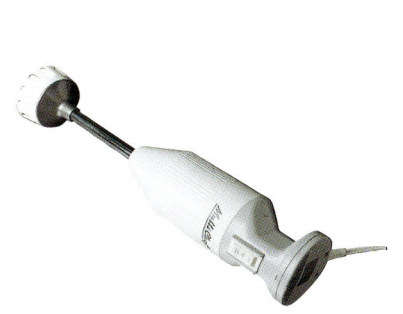

ハンドミキサー
ソースをカプチーノ仕立てにする場合などに使う。泡立てることで口当たりが軽くなるため、濃厚なソースも食べやすくなる。また、粘度の高いものやつながりにくいものを強制的に乳化させることもできるため、余分な油脂が排除できるメリットもある。

サイフォン
ボトルに液体を入れ、ガス(亜酸化窒素)を注入することでムース状にすることができる器具。ふんわり独特の触感があり、料理にインパクトを添える。本書でも286〜287頁のソースに使用。ムース状にするには、液体に油脂やゼラチン質などによる粘度が必要。

用語解説
Lexique

■アッシェ【hacher】
みじん切り。

■アパレイユ【appareil】
下ごしらえ用に材料を混ぜ合わせた生地やたね。

■アロゼ【arroser】
焼き途中の肉に、焼き汁や油脂をかけて乾燥を防ぐ。

■アンフュゼ【infuser】
煎じて風味を抽出する。

■ヴァプール【vapeur】
蒸す。

■ヴィネグレット【vinaigrette】
ドレッシング。

■エマンセ【émincé】
薄切り。

■オー・ド・ヴィ【eau-de-vie】
果物などで作る蒸留酒。

■ガストリック【gastrique】
砂糖にヴィネガーやレモン汁を加え、カラメル状に煮詰めたもの。

■カラメリゼ【caraméliser】
カラメル色（またはカラメル状）にすること。

■カルティエ【quartier】
4等分にすること。くし切り。

■キャトル・エピス【quatre-épices】
コショウ、ナッツメッグ、クローヴ、ショウガなどのミックススパイス。

■クーリ【coulis】
野菜や果物を漉した汁。またはゆるいピュレ。

■クネル【quenelle】
ミンチにした素材を卵などでつなぎ、形にまとめてゆでたもの。

■グラス【glace】
煮こごり状に煮詰めただし。またはアイスクリーム。

■グラティネ【gratiner】
グラタンにする。上火で香ばしく焼く。

■グラニテ【granité】
糖度の低い氷菓。シャーベット。

■クラリフィエ【clarifier】
液体を澄ませること。ブール・クラリフィエは澄ましバターのこと。

■グリエ【griller】
網焼きにする。

■コライユ【corail】
甲殻類のミソ。

■コンカッセ【concasser】
粗めにきざむこと。

■コンソメ【consommé】
フォン・ブランやブイヨンに旨みを足し、澄ませたスープ。

■コンフィ【confit】
あまり温度の高くない脂で煮たもの。低温のオーブンでじっくり加熱したもの。

■コンフィテュール【confiture】
ジャム。

■コンポート【compote】
フルーツのシロップ煮。

■サルミ【salmis】
ジビエ（野鳥）を軽くロティしてから煮込んだ料理。またはソース・サルミを使った料理。

■シズレ【ciseler】
ごく細かくきざむこと。

■シノワ【chinois】
円錐形の漉し器。

■ジビエ【gibier】
野鳥、野獣の総称。

■シャンピニョン・ド・パリ【champignon de Paris】
マッシュルーム。シャンピニョン（champignon）はキノコの総称。

■ジュリエンヌ【julienne】
せん切り。

■ジュレ【gelée】
ゼリー。ゼリー状に固まったもの。
■ショーソン【chausson】
中に詰めものをした半月型のパイ。
■シロ【sirop】
シロップ。
■スュエ【suer】
素材の水分を外に出すように（汗をかかせるように）加熱すること。
■スュック【suc】
鍋に焼きついた肉や野菜の旨み。
■ソーテ【sauter】
炒める。ソテーする。
■タミ【tamis】
裏漉し器。
■デ【dé】
さいの目切り。
■デグラサージュ【déglaçage】
デグラッセすること。また、デグラッセした後の液体。
■デグラッセ【déglacer】
肉や魚を焼いた後の鍋に液体を注ぎ、鍋についている旨みを煮溶かすこと。
■デグレッセ【dégraisser】
余分な油脂を取り除くこと。
■ナージュ【nage】
クール・ブイヨンで魚や甲殻類をゆで、その汁をソースに仕立てて一緒に提供する料理。
■パッセ【passer】
裏漉しする。
■パテ【pâté】
肉をミンチにし、卵などでつないだ生地を焼いたもの。
■ピュレ【purée】
ペースト状のもの。
■ファルス【farce】
詰めもの。
■ブイヤベース【bouillabaisse】
プロヴァンス地方の魚のスープ。
■フイユタージュ【feuilletage】
折り込みパイ生地。
■フィレ【filet】
魚をおろした切り身。肉のヒレの部分。
■ブーケ・ガルニ【bouquet garni】
パセリの茎、タイム、ローリエなどのハーブを束ねたもの。
■ブール【beurre】
バター。
■ブール・マニエ【beurre manié】
小麦粉を加えた合わせバター。
■ブランシール【blanchir】
素材を下ゆですること。または卵黄と砂糖を白っぽくなるまですり混ぜること。
■フランベ【flamber】
アルコールをふり、火をつけてとばすこと。
■フリカッセ【fricassée】
ヴルーテなどの白いソースを使った鶏や仔牛の煮込み。
■フリュイ・ルージュ【fruit rouge】
ベリー類など赤い果物のこと。フリュイ（fruit）は果物全般を指す。
■ブリュノワーズ【brunoise】
2〜3mm前後のさいの目切り。
■ブレゼ【braiser】
蒸し煮にする。
■ポシェ【pocher】
沸騰直前に温度を保った液体の中で、素材を加熱すること。
■ポワレ【poêler】
肉や魚の切り身をフライパンで焼くこと。
■マリネ【mariner】
アルコールやヴィネガーなどの液体やミルポワ、スパイスなどに浸けること。
■ミジョテ【mijoter】
ごく弱い火加減で煮る。
■ミニョネット【mignonnette】
粒コショウを粗く砕いたもの。
■ミルポワ【mirepoix】
タマネギ、ニンジン、セロリなどの香味野菜。または、これらをきざんだもの。
■ムース【mousse】
泡。卵白を使った、気泡を抱いた料理や菓子。
■モンテ【monter】
ソースの仕上げにバターなどを加え混ぜ、濃度や風味、ツヤをつけること。
■リエ【lier】
液体に濃度をつけたり、つなぐこと。
■リソレ【rissoler】
素材に焼き色をつけること。
■ルゥ【roux】
バターで炒めた小麦粉。ソースのつなぎに使用。
■レデュクション【réduction】
煮詰めること。煮詰めたもの。
■ロティール【rôtir】
肉の塊をオーブンで焼くこと。

ソース日本語名一覧
La liste des sauces par japonais

[あ]
アーモンド風味の白いソース　292
アイヨリ　244
アオサ海苔風味のソース　190
赤いフルーツのソース　276
赤座エビのジュレ　135
赤座エビのフォン　049
赤ワインのオマールのソース　179
赤ワイン風味のソース　176
悪魔風ソース　236
アニス風味のジュレ　284
アニス風味のソース　193
アメリケーヌソース　229
アルビュフェラ風ソース　228
アングレーズソース　264
アングレーズソース（クリームなし）　266
アンチョビバター　156
アンチョビバターのソース　150
アンティボワーズ地方のソース　165
イタリアンドレッシング　101
イチゴのクーリ　276
イチゴのソース　274
ウサギのジュ　073
牛のジュ　066
ウズラのジュ　072
海の幸のタプナードソース　250
ヴルーテ　225
ヴルーテベースのショーフロワ　141
エイグレットソース　243
エクルヴィスバター　156
エスカベーシュのソース　255
エスカルゴバター　154
エストラゴン風味の牛肉のソース　197

エスパニョルソース　232
オーロラソース　119
オマールのオイル　261
オマールのジュ　076
オマールのジュレ　134
オマールのソース　182
オマールのフォン　046
オマール風味のヴィネガーソース　109
オマールを添えたニューバーグ風ソース　231
オランデーズソース　126
オリーブ風味の仔牛のソース　196
オリエンタル風ソース　230
オレンジのソース　279
オレンジ風味の鴨のソース　199
オレンジ風味のサバイヨンソース　270

[か]
カーディナル風ソース　223
貝のフュメ　057
貝風味のルイユ　246
カキ入りソース　224
カシス風味の鴨のソース　201
カシス風味の鹿のソース　213
鴨のジュ　069
鴨のジュのヴィネグレットソース　111
鴨のジュレ　137
鴨のフォン　030
狩人風ソース　238
カレー風味のオマールソース　184
カレー風味のソース・ヴィネグレット　100
カレー風味のベアルネーズソース　131
カレー風味のマヨネーズソース　120
柑橘風味のオマールドレッシング　110
柑橘類のソース　166
キジのフォン　042
基本のソース・ヴィネグレット　094
キャラメルソース　272
牛乳のコンフィテュール　291

魚介料理用グリーンソース　189
魚介料理用の赤ワインソース　177
グラン・ヴヌール風ソース　212
クリーム仕立てのオマールソース　185
クリーム風味のキャラメルソース　272
グリーンソース　117
グリビッシュソース　125
グレープフルーツのソース　279
黒オリーブのソース　188
グロゼイユのシロップ　283
コアントロー風味のアングレーズソース　266
仔イノシシのフォン　045
仔牛のコンソメ　036
仔牛のジュ　065
仔牛の白いフォン　034
仔牛のフォン　024
香草のオイル　260
紅茶風味のアングレーズソース　267
香味野菜のだし　053
コーヒー風味のアングレーズソース　267
ココナッツのスープ　293
仔羊のジュ　062
コンデンスミルクのソース　290

[さ]

サウザンアイランドドレッシング　124
魚のグラス　055
魚のフュメ（スュエあり）　054
魚のフュメ（スュエなし）　056
魚風味のヴィネガーソース　108
サバイヨンソース　128
サフランのソース　148
サフラン風味のハマグリのソース　149
シードル風味のクリームソース　167
ジェノヴァ風ソース　118
シェリー酒風味のヴィネグレット　096
塩バター風味のキャラメルソース　273
鹿のフォン　041

七面鳥のフォン　032
ジビエの肝入りバター　157
ジビエのフォン　038
シャトーブリアン風ソース　240
シャンパンのエスプーマ、オレンジ風味　286
シャンパンのソース　162
シャンパン風味のソース　269
シャンピニオンのジュ　077
シャンピニオンのフォン　050
シャンピニオンバター　152
ジュレベースのショーフロワ　140
ショロン風ソース　132
白ワインのソース　160
白ワインのバターソース　144
白ワイン風味のサバイヨンソース　270
スービーズ風ソース　222
スパイス風味のハトのソース　204
スュプレームソース　227
西洋ワサビのソース　207
セープ茸のオイル　260
ソーテルヌのソース　163

[た]

タイム風味の青リンゴソース　280
タプナードソース　248
タプナードのムース　248
タルタルソース　121
タルタルソース、"ル・デュック"風　122
チョコレートのソース　288
チョコレート風味のキャラメルソース　273
ドゥミグラスソース　234
トマトソース　254
トマトのクーリ　252
トマト風味のバターソース　146
鶏肝入りのヴィネガーソース　112
鶏のグラス　029
鶏のコンソメ　037
鶏のジュ　067

鶏の白いフォン　035
鶏のフォン　028
トリュフのクーリ　258
トリュフバター　157
トリュフ風味のソース　172
トリュフ風味のソース・ヴィネグレット　098
トロピカルフルーツのソース　278

[な]

ナンテュア風ソース　221
肉のグラス　029
ニンジン風味のドレッシング　104
野ウサギの血入りソース　214
野ウサギのフォン　044
ノルマンディ風ソース　226
ノワイー酒のソース　164
ノワゼット風味のソース　268

[は]

バジルのオイル　259
バジル風味のパイナップルソース　281
バジル風味のバターソース　147
ハタのクリームソース　187
ハチミツ入りフランボワーズ風味の
ヴィネグレット　097
ハトのジュ　070
ハトのジュレ　136
ハトのフォン　033
ハト用サルミソース　208
ハト料理用の赤ワインソース　178
バルサミコのソース　290
バルサミコ風味のヴィネグレット　095
バルサミコ風味のソース　106
パンデピス風味のソース　271
ビガラードソース　198
ピクルス入り辛いソース　233
ピスタチオ風味のソース　268
ピストゥーソース　251

ピストゥーバター　155
ブイイ・フュメのソース　161
ブイヤベースのソース　191
ブイヤベース用の貝のフュメ　060
フォワグラでリエしたトリュフソース　205
フォワグラのジュレ　138
フランボワーズのソース　277
フランボワーズのペパン　282
フランボワーズ風味の鴨のソース　200
フルーツのスープ　294
フレンチドレッシング　099
プロヴァンサルバター　155
プロヴァンス風ソース　186
プロヴァンス風トマトソース　253
ベアルネーズソース　129
ベシャメルソース　218
ペリグー風ソース　239
ホイップクリームのソース　242
ホタテのフュメ　061
ボルドーの赤ワインソース　168
ポルト酒のソース　175
ホロホロ鳥のジュ　068
ホロホロ鳥のフォン　031
ポワヴラードソース　210

[ま]

マスタード風味のソース　173
マデラ酒のソース　171
マヨネーズ　116
"マリー＝アンヌ"風ヴェルジュテソース　107
マルサラ風味のソース　269
マルシャン・ド・ヴァンバター　153
マルセイユ風ソース　192
ミカンのジュレ　285
ムースリーヌソース　127
モリーユ茸入りウズラのソース　203
森バトのジュ　074
モルネーソース　220

[や]

野菜のフォン　052
山ウズラ用サルミソース　209
ゆず胡椒風味のソース　206
ゆず胡椒風味のルイユ　246

[ら]

ラヴィゴットソース　105
リヨン風ソース　235
リンゴのエスプーマ、カルバドス風味　287
ルイユ　245
ルーアン風ソース　180
ル・デュック風バター　158
レーズン入りウズラのソース　202
レムラードソース　123
ロックフォールチーズのソース　256
ロベール風ソース　237

[わ]

和風ドレッシングA　102
和風ドレッシングB　103

■参考文献

『エスコフィエ・フランス料理（ル・ギード・キュリネール）』　オーギュスト・エスコフィエ著　柴田書店
『ソース・味のエッセンス（上・下）』　緑川廣親著　柴田書店
『月刊専門料理』　1998年6月号・2005年10月号　柴田書店
『フランス食の事典』　日仏料理協会編　白水社

アートディレクション／成澤 豪（なかよし図工室）
デザイン／成澤 豪・成澤宏美（なかよし図工室）
撮影／大山裕平
フランス語校正／髙崎順子
編集／鍋倉由記子

フランス料理のソースのすべて
ソース
Tout sur les sauces de la cuisine française

著者Ⓒ	上柿元 勝（かみかきもと まさる）
初版発行	2007年4月30日
16版発行	2025年9月20日
発行者	丸山兼一
発行所	株式会社柴田書店
	東京都文京区湯島3-26-9 イヤサカビル 〒113-8477
書籍編集部	電話／03-5816-8260
営業部	電話／03-5816-8282（注文・問合せ）
ホームページ	https://www.shibatashoten.co.jp
印刷所	NISSHA株式会社
製本所	大口製本印刷株式会社
ISBN	978-4-388-06017-7

本書収録内容の無断転載・複写（コピー）・引用・データ配信等の行為は固く禁じます。
乱丁・落丁本はお取替えいたします。
Printed in Japan